三线建设史料选编 第一辑

# 焦枝铁路宜都县民兵师报纸卷

冯明 向光武 李金涛 主编

中国社会科学出版社

## 图书在版编目（CIP）数据

焦枝铁路宜都县民兵师报纸卷 / 冯明，向光武，李金涛主编. —北京：中国社会科学出版社，2024.4

（三线建设史料选编）

ISBN 978-7-5227-3098-1

Ⅰ.①焦⋯ Ⅱ.①冯⋯ ②向⋯ ③李⋯ Ⅲ.①国防工业—经济建设—经济史—中国 Ⅳ.①F426.48

中国国家版本馆 CIP 数据核字（2024）第 046773 号

---

| | |
|---|---|
| 出 版 人 | 赵剑英 |
| 责任编辑 | 王正英 |
| 责任校对 | 刘春芬 |
| 责任印制 | 李寡寡 |

| | |
|---|---|
| 出　　版 | 中国社会科学出版社 |
| 社　　址 | 北京鼓楼西大街甲 158 号 |
| 邮　　编 | 100720 |
| 网　　址 | http://www.csspw.cn |
| 发 行 部 | 010-84083685 |
| 门 市 部 | 010-84029450 |
| 经　　销 | 新华书店及其他书店 |

| | |
|---|---|
| 印　　刷 | 北京明恒达印务有限公司 |
| 装　　订 | 廊坊市广阳区广增装订厂 |
| 版　　次 | 2024 年 4 月第 1 版 |
| 印　　次 | 2024 年 4 月第 1 次印刷 |

| | |
|---|---|
| 开　　本 | 710×1000　1/16 |
| 印　　张 | 17.25 |
| 字　　数 | 258 千字 |
| 定　　价 | 158.00 元 |

---

凡购买中国社会科学出版社图书，如有质量问题请与本社营销中心联系调换
电话：010-84083683

**版权所有　侵权必究**

祝贺三线建设史资料选编出版

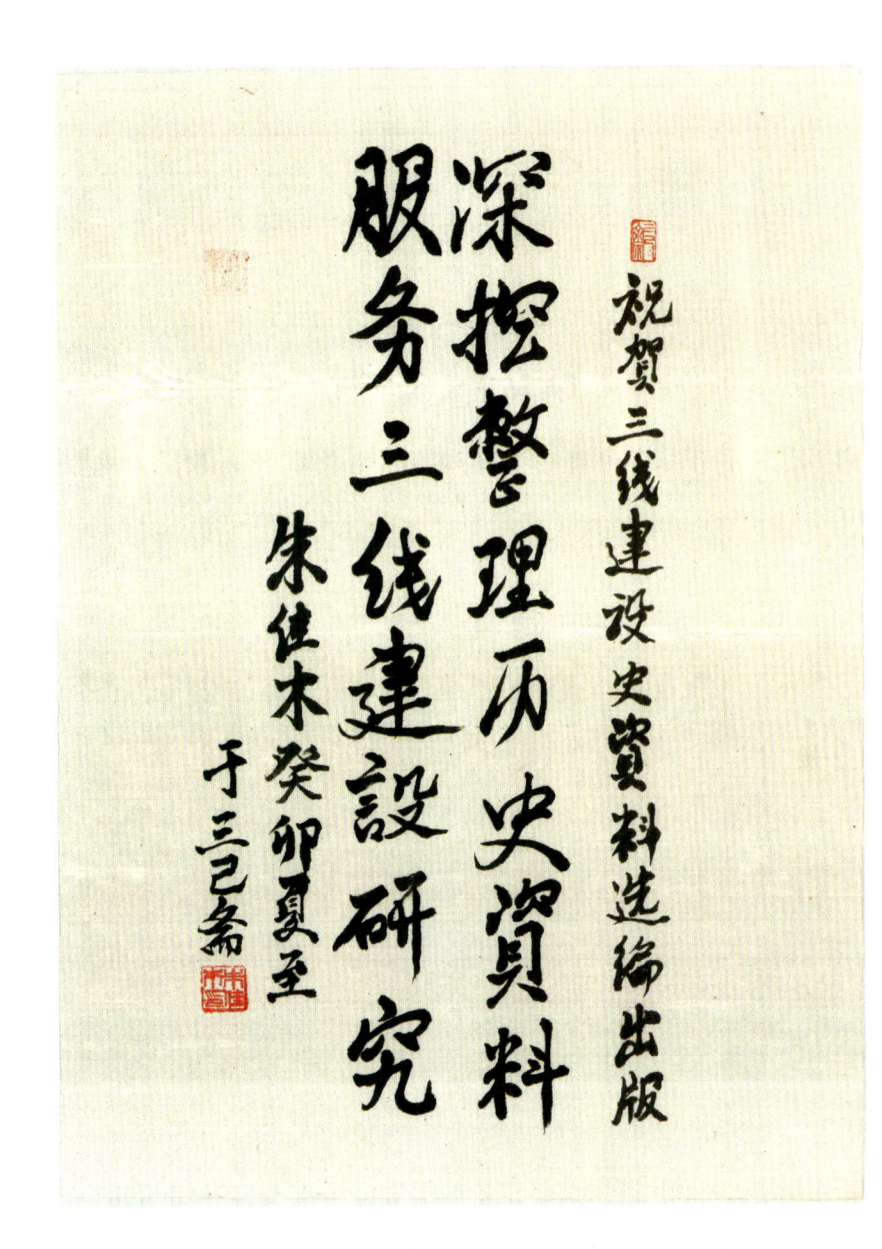

深挖整理历史资料
服务三线建设研究

朱佳木 癸卯夏至
于三已斋

中国社会科学院原副院长、中华人民共和国国史学会会长、中国俄罗斯友好协会副会长、中国社会科学院马克思主义史学理论论坛理事长、中国社会科学院"陈云与当代中国"研究中心理事长朱佳木先生题词

枝城长江大桥
（宜都市档案馆藏）

枝城火车站
（宜都市档案馆藏）

最　高　指　示

备战、备荒、为人民。

团结起来，争取更大的胜利。

※※※※※※※※※※※
※　　　　　　　　　　　※
※　　简　　报　　※
※　　　　　　　　　　　※
※※※※※※※※※※※

第　一　期　　　　　　　一九六九年十月廿五日

焦枝铁路会战湖北省宜都县民兵师编印

为伟大领袖毛主席争光　为社会主义祖国争光

枝城先锋营积极作好民兵上路的准备工作

枝城区先锋民兵营在修好焦枝铁路，为伟大领袖毛主席争光，为社会主义祖国争光的口号鼓舞下，遵照伟大领袖毛主席"召之即来，来之能战，战之能胜"的教导，积极作好上路前的一切准备工作。

走政治建路的道路

毛主席说："优势而无准备，不是真正的优势，也没有主动。"先锋营按照毛主席的教导，狠抓了生产工具和生活的准备。在准备的过程中，他们贯彻了"政治建路"、"勤俭节约"的方针，两腿向下，自力更生，凡是自己能够解决的尽量自己解决，不伸手向上。全营２８０个民兵，准备了１０７张鸡公车，车耳、车心都是双付。他们为了堆放工具准备在工地上搭工棚七间，需要１５０根桑木，１０５００斤稻草，１２００斤竹子，

《简报》

（1969年10月25日，第1期）

> 三战建设要抓紧，帝国主
> 义发动战争时间，可能正主义争取时
> 间。

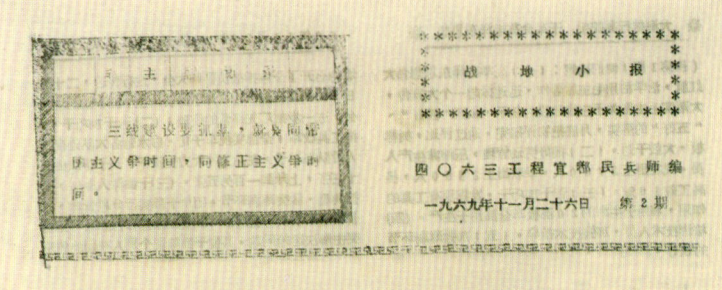

## 战地小报

四〇六三工程宜都民兵师编
一九六九年十一月二十六日 第 2 期

### 宜都县革命委员会人武部
### 魏委员、郭德民等负责同志莅临工地视察指导

正当全师广大指战员，响应师部号召，以"四使"、"五好"为纲，掀起赛革命、赛团结、赛速度、赛质量的社会主义革命竞赛高潮中，全面贯彻落实伟大领袖毛主席"即使是损前一个小时"和"加快再加快"、"提前再提前"，日夜奋战的紧张关键时刻，宜都县革委会、宜都县人武部负责同志魏凤举政委、郭德民付主任百忙中抽出时间到工地视察和慰问。同他们一起来的还有卞光武同志和其它同志。

县革委会、人武部负责同志的亲切关怀，对我广大指战员是很大的鼓舞，很大鞭策，无疑给我们带来了很大的精神力量。

视察工地以后，魏政委、郭德民等同志并同一些负责同志进行了座谈。从各方面作了许多指示。魏政委讲："要抓好的开展"四使"、"五好"运动"，用"四好"、"五好"要求和作好各方面工作，先锋营的先进经验折了很鼓动，军事训练好，我们这里就是要抓工作，要抓作风、要艰苦朴素，"四好"、"五好"，首先政治思想第一，是个方向问题。当大家劲头鼓起来以后，就要很好的组织，要进行施工技术的指导。生活管理很重要的，现在天气冷了，做到不要生病，生活管理重要的是用毛泽东思想来管理。物资缺乏，弄到工地的都要让其发挥作用。工地要开展大批判，工程中容易产生年轻技术观点、任务观点、要批判，要防止。要抓好评比，评比主要是连队，上面主要是抓经验、抓经验交流。领导头脑要清，事情再多，也不要乱。"又讲"同志们反映的一些人、物方面题，我们回去研究。尽量解决。明天县革委开区、航负责同志会，号召大家都好支援。"郭德民同志接着讲"工地政治空气很浓厚，先进单位、先进人物不少，师部抓政治工作，抓典型是很好的，各地学得讲了，突出政治，工地本身就是一个大学校，要培养养子部来整党建党的骨干、民兵骨干。现在已经出现的先进典型要总结。要他们排练新剧、要抓工具改革、要注意安全。"

最后，魏政委、郭德民等同志一致表示：向全体指战员问好"

### 信现场会东风　大鼓革命干劲
### 各团积极采取措施争夺第一战役开门红

东风劲吹，凯歌阵阵。先锋营现场会后出现了一个热气腾腾的局面，各团借东风，鼓干劲，迅速掀起了一个学先进，赶先进，为毛主席争光，为社会主义祖国争光的热潮，一个赛革命、赛团结、赛速度、赛质量的群众运动，正在蓬勃开展。

兴山团 兴山团于现场会后，掀起了一个对照先进找差距，查问题增措施，鼓干劲，加快进度的群众运动。（转第二版）

## 《三线建设史料选编》丛书编委会

主　编：冯　明　罗　萍　李金涛
副主编：向光武　罗　冬　周长柏
编　委：冯　明　罗　萍　李金涛　向光武
　　　　罗　冬　周长柏　黄　河

## 本辑编委会

**主　编**：冯　明　向光武　李金涛
**副主编**：罗　萍　罗　冬　周长柏
**成　员**：冯　明　向光武　李金涛　罗　萍
　　　　　罗　冬　周长柏　田蕊菡　王新亚
　　　　　冯　吉　董　璇　杨　杰　刘红洁
　　　　　王丙坤

# 序

## 一

20世纪60年代，我国曾面临严峻的战争威胁，中印边境武装冲突、越南战争升级，此后的中苏分裂又升级为边境武装冲突。面对这种严峻的国际形势，党中央和国务院在我国中西部地区开展了一场以备战为目标、能源交通为基础、国防科技为核心、国防工业为重点的三线建设运动，同时在沿海和中部地区的省市腹地进行了以常规武器及配套工业为重点的"小三线"建设，这对保障国家安全和加快我国中西部地区经济社会发展都起到了重要作用。

三线建设时期，我国以西南地区为重点，以"两基一线"为核心，在西南、西北和中南地区先后修建了成昆、青藏（西格段）、襄渝、焦枝、枝柳等10余条干线战备铁路。其中焦枝铁路于1969年至1970年修建，是焦柳铁路①的重要组成部分，连接豫西、鄂西三线建设重点区域，沿线分布有众多三线建设企事业单位和重大工程。湖北宜昌是焦柳铁路的交通枢纽城市，是鄂西三线建设重点区域，也是连接我国西南大三线地区的重要战略通道。据初步统计，在今宜昌市辖的1县3市6区建有葛洲坝水利枢纽工程、066基地、

---

① 焦柳铁路：河南焦作至广西柳州，是1969年至1978年我国继京广铁路之后修建的第二条南北向国防战备干线铁路，全长1657千米，为三线建设时期重大战略工程。北段为"焦枝铁路"[河南焦作至湖北枝城（今属宜都市）]，1970年建成；南段为"枝柳铁路"（湖北枝城至广西柳州），1978年建成。1987年底两路合并，改称"焦柳铁路"。焦柳铁路连接豫西、鄂西、湘西和桂北等三线建设重点区域，沿线分布众多三线建设企事业单位和重大工程。

137厂、710所、809厂、葛洲坝水电工程学院（今三峡大学）等44处企事业单位和重大工程。三线建设使宜昌成为长江中上游地区水电工程、航空航天、船舶与兵器生产基地和交通枢纽中心等，为宜昌现代工业发展和世界水电之都建设奠定了坚实基础，促进了宜昌经济首次腾飞。

宜都作为焦柳铁路的主要节点城市，建有三线建设企事业单位和重大工程12处，如238厂、288厂、388厂、713所、枝城长江大桥、枝城火车站等，占宜昌三线建设企事业单位和重大工程总数的近三分之一，奠定了宜都工业发展的基础，为宜都入选"全国县域经济百强县"和"全国文明城市"打下了坚实基础。

我国学术界对三线建设的研究，始于20世纪80年代初，当时主要集中于三线建设的背景、分布、成就、调迁以及效益等方面研究。21世纪以来，随着档案资料的深入挖掘，研究主题日趋多元，研究领域也不断扩大，视角从整体性、宏大叙事逐渐走向细化和多学科交叉。自1999年美国轰炸南斯拉夫的中国大使馆后，国家安全问题再次引发历史学界和经济学界的重视，也自然要重新审视改革开放前的三线建设。21世纪以来，参与三线建设研究的人越来越多、成果越来越丰富。代表作如陈东林的《三线建设——备战时期的西部开发》①，从宏观上梳理了三线建设与西部大开发的关系，是首部综合研究三线建设的专著。近十年来，三线建设逐渐成为学界的研究热点，特别是2014年中华人民共和国国史学会三线建设研究分会成立以后，参与三线建设研究的机构和学者越来越多，研究的深度和广度都日渐加强，如三线建设口述史、档案资料、工业遗产研究等日益得到更多关注。口述史与档案资料搜集整理研究的代表作有中共上海市委党史研究室等单位编著的《口述上海：小三线建设》②，这套丛书从微观史学角度丰富了三线建设研究。工业遗产研究则有吕建昌的

---

① 陈东林：《三线建设——备战时期的西部开发》，中共中央党校出版社2003年版。
② 中共上海市委党史研究室、上海市现代上海研究中心编著：《口述上海：小三线建设》，上海教育出版社2013年版。

《当代工业遗产保护与利用研究：聚焦三线建设工业遗产》①，这部著作更注重三线工业遗产的保护与创新利用。学界关于三线建设的研究领域日益拓宽，研究对象日益多元。民兵（民工）群体是参加三线建设的主力军之一，在三线建设中作出了重大贡献，这一群体是一个十分值得探讨的问题，过去既有研究较少关注此群体。②

我国铁路史研究始于清末，中华人民共和国成立后，特别是改革开放以来，随着社会史的兴起，铁路社会史日益成为铁路史研究的重要内容。21世纪以来，伴随研究范式转变，铁路社会史研究更深入，铁路与区域社会变迁、铁路人物、铁路与中外关系等研究逐步得到深化。但学术界对三线建设时期的三线地区的铁路史研究还很薄弱，现有研究成果中，国内学者刘长英考察湘黔铁路带动湘西社会变迁、周明长分析三线城市体系构建与铁路网建设的共生关系、黄华平探讨了三线铁路建设中的大会战模式。③ 美国学者柯尚哲认为三线铁路将我国西部大部分地区与全国工业网络紧密连为一体，加速了区域交通体系建设，推进了区域交通体系的标准化。④ 焦柳（焦枝、枝柳）铁路成果多集中于史实梳理、建设意义、档案利用和工业遗产改造等。⑤

---

① 吕建昌主编：《当代工业遗产保护与利用研究：聚焦三线建设工业遗产》，复旦大学出版社2020年版。

② 目前学界对民兵（民工）群体研究有冉平凡：《三线建设中的非"三线人"——论湘黔铁路建设中贵州民兵的奉献精神》，《教育文化论坛》2016年第2期；朱华、朱锐：《"三线建设"时期民兵思想政治工作考察——以川东北民兵参建襄渝铁路为例》，载攀枝花学院《三线建设与新中国七十年发展道路探索学术研讨会论文集》，未刊稿，2019年版；刘本森、刘世彬：《山东小三线建设中的民工动员》，《当代中国史研究》2020年第5期等。

③ 刘长英：《湘黔铁路与湘西社会经济发展》，《怀化学院学报》2005年第1期；周明长：《铁路网建设与三线城市体系研究》，《宁夏社会科学》2020年第4期；黄华平：《三线铁路建设模式探析——以西南铁路大会战为例》，《当代中国史研究》2022年第2期。

④ ［美］柯尚哲：《三线铁路与毛泽东时代后期的工业现代化》，周明长译，《开放时代》2018年第2期。

⑤ 段伟：《略论三线建设中的焦枝铁路》，三峡大学三峡文化与经济社会发展研究中心：《"记忆与遗产：三线建设研究"高峰论坛论文集》，未刊稿，2019年版；岳小川、宋银桂：《三线铁路建设中的支农工作研究——以湘黔、枝柳铁路湖南段为中心》，《西南交通大学学报（社会科学版）》2023年第2期；冯明：《焦柳铁路沿线工业遗产的价值值得挖掘保护和综合利用》，《中国民族报》2018年2月23日第8版；冯明、周长柏：《焦柳铁路（宜都段）沿线三线建设工业遗产档案整理与研究》，《档案记忆》2019年第3期。

但遗憾的是，很少有人关注民兵（民工）群体。①

## 二

据本人所知，三峡大学②与三线建设有深厚的历史渊源，故高度重视三线建设的学术研究。自 2018 年以来，三峡大学三线建设研究团队在冯明博士带领下，与宜都市档案馆深入合作，共同探索三线建设档案保护、研究和利用的新路径。为推进学习"四史"，特别是深化三线建设研究，在三峡大学马克思主义学院的大力支持下，三峡大学三线建设研究团队与宜都市档案馆等机构合作，于 2020 年 8 月底决定共同进行三线建设史料的搜集、整理与研究，联合推出《三线建设史料选编》丛书，适逢当年为焦枝铁路建成通车五十周年，遂决定首先整理出版这部《焦枝铁路宜都县民兵师报纸卷》。

通览《焦枝铁路宜都县民兵师报纸卷》书稿，感到它主要有如下三大学术价值：

### （一）为国内比较少见的有关三线铁路建设基层档案文献汇编

历史研究离不开细节的描述，其魅力也往往在于细节。该书是三线建设原始档案文献集，也是目前国内比较少见的三线建设铁路修建的微观档案文献汇编，对于新中国史研究，特别是三线建设研究，具

---

① 田蕊菡、冯明考察了焦枝铁路宜昌民兵师的后勤保障体系，认为该体系是焦枝铁路整个后勤保障体系的缩影，在保障焦枝铁路的高强度建设和如期建成通车中发挥了重要作用。参见田蕊菡、冯明：《焦枝铁路宜昌民兵师后勤保障述论》，《西南科技大学学报（哲学社会科学版）》2022 年第 1 期。

② 三峡大学的前身之一葛洲坝水电工程学院，是随着葛洲坝水利枢纽工程的建设，于 1978 年 4 月由国务院批准在湖北宜昌成立的，并由三三〇工程局（后改称葛洲坝工程局）负责筹建，创下了当年批准、建校、招生和开学的奇迹，也是当时全国唯一一所以"工程"命名的培养水利电力建设应用型人才的本科高等学校。它既是我国三线建设的丰硕成果，又是我国改革开放初期高等教育建设的重要成就。参见田吉高：《葛洲坝水电工程学院筹建经过》，《湖北文史》2019 年第 1 期。

有一定的填补空白意义。

近年来，三线建设研究逐渐成为新中国改革开放前历史研究的热点之一，取得了比较丰硕的成果，但研究成果同质化现象也较为明显。研究中遇到的突出问题是当年三线建设多为保密的国防工业或与此有关联工程，后来又经历了从20世纪80年代初至21世纪初的搬迁转型，大量的档案没有公开或归属不明，学者无法利用。目前，公开出版的代表性三线建设文献汇编成果有国务院三线办公室在国家部委、三线地区省市部门和三线企事业单位及个人的支持下，利用档案文献和口述史料编纂的《三线建设》①；陈东林在原中央党史研究室主持下，利用中央档案编纂而成的《中国共产党与三线建设》②。西南地区的四川省是当年三线建设的重点地区，这里的研究在王春才同志的带领下起步很早、成果最为丰富。从2015年起，四川省委党史研究室和四川省各地市州整理出版了《三线建设在四川》系列丛书，目前共计19册，1000万字。③重庆当年也是三线建设的重点地区，这里的三线建设研究也开展得较早，曾编辑出版多种资料和研究成果，如《巴山蜀水：三线建设》丛书等④。贵州亦为三线建设的重要区域，代表性的文献资料有《三线建设在贵州》⑤。此外，还有西北地区的《甘肃三线建设》《陕西的三线建设》⑥、华东地区的《新中国小三线建设档案文献整理汇编（第一辑）》（共8册）⑦等。至于本书

---

① 《三线建设》编写组：《三线建设》，国务院三线办公室1991年版。
② 陈夕总主编，陈东林主编：《中国共产党与三线建设》，中共党史出版社2014年版。
③ 如中共四川省委党史研究室：《三线建设在四川·省卷》（上、下册），中共党史出版社2016年版；中共攀枝花市党史研究室编：《三线建设在四川·攀枝花卷》（共5册），成都市标点制版印务有限责任公司2017年版。
④ 艾新全、陈晓林总主编：《巴山蜀水：三线建设》第一辑（全3册），中国文史出版社2023年版。
⑤ 覃爱华主编：《三线建设在贵州》，社会科学文献出版社2021年版。
⑥ 甘肃省三线建设调整改造规划领导小组办公室、《甘肃三线建设》编辑部编纂：《甘肃三线建设》，兰州大学出版社1993年版；中共陕西省委党史研究室编：《陕西的三线建设》，陕西人民出版社2014年版。
⑦ 徐有威主编：《新中国小三线建设档案文献整理汇编（第一辑）》，上海科学技术文献出版社2021年版。

所在地的中南地区，代表性的三线建设史料汇编多由地方政协文史委或党史研究室负责编纂，如湖北十堰的《三线建设·二汽卷》[①]、宜昌的《三江在远安》《三线建设在宜昌》《三线建设在宜都》[②] 等，湖南省的《20 世纪中叶的怀化三线建设（1965—1975）》[③] 等。

有一些三线建设企事业单位陆续出版了一批历史文献资料，如中南地区有湖北的《良匠开物——湖北工建"102"时期三线建设工程实录》[④]、湖南的《浦沅魂：纪念浦沅建厂 50 周年征文选集》[⑤]，西南地区的《锦江岁月》丛书[⑥]，华东地区的《上海小三线上海市协作机械厂专辑》[⑦]。还有一些厂史，如中南地区的 238 厂《厂史》[⑧]，以及行业性厂志书，如以《刘家峡水电厂志》《葛洲坝水力发电厂志》为代表的三线水电厂志。[⑨]

另外，近年来随着学界和社会各界的高度重视，三线建设者的口述史、回忆录渐成为历史文献编纂的热点。特别是口述史成果众多，小三线有《上海小三线建设在安徽口述实录》《冷战时期中国军工复

---

[①] 中国人民政治协商会议湖北省十堰市委员会文史和学习委员会编：《十堰文史》第 14 辑《三线建设·二汽卷》（上、下册），长江出版社 2015 年版。

[②] 政协远安县文史委员会编：《远安文史》第 15 辑《三江在远安》，远安县华威印刷厂 2006 年版；宜昌市政协文史资料委员会编：《宜昌市政协文史资料》第 40 辑《三线建设在宜昌》，宜昌市众鑫印务有限公司 2016 年版；宜都市政协和文史资料委员会编：《宜都文史》第 27 辑《三线建设在宜都》，宜都市长青彩印有限公司 2018 年版。

[③] 中共怀化市委党史研究室、怀化市中共党史联络组编著：《20 世纪中叶的怀化三线建设（1965—1975）》，内部印刷，2018 年版。

[④] 谭刚毅、曹筱袤、徐利权：《良匠开物——湖北工建"102"时期三线建设工程实录》，华中科技大学出版社 2022 年版。

[⑤] 纪念浦沅建厂 50 周年活动筹备委员会编：《浦沅魂：纪念浦沅建厂 50 周年征文选集》，当代中国出版社 2018 年版。

[⑥] 锦江油泵油嘴厂退管站编：《锦江岁月》第 1—3 集，内部印刷，2006、2007、2010 年版。

[⑦] 中共杭州市临安区委党史研究室、中共杭州市临安区岛石镇委员会编：《小三线建设研究论丛》第 5 辑《上海小三线上海市协作机械厂专辑》，上海大学出版社 2019 年版。

[⑧] 《国营第二三八厂史》编纂委员会、《厂史》编纂办公室编：《中国兵器工业史丛书》之《国营第二三八厂史（1966—1985）》（初稿），内部印刷，1987 年版。

[⑨] 《刘家峡水电厂志》编纂委员会编纂：《刘家峡水电厂志》，甘肃人民出版社 1999 年版；《葛洲坝水力发电厂志》编纂委员编：《葛洲坝水力发电厂志》，长江出版社 2004 年版。

合体中的日常生活：来自上海小三线的声音（1964—1988）》等①，大三线有《归去来兮》《多维视野中的三线建设亲历者》《初心能见：葛洲坝风雨 50 年》等②，回忆录有 066 基地《三线迹忆》等③。

宜都市档案馆藏有三线建设档案 1060 卷，收录本书的文献 20 余万字，为该馆所藏的焦枝铁路会战宜都县民兵师编印的《简报》和《战地小报》。《简报》共 35 期，从 1969 年 10 月 25 日至 1970 年 9 月 29 日。编印时间不定，一月一期或数期，呈现了焦枝铁路修建过程中宜都县民兵师的思想政治工作、工作动态与总结、好人好事、地方支援等。《战地小报》共 22 期，从 1969 年 11 月 24 日至 1970 年 3 月 9 日，一月数期，每期 2—5 版不等，主要内容是政治学习、工程进度、劳动竞赛、质量安全、模范宣传、领导视察、会议精神传达、天气预报等，多由基层各民兵团、营供稿，内容丰富，发布及时，原汁原味记录了宜都县民兵师修建焦枝铁路的过程。很多档案史料都是首次对外披露，弥足珍贵，多角度地呈现了焦枝铁路建设的历史场景，既从微观层面丰富了三线建设研究的内容，又向世人展现了那个历史时期中南地区铁路建设所取得的辉煌成就。

## （二）促进了中南地区三线建设学术研究

目前三线建设研究在区域方面是不平衡的，相关研究团队和个人开展的三线建设研究起步有早晚，研究各有特色，共同推进了全国三线建设学术研究和三线建设遗产保护利用。高校的老师和学生越来越多地参与并成为可喜的生力军。如四川大学李德英教授团队搜集了西南、西北、华中、中南十余省份、数十个市县的三线建设档案史料约

---

① 中共安徽省委党史研究室编：《上海小三线建设在安徽口述实录》，中共党史出版社 2018 年版；徐有威、［加拿大］王戈主编：《冷战时期中国军工复合体中的日常生活：来自上海小三线的声音（1964—1988）》，［美国］帕尔格雷夫·麦克米伦出版社 2022 年版。

② 唐宁：《归去来兮》，上海文艺出版社 2019 年版；张勇主编：《多维视野中的三线建设亲历者》，上海大学出版社 2019 年版；中国葛洲坝集团有限公司编著：《初心能见：葛洲坝风雨 50 年》，中国三峡出版社 2020 年版。

③ 钟江国主编：《三线迹忆》，中国航天三江集团有限公司党群工作部，内部印刷，2021 年版。

3529卷，完成口述采访300多人次，音频记录25200余分钟，视频记录8400余分钟，形成逐字稿400余万字，已整理完成《成昆铁路口述历史》《三线建设调整改造口述历史》等书稿。搜集内部资料、地方和民间文献的照片约20785张、415万字，纪录片等影像资料约100G。该校范瑛教授团队围绕新中国工业移民与西南城市发展开展资料搜集和口述访谈，部分涉及三线建设时期。已搜集西南主要工业城市的档案史料500余卷，完成问卷调查300余份，口述访谈近百人次，形成访谈文字稿120余万字，计划完成《新中国工业移民与西南城市社会变迁研究》《新中国工业移民口述实录》等书稿。四川外国语大学张勇教授团队先后至重庆南川、涪陵、四川成都、攀枝花，贵州遵义、六盘水和陕西、甘肃、宁夏等20多个地区和40多家三线企业进行实地考察和口述访谈，搜集了大量一手资料。西南科技大学张勇教授团队系统搜集了绵阳地区三线建设档案资料5423卷，地方志书和厂史厂志105本，实地调研"4市1区"19个重点镇乡、街道办事处，专题访谈重点人物100余人。华东地区复旦大学段伟教授团队已搜集了十堰市档案馆、二汽档案馆和湖北省档案馆的大部分重要资料，并对大批退休回沪的二汽建设员工进行了口述访谈，获得了一手宝贵资料。上海大学徐有威教授团队已搜集小三线档案文献资料照片9000G。南京大学周晓虹教授团队于2019年暑期前往贵州贵阳、遵义、凯里等地进行口述史访谈，共访谈三线建设亲历者190余人，访谈时长累计约500个小时，整理成450余万字的口述史逐字稿，搜集照片与实物数百件，在此基础上编辑而成的《战备时期的工业建设——贵州三线建设口述实录》即将在商务印书馆出版。中南地区的湖北省则有华中科技大学谭刚毅教授团队、中南财经政法大学杨祖义教授团队、三峡大学冯明博士团队和湖北汽车工业学院计毅波教授团队正在共同努力推进。谭刚毅教授团队近五年来实地踏勘500余个三线厂矿单位，完成大量三线建设亲历者抢救性口述历史访谈和部分历史文献档案的抢救性收集，建立了三线建设遗产数据库。杨祖义教授团队多次实地调研武汉、襄阳、宜昌、十堰、松滋等地大小三线工厂，整理了襄阳846工厂的原始档案，整理出湖北省档案馆电子档案目录1万余条、纸质档案目录4千余条；筛选完湖北省国防工办目录1—6的电子与纸质档案档案号，并将整理出目录。计毅波教授团队已搜集大量二汽厂志、报纸（《二汽建设报》，1969年至2000年，共1万期以上）、口述史、实物等资料，梳理了十堰市档案馆藏二汽建设档案目录3400余条、郧阳地区三线建设档案目录160余条和东风轮胎厂档案2万余卷目录等。①

本书的出版，将有助于拓展三线建设研究的区域范围，丰富三线建设研究领域，加强中南地区三线建设研究，拓展和深化社会主义革命和建设时期的历史研究，具有重要学术价值。

## （三）从微观层面丰富了三线铁路史的研究内容

该书收录的档案史料内容丰富、类型多样，特别是通过一些三线铁道建设中普通民兵的动人故事，向世人展示了那段波澜壮阔的历史中广大三线铁道民兵的自力更生和无私奉献精神，从微观层面丰富了三线铁路史研究内容，主要体现在以下三方面：

1. 高度军事化管理。新中国成立后，面对国家资本短缺、现代设备不足和技术落后等突出问题，党在实施大规模的社会主义工业化过程中，充分利用我国庞大的劳动力资源来予以弥补。在修建三线铁路的过程中，国家动用了约550万民工，其中80%以上（约445万人）为来自农村的民兵，采用军事化管理方式。② 焦枝铁路全长753.3千米，从1969年11月动工，至1970年7月1日建成通车，历时8个月，参建民工80余万人（河南48.41万人、湖北38.2万人）。在湖北境内正线约274.5千米，由40万民工和1万名专业技术人员参与修建。焦枝铁路由武汉军区统一领导，河南和湖北分省修建。其后在襄樊成立

---

① 诚挚感谢四川大学李德英教授团队和范瑛教授团队、四川外国语大学张勇教授团队、西南科技大学张勇教授团队、复旦大学段伟教授团队、上海大学徐有威教授团队、南京大学周晓虹教授团队、华中科技大学谭刚毅教授团队、中南财经政法大学杨祖义教授团队和湖北汽车工业学院计毅波教授团队积极提供各自团队三线建设研究概况。

② ［美］柯尚哲：《三线铁路与毛泽东时代后期的工业现代化》，周明长译，《开放时代》2018年第2期。

"焦枝铁路会战总指挥部",又分别在洛阳、荆门成立"焦枝铁路会战河南省指挥部"和"焦枝铁路会战湖北省指挥部"。焦枝铁路会战湖北省指挥部领导湖北境内的铁路修建任务,设立襄阳、荆州、宜昌地区分指挥部。焦枝铁路会战宜昌地区分指挥部设于宜昌县(今宜昌市夷陵区)鸦鹊岭,领导宜昌地区约73.5千米的铁路修建任务。在宜昌地区分指挥部领导下,12万民兵(宜昌地区8万、黄冈地区2.5万、咸宁地区1.5万)编成6个民兵师,即黄冈地区、咸宁地区、宜都县、枝江县、宜昌县、当阳县民兵师和秭归县、兴山县、远安县民兵团,远安民兵团由当阳县民兵师统一领导。其中,宜都县民兵师13000人(含兴山县民兵团3000人)。① 宜都县民兵师按地方建制分7个团、43个营、132个连。师部设于原宜都县人委楼上,包括师政工组、办事组、施工指挥组、后勤组和保卫组等。各公社成立了民兵团,即姚店、枝城、王畈、红花、聂河、潘湾民兵团等。其后成立了中共焦枝铁路会战湖北省宜都县民兵师委员会,以加强对民兵师的领导。

2. 突出政治建路。在焦枝铁路修建过程中,强有力的组织动员与政治宣传是工程顺利进行的重要保障。在宜都县革委会的统一领导下,在前、后方举办各种类型的毛泽东思想学习班。在前方,师、团两级举办前线进行准备工作的连以上干部学习班19次,参加学习的有540余人次。在后方,从区直到生产队都举办了毛泽东思想学习班。广大干部、群众认真学习毛主席"人民战争"思想、"备战、备荒、为人民"的伟大战略方针、三线建设的教导和建设焦枝铁路的重大意义。还开展了各级批判活动,组织批判会680余次、办批判专栏316处、写批判文章2100余篇,参加批判42300人次,极大地提高了广大民兵的阶级和路线觉悟,确保了焦枝铁路的顺利建设。

3. 大公无私的牺牲精神。当时全国开展"工业学大庆、农业学大寨、全国学人民解放军",在三线建设中表现得最为突出。整个三

---

① 湖北省宜昌地区革命委员会、宜昌军分区:《宜昌地区革命委员会、宜昌军分区关于保证胜利地完成修建焦枝铁路光荣任务的决定》(1969年10月2日),宜都市档案馆藏:C016-02-190。

线建设时期，广大三线建设员工以主人翁的姿态投身到热火朝天的社会主义建设浪潮中去，不怕牺牲，无私奉献。如枝城团白水营突击清基时遇到一个稀泥巴堰塘横在工段上，如不及时排除淤泥，清基填土，就要影响两个兄弟营第二天的工段碾压。全营500名指战员纷纷请求夜战，组织了五班分别投入战斗，四连连长江诗寿、指导员尤清礼不顾夜深水冷，带头跳入齐膝的泥水中。女民兵尤开兰、江书胜、曹礼新等同志和连里战士也相继跳入水中奋战，连夜把400多方新土全部运来、夯实和填平。

## 三

本人长期从事中国现代经济史研究，但真正专门关注三线建设，则是从2012年参与筹建中华人民共和国国史学会三线建设研究分会开始的，十余年来，不仅接触了大量专家学者，也接触了很多当年从事三线建设的机关、企业和个人，以及"三线人"的二代、三代，不断地被他们感动、教育、启发，对三线建设了解越多，感情越深、责任越大。本人所任职的中华人民共和国国史学会三线建设研究分会，与湖北宜昌有着深厚的历史渊源。早在2012年，当年从事三线建设的王春才、李庆等老同志和从事三线建设研究的学者，以及六盘水、攀枝花等地方研究机构的代表，在湖北省国防科工办和宜昌710所、809厂的大力支持下，于9月18日至19日在宜昌成功举办"2012年中国三线建设研究会筹备领导小组工作会议"，本人曾应邀与会。会议讨论了在中华人民共和国国史学会下面成立三线建设研究分会的筹备方案和具体有关事宜。经过一年半的筹备，2014年3月23日，中华人民共和国国史学会三线建设研究分会（简称"中国三线建设研究会"）在北京正式成立。此后，许多地方也先后建立了当地的三线建设研究会、博物馆和研究基地。

三峡大学三线建设研究团队与宜都市档案馆积极合作，共同推动该馆所藏的"三线建设档案"于今年3月成功入选"第二批湖北省档案文献遗产"，探索出研究团队与档案部门合作的新形式，拓展了三线建设档案利用的领域，可谓后来居上，走在了全国的前列。本书即为这批"三线建设档案"的开发利用的第一批成果，丰富了国内三线建设公开出版的档案资料，特别是民兵（民工）部分，他们是最容易被忘记的无名英雄。历史的魅力往往在于细节，我们反对历史研究的碎片化，反对只见树木不见森林，要避免盲人摸象；但是我们鼓励对历史细节的研究、重视微观研究和个案研究，鼓励对人民群众历史作用的发掘研究；因为没有树木就不能构成森林，没有微观的真实就没有宏观的真实。在方法上我们强调"史无定法"，在研究领域我们也应该鼓励"异彩纷呈"。

"众人拾柴火焰高"，三线建设研究要靠大家共同努力。目前中国已经基本完成传统意义上的工业化，正在向全面建设社会主义现代化强国的目标奋进。历史研究，特别是中共党史和中华人民共和国国史研究受到空前的重视，工业遗产保护利用和工业文化传承，也得到社会各界越来越多的关注，三线建设研究迎来了前所未有的机遇期。我真诚希望全国从事三线建设资源保护和研究的档案部门、学校、研究机构、企业、社会团体机构以及出版部门，共襄盛举，携手并进，共同推动全国三线建设档案早日入选"国家档案文献遗产名录"。

充分挖掘三线建设档案在新中国史研究的重要学术价值，弘扬三线建设精神，总结历史经验，增强"四个自信"，丰富中国式现代化的内涵，努力建设中华民族现代文明，是我们当仁不让的历史责任，让我们以实际行动贯彻落实党的二十大会议精神和习近平总书记致国史学会成立30周年的贺信精神，"为全面建设社会主义现代化国家、全面推进中华民族伟大复兴作出新贡献"。再次感谢冯明同志领导的研究团队和宜都档案馆的同志为三线建设研究贡献出这部档案资料，希望双方能百尺竿头，更进一步，尽快推出后面的各卷。

是为序。

武 力

2023年6月6日

于北京旌勇里

# 目　录

第一章　《简报》 …………………………………………… 1
第二章　《战地小报》 ……………………………………… 95

后　记 ……………………………………………………… 253

# 第一章 《简报》

## 一 第1期

### 简 报

1969年10月25日 第1期
焦枝铁路会战湖北省宜都县民兵师编印

**为伟大领袖毛主席争光 为社会主义祖国争光**
**枝城先锋营积极作好民兵上路的准备工作**

枝城区先锋民兵营在修好焦枝铁路，为伟大领袖毛主席争光，为社会主义祖国争光的口号鼓舞下，遵照伟大领袖毛主席"召之即来，来之能战，战之能胜"的教导，积极作好上路前的一切准备工作。

#### 走政治建路的道路

毛主席说："优势而无准备，不是真正的优势，也没有主动。"先锋营按照毛主席的教导，狠抓了生产工具和生活的准备。在准备的过程中，他们贯彻了"政治建路""勤俭节约"的方针，两眼向下，自力更生，凡是自己能够解决的尽量自己解决，不伸手向上。全营280个民兵，准备了107张鸡公车，车耳、车心都是双副。他们为了堆放工具，准备在工地搭工棚7间，需要150根栗木，10500斤稻草，1200斤竹子，全部自己解决了。为了减轻上级后勤的负担，他们发动群众，种蔬菜396亩，集体准备了冬南瓜3500斤、青菜4000斤，准备了两堰可产藕4000—5000斤。在必要时,还准备给兄弟单位以支援。

## 队长的心意

双桥八队的民兵在待令期间,决定先上安桥水库练兵。临走前,队长朱修福想:用什么来表示一下后方的心意呢?他想到千重要,万重要,毛泽东思想最重要。于是在临走的前一天晚上,他和队里要上铁路的9个民兵在一起,再次学习了毛主席关于三线建设的有关指示,鼓励他们要为毛主席争光,要为社会主义祖国争光。同时认真检查了每个民兵毛主席著作的准备情况,发现有4个民兵还缺少"老五篇"。第二天出发时,队长给他们送来了毛主席著作,并亲自挑着稻草,送了一里多路,直到民兵们再三劝阻才转去。

## 积极投入冬季生产

为了抓好冬季生产,减轻后方负担,广大铁路民兵抓紧上路之前的空隙,积极投入冬季生产战斗。双桥原接16日上工地通知,大队决定民兵从12日起开始休息,作好上路准备,可是广大民兵都没有休息,积极投入冬播,使冬播由13日只完成11.2%,在短短的时间内就上升到66%。之后接到工地转移,暂不上路的通知后,全大队55个民兵又主动接受了天坑坪炸石任务。他们说这既可解决上路后家里劳力不足的困难,又可以现场练兵,大队给他们提出一天打22个炮眼,他们一天就完成了37个,五天的任务三天就完成了。

## 俩姐妹争上铁路

伟大领袖毛主席亲自批准修建焦枝铁路的消息传到了白马大队贫协组长、烈属王传珍家里,一家人都激动起来。王传珍的俩姑娘古万荣、古万群争着报名,要去参加修建焦枝铁路。队里考虑到她家有些困难,只去一个,可是俩姐妹都争着要去,谁也不愿留下,姐姐古万荣说:"修建焦枝铁路是毛主席交给我们的战斗任务,党和毛主席将我培养这么大,现在正是我向毛主席他老人家献忠心的时候,我是国家的人,我要为国家建设出力。"妹妹也不相让。王传珍也再三向队里要求，让她的俩姑娘都去修铁路，家里困难自己可以克服，大队最后才同意了俩姐妹的要求。

### 向406队和武汉铁路分局的同志们学习

连日来，铁道部406队怀着对伟大领袖毛主席无限热爱、无限忠诚的红心，按照总指挥部和分指挥部"精密设计，精心施工"的指示，爬山越岭，反复勘察，认真计算，在此基础上，绘制了三条建路和车站地址的方案，供指挥部、分指挥部和民兵师以及当地贫下中农比较选择，他们的高度责任感受到了普遍赞扬。

武汉铁路分局的同志们在待令期间，积极、主动、自觉地配合民兵师做了大量的工作，为迎接开工后的第一个战役贡献了很大的力量。

### 热烈欢迎兴山民兵团

兴山民兵团先遣部分指战员于本月24日到达枝城镇，按伟大领袖毛主席"兵马未动，粮草先行"的教导，为大上民兵和迎接开工积极投入了紧张的准备工作。

## 二 第2期

## 简 报

1969年10月29日 第2期
焦枝铁路会战湖北省宜都县民兵师编印

### 支援前线炼红心
——东风小学支前先进事迹

### 迁 校

伟大领袖毛主席亲自批准修建焦枝铁路的喜讯一传到西湖公社东风小学，全校160多名革命师生顿时激情高涨，一股幸福的暖流立刻遍及全校，大家千言万语汇成一个最强音：伟大领袖毛主席万岁！万万岁！校管会立即举办了毛泽东思想学习班，组织全校师生反复学习了伟大领袖毛主席关于三线建设的教导，讨论了修建焦枝铁路的重大意义，大家坚定地表示："我们要为毛主席争光！为社会主义祖国争光！把支援焦枝铁路当作全校最大的政治任务，把每项支援活动都当作向毛主席献忠心的具体考验。"学校负责人曾昭桂同志说："支援焦枝铁路的每件工作，我们要当作忠不忠于伟大领袖毛主席的大问题来对待。"学校管委会主任黎孔生同志集中了大家要求："校舍就在铁路边，首先把校舍让给前方使用。"副连指导员艾大新同志第二天就向公社和大队汇报了全校师生的共同心愿和要求，并在公社和大队的积极帮助下到第五生产队落实了学生教室，当民兵师的同志去了解情况协商房子时，老师们说："我们早准备好了，什么时候要，就什么时候搬，保证不影响同学学习。"为了迎接建路大军到来，10月28日全校师生进行了一次"战备演习"，在4小时之内就把160多人的课桌凳和全部校具搬到了距原校两里多的第五队，第二天又照常上课了。

在"战备演习"中，老师和同学牢记毛主席"一切革命队伍的人都要互相关心，互相爱护，互相帮助"的教导，好人好事不断涌现：先帮别人搬，然后自己搬，大同学帮小同学搬，小同学也不落后。二年级学生梅启平（8岁），前几天给队里放牛跌了，头部红肿，他坚持要为支援焦枝铁路出力，也积极参加了搬家。

同学们在新的学习环境继续发扬了高度的组织纪律性，为了不把群众墙壁弄脏，都自动把座位摆在中间，不靠墙壁。一部分学生因搬家上学路远，加上公路上车多不安全，当教师动员时，最远的学生朱相平说："搬家是为了支援焦枝铁路，我们要为毛主席争光，多走点路算什么！"远道学生第二天仍按时到校了。

## 搬　砖

10月27日上午，同学们在来校途中，发现一部汽车正在卸砖，一问是民兵师要搬到学校去的砖，就人人动手搬起来了，他们说："这是支援焦枝铁路的好机会,我们上学是顺带。"砖搬到学校,被老师和其他同学发现,大家紧急集合,师生一齐参加,利用课余时间帮助师部很快把砖运到了学校,下午放了学,二、三、四、五队的同学发现汽车运砖来了,黎孔林、方友彦、刘厚勤等40多个同学,立即投入卸车搬砖,把一车砖全部搬到了学校才回家。7岁学生邓永富,坚持把最后一块砖送到后,才高高兴兴离开。第二天老师表扬了这些好人好事,他们议论说:"支援焦枝铁路才是开始,这点事值不得一提。"

### 种　菜

老师和同学听说建路民兵快来,担心他们蔬菜不够,号召全校同学利用课余时间,利用附近空地,开展"一人一棵菜"活动,以此来加深同学对支援祖国社会主义建设的认识,加深对建路民兵的深厚阶级感情。几天之内,同学们就把附近凡能利用的土地都种上了菜。他们生怕建路的民兵叔叔吃不上自己种的菜,下了课就去照料、浇水。不少同学星期天跑几里路来校给蔬菜浇水,替远道同学照料菜田,他们盼望在支援铁路前线上能尽到自己的一分心意。

当前,东风小学的革命师生正在利用业余时间赶排节目,和社队一起开展大学习、大宣传、大动员,迎接大军到来,迎接铁路开工。在"支援前线,向毛主席献忠心"的口号鼓舞下,一个"赛革命、赛团结、赛贡献"的高潮正在全校形成。

## 三　第 3 期

### 简　报

1969 年 11 月 3 日　第 3 期
焦枝铁路会战湖北省宜都县民兵师编印

**准备阶段情况综合**

从紫荆岭工地转移到枝城来的 20 天时间,我们根据焦枝铁路各级指挥部和省、地、县革委会的指示精神，在指导思想上坚持高举毛泽东思想伟大红旗，以毛主席的指示特别是有关三线建设的指示为武器，以"总指""省指"关于焦枝铁路宣传动员提纲为内容，从前方到后方，大力开展了群众性的大学习、大宣传、大动员、大落实，为迎接铁路开工，从思想上、组织上和其他各项工作上作了大量的准备工作。

一、用毛泽东思想武装了前、后方的广大干部、民兵和革命群众，认识了修建焦枝铁路的重大意义，进一步提高了阶级斗争觉悟和两条路线斗争觉悟，大大调动了前、后方的革命积极性。

这段时间，在县革委会的统一领导下，前方、后方，都层层举办了毛泽东思想学习班，从干部到群众，认真地、反复地学习了毛主席"备战、备荒、为人民"的伟大战略方针，学习了毛主席有关三线建设的教导和"人民战争"思想，学习了修建焦枝铁路的重大意义。仅师、团两级举办在前线进行准备工作的连以上的干部学习班共19次，参加学习的共540多人次。后方从区直到生产队都分别举办了毛泽东思想学习班，很多单位还办了好几次，广大干部和群众普遍参加了学习。

伟大领袖毛主席一系列教导，大大激发了广大干部、群众的革命积极性。在"坚决完成毛主席交给我们修建焦枝铁路的光荣任务，为毛主席争光，为社会主义祖国争光"的口号鼓舞下，前、后方互相配合，互相促进，活学活用毛泽东思想的好人好事层出不穷。在从紫荆岭到枝城的工地转移中，340多个干部和民兵从接到通知到新的目的地，55华里的路程，只花了半天时间就全部转移结束了，他们说："这是一次战备演习，对我们是一次战前练兵。"姚店团有60多个民兵看到只有一部汽车，又有很多工具、物资待运，就自动挑着担子步行，他们说："这是我们学习解放军的好机会，一开始就要练成拖不垮、打不烂的部队。"没有一个人掉队。红花团10月12日通知连以上77个干部到工地办学习班，头天下午通知，第二天中午全部到齐。蔡冲营迎新连连长蔡万伦，挑着100多斤的担子，走了80多里，也同时赶到，他说："一切行动听指挥才能打胜仗。"姚店团后勤干部陈泽勤家在灾区，老婆带三个小孩住着窝棚，正准备做屋，接到上铁路通知后，交代了一下就赶到工地了。

许多干部、民兵一到工地就学习解放军的优良传统，模范遵守群众纪律，搞好群众关系。姚店团向阳营25个民兵刚到工地，放下背包，就帮群众打谷、挑柴，休息时就访问座谈，群众议论说："真是毛主席的好民兵！"

广大贫下中农经过这段学习，怀着无限忠于毛主席的深厚无产阶级感情，纷纷报名，要求在修路前线贡献自己的力量。王畈区松华公社合心大队女青年张正香正准备结婚，参加队里学习后说："焦枝铁路是毛主席批准修建的，是我们贫下中农的最大幸福，要求批准我参加。"并动员未婚夫陈学云（转业军人）也报了名，两人还订了"不完成铁路任务不结婚"来表示决心。姚店区五一公社分配上路民兵170人，报名和写决心书的共350多人。为了深入作好思想工作，公社革委会集中这批人办了毛泽东思想学习班，进一步学习了毛主席"备战、备荒、为人民"的伟大战略方针，使大家明确了前方和后方的关系，按毛主席"统筹兼顾"的教导作了合理安排，最后前、后方互表决心，互订保证，情绪都很高昂。

二、在深入思想发动的基础上，落实了组织，完成了上路民兵建制。

全师（包括兴山民兵团）按地方行政建制组成了7个团，43个营，132个连，已落实团干104人，营干229人，连干557人。各级革委分别对民兵领导干部进行了严格审查，并以公社为单位举办了连以上干部学习班2—3次。对大量报名的民兵，本着前、后方统筹兼顾，全面安排的精神，共落实13000人，并分别组织就绪，原地生产待令，只等一声令下，就立即开赴前线。

三、由于各级指挥部和县革委会的统一领导和动员，由于各部门的大力支援，开工所需的生产、生活物资，正在组织和陆续运往工地，为开工创造了一定的条件。民兵住房、食堂均已安排落实，炊事工具和生活物资大部分已运到工地。粮、煤、菜的现有储存，据摸底，一般可供一个半月食用。

四、上路民兵在待令期间，有组织、有领导地投入了冬播和农田水利建设，有力促进了后方生产。各团、营在思想发动、组织落实的基础上，一部分干部投入了前线开工前的准备，大部分干部率领待令民兵一起投入了冬播生产。在水利工地和冬播中开展了"战前练兵"活动，从思想上、组织上和军事上进行了初步训练。同时，也促进了后方生产。枝城团先锋营双桥连55个民兵，在待令期间，组成了12个突击队，由连长带领到安桥水库举行"战前练兵"，十天时间完成了一处渠道，整了一个天坑，每人还送了一亩田的肥料。白水营团结连80个民兵在冬播生产中组织军事化，行动战斗化，促进了冬播提前完成。社员反映说："过去上工地是几天报名，几天评议，几天搞家务，几天休息，到时候还是人齐马不齐；现在这个办法就是好，冬播完成了，思想大提高。"

下步工作打算：

根据上级指挥部指示精神，县革委安排11月3日第一批民兵开赴工地，占总民兵的15%左右，约1500多人。第二批民兵在15日以前上齐。兴山县民兵团3000人，已有600多人到工地，其余在10日左右上齐。对上路民兵的组织领导，行军途中的政治思想工作和生活安排都已具体落实。民兵来后，即从总结行军入手，表扬行军中的好人好事，抓住活思想举办毛泽东思想学习班，学习毛主席关于三线建设的指示，通过回忆对比，进行形势教育、阶级教育和两条路线斗争教育，使广大民兵进一步明确修建焦枝铁路的重大意义，树立艰苦奋斗、自力更生的思想和"一不怕苦，二不怕死"的革命精神，同时建立工地制度，尽快组织开工。

第一批民兵的主要任务是用大部分力量进行桥涵的备料和施工；线路清基，扫除施工障碍；修筑施工道路，用少数力量安排好工地生活，为第二批民兵到来作好一切准备。

## 第一章 《简报》

## 四　第4期

### 简　报

1969年11月7日　第4期
焦枝铁路会战湖北省宜都县民兵师编印

**孔庆德同志对当前工作的两点指示**

1. 毛主席对焦枝铁路很关心，我们施工速度要再加快。
2. 请你们把襄樊会议精神很快贯彻，要进一步深入动员，要大力宣传。

（师部根据电话传达记录）

**狠抓政治建路不转向**
——姚店团实现领导班子革命化过程中的先进事迹

姚店团部最近举办了毛泽东思想学习班，总结了前段准备工作，表扬了活学活用毛泽东思想的好人好事，为迎接大军到来，保证初战必胜，大家以临战姿态投入了更紧张的战前准备工作。

**千头万绪抓根本**

10月3日，全团第一批民兵455人经过一天急行军，准时到达了前线。由于前线准备和当地贫下中农的大力支援，虽然很快就住下来了，但为了保证第二批大军一到就迅速开工，2300多民兵的战前准备工作，包括生活安排，还有许多亟待解决的问题。工作一排队，真是千头万绪，件件都要落实，事事都要人抓。团长张传万同志组织大家带着这个问题再次学习了毛主席关于三线建设的指示，分析了工地大好形势，按照毛主席"要抓主要矛盾"的教导，大家一致认识到工作越多越忙越要坚持活学活用毛泽东思想，根本的根本是首先用毛泽东思想武装干部和广大民兵的头脑，狠抓人的思想革命化。首先是各级领导班子的革命化。民兵到后的第二天，团部抓住时间，集中民兵，进行动员，办起了毛泽东思想学习班，从总结行军，表扬好人好事，进一步落实毛主席关于三线建设的指示，落实政治建路的方针，提高大家对修建焦枝铁路重大意义的认识，把各级领导建设成为革命化的领导班子，把广大民兵培养成为毛泽东思想宣传员，以人的思想革命化来促进当前各项工作。

### 胸怀全局　面向连队　把一切方便让给民兵

　　团部从枝城镇搬到前线时，有大批物资需要及时转运，团部14个同志商量这一问题时，一致要求："不要师部派汽车，也不要调民兵派任务，把这次搬迁当作对我们又一次战备考验。"大家说干就干，以临战姿态，冒雨苦战了一天多，当搬迁结束，夜晚回到新的驻地准备吃饭时，有8个行军民兵因天黑来团部询问驻地，他们发现这队民兵为了按时赶到工地，有的还只吃了一顿饭，衣服也淋湿了，当即把准备好的饭让给了民兵，并腾出了床铺让民兵休息。团长张传万同志和大家议论："我们的第一批民兵今天冒雨行军刚到工地，不知他们现在怎样？"这时，毛主席的"我们的干部要关心每一个战士……"的教导顿时响彻在大家耳边，一致要求说："我们今晚不吃饭、不睡觉算不了什么，但要到各连队去走访一遍才放心。"辛德孝同志说："我们人在团部工作，心要在战士身上。"大家立即组织了3个小组，讨论了四条任务：一是向新到民兵传达毛主席关于三线的指示，这是最重要的任务；二是代表大家心意进行慰问；三是了解行军情况，表扬好人好事；四是发现问题以便及时解决。大家不顾白天劳累，张传万、谢玉祥等同志这天也只吃了一顿饭，都兴高采烈地连夜冒雨出发了。大家到一处，座谈一处，好人好事不断激发大家思想，回团部已是深夜，衣服都淋湿了，同志们说："这是很有意义的一夜，我们的心都是热烘烘的。"

### 带头学习　以身作则　带头实现思想革命化

　　团部搬到前线时，同志们见地面潮湿，借来了7张床，准备睡高铺，大家仔细一想，思想上起了斗争，一场"睡高铺还是睡地铺"的辩论很自然地在团部里展开了，有的同志认为："地面有潮，时间长了会影响身体健康，这也是为了更好地工作；现在有这个条件，床已经借到了；团部是个机关，又不和民兵睡在一起，不算什么特殊化，即使有点差别，也是生活小事。"另一部分同志认为："这不是一件小事：团部到得早，最先借到床，营部、连部后到，照样再借，民兵最后到，哪里去借呢？哪有这么多的床借呢？团部带头，层层睡高铺，广大民兵呢？地面有潮能不能用其他办法解决呢？"大家再次对照毛主席"关心群众生活"和有关教导，展开了热烈的学习和讨论，最后统一认识到：这不是单纯睡高铺和睡地铺的小问题，而是联系我们思想革命化的大问题，我们工作上应向高处看齐，但生活上要和低标准比，任何时候都要牢记毛主席的教导，一刻也不能脱离群众。最后，大家自觉把床送到了战地卫生队，一起开了一个又防潮又暖和的"团结铺"。

### 前方后方一条心　团结修路献忠心

翠峰、五一等营的指战员牢记毛主席教导的："只要我们依靠人民，坚决地相信人民群众的创造力是无穷无尽的，因而信任人民，和人民打成一片，那就任何困难也能克服。"他们学习解放军的优良传统，一到工地，就和贫下中农共同学习毛主席关于三线建设的指示，共同座谈修建焦枝铁路的重大意义，感谢贫下中农的支援。他们发现队里暴屋盖了半截正遇天雨，便及时安排了21个民兵帮助抢盖好了。贫下中农有困难就主动帮助解决，这两个营所住青山四队的贫下中农把民兵当作自己的阶级兄弟，主动让房子、借家具。他们了解这两个营需要搭三个食堂，就纷纷借给原材料，从木料到盖屋草，全部给解决了，他们说："为了修好焦枝铁路，我们就用这份心意向毛主席献忠心。"

### 自力更生开红花

红花民兵团医疗组来到工地后，医疗器械严重不足，是伸手向上，贪大求洋，还是自力更生，因陋就简？他们通过学习毛主席关于三线建设的指示和"老三篇"，认识到这是两种思想的斗争，两条路线的斗争，决定自己动手解决医疗器械不足的困难。医务人员陈启忠同志花5角钱买了10斤竹子，自己动手做镊子40个，压舌板19个，软膏刀19把，仅这3样工具可为国家节约数十元。同志们纷纷赞扬说："这不仅是几十元的问题，而是坚持走毛主席革命路线的大问题。"

（转载红花民兵团《铁道战报》第1期）

## 五　第5期

## 简　报

1969年11月12日　第5期
四〇六三工程宜都民兵师编

### 走政治建路的道路，开自力更生的红花

毛泽东思想放光芒，照亮了铁道卫生战士前进的方向。我师广大革命卫生战士在毛主席"独立自主，自力更生"的光辉思想指导下，连日来，自做器械，自采药物，在勤俭办战地医疗卫生工作上迈开了新的一步。

姚店团向阳营狠抓用毛泽东思想武装战地医护人员的头脑，已经举办了两次毛泽东思想学习班，组织战地医护人员反复学习了毛主席有关三线建设的指示"独立自主，自力更生"的方针和"完全、彻底"为人民服务的教导，大大调动了革命医护人员对伟大领袖毛主席的深厚无产阶级感情，医师周直卿说："毛主席这么大的年纪，为革命操心睡不好觉，我有什么私心杂念不能抛弃呢？我决心想尽一切办法为指战员服好务，提前建成焦枝铁路，让毛主席他老人家放心。"他们说："国家建设多，我们的困难自己动手解决。"医疗器械不足，

他们就用搭工棚剩下的废竹头自制了软膏刀、软膏筒、压舌板、拔器筒、镊子、棉签等27种常用器械。卫生员王大芬，主动到30多里的家乡背来了药瓶35个，很快就把卫生所办起来了。

为了搞好预防，向阳营的卫生战士们还及时走访了当地贫下中农，一面宣传毛主席关于三线建设的指示，一面调查当地疾病流行情况和药源情况，对民兵健康状况和病情也进行了调查，做到了"胸中有数"，并立即上山找药，当天就采挖了"冷水七""白头翁""沙参""胆草""红枣根"等可治跌打损伤、感冒、肠胃病的草药多种，这些草药不花钱，疗效也好。长丰连民兵刘正义患痢疾，中午吃下鲜药，夜晚就显著好转了。民兵普遍反映说："土药治病既为国家节约，又能及时治好病，这是毛泽东思想的又一伟大胜利。"姚店团部及时组织了全团医务人员在向阳营开了"自力更生，勤俭办战地卫生所"现场会，团部随即组成了采药队，由医师何一祥同志带领上山，他们怀着对伟大领袖毛主席的无限忠心，天不亮就出发，翻山越岭，来回100多里，一天就采回常用药品30多斤，基本上解决了全团22个食堂年内饮水消毒用药和常见病的部分用药问题。他们说："采药为民兵，采药炼忠心，靠战无不胜的毛泽东思想，我们什么困难也能克服，决心做到一不向上伸手，二不向上开口。"

为了保证广大指战员身体健康，他们按照毛主席"要过细地做工作"的教导，医生和卫生人员每天都到食堂检查卫生，预防食物中毒，在民兵驻地实行了饮水分塘，号召广大指战员提高革命警惕，搞好"四防"。

红花团、潘湾团、枝城团的革命卫生战士们按照毛主席"勤俭办一切事业"的教导，自己动手，就地取材，自制了大批常用器械，自采了部分常用药物，很快办起了战地卫生所。

一个勤俭办战地卫生事业之风，目前正在工地迅速形成。

# 六 第6期

## 简 报

1969年11月18日　第6期
四〇六三工程宜都县民兵师编

各团、营、连：

　　现将荆门县民兵师子陵试验段修建路基、涵管的经验翻印给你们，请你们结合自己工段的实际情况，认真学习，并在实践中及时总结自己的经验，互相交流，共同提高，确保"两高一低"多快好省地完成建路任务，为毛主席争光，为社会主义祖国争光。

师部

### 子陵试验段修建路基涵管初步总结

　　为了落实伟大领袖毛主席对三线建设的光辉指示，摸索政治建路的经验，培养训练骨干，多快好省地完成修建焦枝铁路的任务，我师于10月6日至22日在子陵区进行了试点。经过18天奋战，完成土方23889方，石方1200方，砂方458方，基本上完成了试验段任务。

　　我们遵照伟大领袖毛主席"政治是统帅，是灵魂，政治工作是一切工作的生命线"的教导，狠抓活学活用毛泽东思想，突出无产阶级政治，开展革命大批判，大打人民战争，坚定不移地相信群众，依靠群众，尊重群众的首创精神。在这次试点总结中，自下而上，发动群众，总结了路基、涵管施工的初步经验26条。这是毛主席政治建路、人民战争的伟大胜利，是毛主席革命路线的丰硕成果。为全面施工提供了一些建路的经验。工程技术人员深受教育，一致赞扬说："群众经过实践总结的经验，简明扼要，切实可行，有些是施工规范中找不到的。"

但是，根据上级要求，还存在不少问题，有的路基修得不够标准，有的区在填挖方时注意保护良田不够，技术指导上有些粗枝大叶。这些教训，应引起各级领导高度重视，以便及时发现问题，及时纠正。

现将路基、涵管施工初步经验分述如下：

### 路基施工十四条

1. 放样要准确，特别是曲线（湾道）放样更要注意。在子陵段有十多公尺由于放样不准，外侧多 50 公分，内侧差 50 公分，造成补填事故，影响质量。

2. 技术要交底，如清基要求，挖、填方地点、数量、中线桩、边桩、踩层、标高（填挖高度要标记在边桩上），路基宽度，路拱高度（试验段有的不合标准）、坡度，排水沟深度、宽度等全面交给民兵，统一标准。

3. 清基要严格，堰塘和低洼地区。在路基两旁首先要挖好排水沟，排除积水，污泥要清除干净见硬底，如子陵大堰塘，清基不严，污泥（软土）没有挖净就回填，造成返工。路基的草根、树根、谷兜子等障碍物必须清除干净。

4. 取土、倒土场子要定好，要与当地生产队干部、贫下中农协商共同定点。做到挖方倒土应倒在边坡顶外 5 公尺，填方时要尽量避免爬高坡，注意倒平。

5. 注意修路造田。取土倒土时，做到小田改大田，高田改低田，旱田改水田，有利于灌溉。如烟灯段取土时，做到了一边取土一边平整田地。

6. 填挖路基应注意保存中线桩及水准基点，以便完工后复线。

7. 以挖代填。在两个单位交界处，如一方是填方，一方是挖方，应协商配合，填方利用挖方工，以挖代填。如五里与后港交界处，五里是挖方负责挖，后港是填方负责挑，以利提高工效。

8. 回填碾压。每踩土层填 3 公寸，碾压次数应根据土质情况来定，一般不少于 8 次。打石滚夯一定做到梅花盖顶。

9. 检踩要固定专人，检踩人员应由政治觉悟高、认真负责、有一定经验的民兵来担任。具体任务是，掌握踩层、坡度、打碎土块、拣掉树根杂草。

10. 收边要平整，坡度应按设计要求做好，边填边修，边修边检查。

11. 收挖方不收填方，以利平衡进踩，保证质量。

12. 运土便道应根据地形、填挖土方的距离和高低确定，以免拥挤、窝工。

13. 工具准备，应根据工程任务难易准备工具，在使用板车的地方，每人应备一担箢箕，以防天雨时用。

14. 加强技术指导（包括涵洞），建立技术、质量责任制，整个工程技术人员应分工明确，按段包干，深入现场，检查指导。连以上施工单位，应建立三结合的（干部、工程技术员、民兵）质量检查小组，负责检查质量。

## 建筑物（涵管）施工十二条

1. 建筑物定位要合理，要考虑基础好，少费田，好排水。如定位需要变动，应当与设计部门、当地生产队干部共同协商，报分指挥部批准。

2. 桥涵基础放样要准确，位于曲线（湾道）桥涵定位要慎重，施工图纸要认真研究，避免发生放样错误。

3. 施工场地要宽，基础放样要准，并适当加宽，以利排水。石料应存放涵洞两头，基坑运料在没有跳板的情况下，可挖斜坡代替跳板，以利施工。

4. 石料规格，应大小搭配，越大越好，石锈山皮要打掉，基础砌大石，砌墙用料石，砌石要平放、压缝，四边成直线。洗石水坑要摆布得当。

5. 砌石应用挤浆法，砂浆要干，砂浆配合比应按施工要求，拌和均匀，做到洞洞有小石，缝缝有砂浆。

6. 在砌石时，运石应与砌石密切配合，选料得当，保证砌石适用。

7. 工具准备，砌石工具，小麻绳，木水平，洗石工具，凿石工具，抬石工具，拌和板，砂浆合子等，应事先准备好。

8. 全面交底，明确任务，讲明图纸，按图施工。

9. 劳力组合，应根据工序实际需要和人员情况，合理安排，组成若干小组。

10. 根据桥涵工程大小难易，最好按连营建制，固定专人，进行施工。

11. 安全施工，对建筑物要加强领导，严防工伤事故。

12. 建筑物完工，回填土方时，一定要两边平衡进土，打夯压实，不要撞击建筑物。

荆门县民兵师　1969 年 10 月 30 日

# 七　第 7 期

## 简　　报

1969 年 11 月 19 日　第 7 期

四〇六三工程宜都县民兵师编

**后方健儿齐上阵　人人赛挑"争光沙"**

枝城区大堰公社广大革命干部和贫下中农在毛主席三线建设指示的光辉照耀下，在省指挥部紧急动员令的巨大鼓舞下，人人关心前线，急前线所急，帮前线所需，在支前工作上作出了又一动人心弦的先进事迹。

11 月 17 日，公社革委得知战斗在涵洞工地的该营 300 名民兵正在为消灭"拦路虎"紧张奋战，河沙和水泥成了攻关中的第一道难关，按照需要量，单靠前线 300 个民兵，仅运输就要 20 天，公社革委会主任兼支前组长邓绍发同志立即召集革委成员和支前小组全体同志再次学习了毛主席关于三线建设的教导，大家一致表示："前方的困难就是我们的困难，我们要以最快的行动全力以赴，帮助前方攻下这道难关。"决定立即召集大队革委主任和支前小组长紧急会议，迅速把前方困难告诉全社所有革命干部和贫下中农，几小时之内，决心书、请战书通过代表从四面八方纷纷传到公社，正在公社党训班学习的全体同志，听到前方有困难，想到毛主席为三线建设睡不好觉，许多人热泪盈眶，共同发出誓言："宁愿粉身碎骨，也要提前完成建路任务，让毛主席他老人家睡好觉。"青泉大队革委主任张宗汉说："我们对毛主席要忠在思想上，落实在行动上，要争分夺秒，行动迅速。"公社革委根据大家请求，决定：后方总动员，送沙上前线，连夜准备，明早出发，人人送"争光沙"。青泉三队贫农社员、共产党员余善秀同志听到这一消息，心头久久不能平静，她想到在万恶旧社会受的痛苦，想到帝、修、反现在还想欺负我们，想到毛主席为三线建设操心睡不好觉，她等不到第二天就和10岁的女儿杨兆琴出发了，社员刘文英把吃奶小孩托放人家，也一起出发，许多社员提前连夜出发，他（她）们说："毛主席教导我们'即使是提前一个小时也是好的'，我们更要争分夺秒，把铁路抢在战争前面，让毛主席他老人家放心。"

第二天清早，公社革委主任邓绍发同志、副主任薛强同志、委员吴大菊同志带领着公社革命干部、共产党员、贫下中农和革命师生共2400多人出发了，大家组织严密，秩序良好，人人激情满怀，个个干劲冲天，70多岁的老贫农和七八岁的红小兵也坚持要为焦枝铁路贡献自己一分力量，争着参加了支前大军，他们把这次送沙亲切地称为"为毛主席争光"的争光沙，"为社会主义祖国争光"的争光沙。邓绍发同志和薛强同志为了打好这次支前的人民战争，帮助大堰公社的贫下中农和革命干部实现为毛主席争光的心愿，头天忙到深夜，第二天天不亮就起床了，青冲大队革委副主任冉裕好同志身带残疾，50多岁，担担挑120多斤，同志们关心他，要他少挑一点，他说："毛主席这大年纪，对焦枝铁路这样关心，我不够条件当民兵上前线，在后方这个义务一定要尽。"青桥大队革委副主任陈家全同志身患五种疾病，正在家里休养，听到这个消息，说："为了紧跟毛主席，为了埋葬帝、修、反，我身弱也有千钧力。"挑起担子大步向前了。青峰六队贫协组长曾广恒同志 70 多岁了，他说："挑一担沙就是向毛主席献一份忠心。"他人老心红，一担挑 80 多斤。青春八队队长朱代成，带领全队现有 19 个劳力全部上阵，剩下 3 个小孩劝说不住也一起投入了支前大军。余桥小学潘宗珍、杨先英两个老师都有小孩吃奶，她们背着小孩，带领七八十个红小兵奋战在支前运输线上……用毛泽东思想武装起来的大堰公社的广大贫下中农和革命干部，经过这天紧张而又幸福的战斗，一举为前线送来了 80 吨河沙，送来了 1 吨水泥，更重要的是送来了毛泽东思想，送来了后方人民对前线的深厚无产阶级感情。前方战士坚定地表示："就是上刀山，下火海，我们也要提前完成建路任务，让毛主席他老人家放心！"

### 前方后方团结紧　共同建路献忠心

11 月 17 日，枝城区白水公社革委会主任潘德恒同志带领各大队革委会主任共 15 人来到前线慰问，代表后方广大贫下中农给战士们送来了金光闪闪的革命宝书和"为毛主席争光"的红旗，向全营指战员介绍了后方在支前和冬播中活学活用毛泽东思想的好人好事，他说："我们后方贫下中农的共同心愿就是希望你们按照毛主席关于三线建设的教导，把铁路建设加快再加快，提前再提前。我们保证做到：前方要人有人，要物有物，只要一声要，马上就送到。让我们共同为毛主席争光。"他看到工地可利用车子，立即表示在五天内把全公社 143 部鸡公车全部送到前线。

后方的巨大关心，大大鼓舞了全体指战员的革命斗志，这时全营正在突击清基，一个稀泥巴堰塘横在工段上，如不及时排除淤泥，清基填土，第二天就要影响两个兄弟营的工段碾压。这时全营 500 名指战员纷纷请求夜战，争分夺秒消灭这个"拦路虎"，保证三个营的工段提前在第二天碾压，团、营领导批准了大家要求，并组织了五班分别投入战斗，四连连长江诗寿，指导员尤清礼不顾夜深水冷，带头跳入齐膝的泥水中，女民兵尤开兰、江书胜、曹礼新等同志和连里战士们也跟着跳入水中奋战。水桶不够，大家就用脸盆端，工具不够，大家就用手掬，阵地上歌声嘹亮，热气腾腾，大家用紧张愉快的劳动迎来朝阳,把 400 多方新土全部运来、夯实、填平后,又连续投入了新的战斗。

### 技术革新动态

为了加快速度,提前时间,各团本着"再加快"的指导思想,正在发动群众苦干加巧干,结合工地实际,大搞技术革新。红花团、聂河团首先带头,枝城团、王畈团、姚店团、潘湾团紧紧跟上,红花、聂河两个团从团部到连队,层层建立了领导、技术人员和民兵代表三结合的技术革新领导小组,召开会议多次讨论了工地技术革新工作,云池营 190 多个民兵在后方大力支援下最近即可实现两人一部手推车。聂河团的木、篾工人正在把后方送来的原料连夜加工,让更多的手推车投入前线作战。

# 八 第 8 期

## 简 报

1969 年 11 月 20 日　第 8 期
四〇六三工程宜都县民兵师编

### 铁道民兵誓言选

掬尽红心为革命,愿将热血洒焦枝。

上刀山心甘情愿,下火海挺胸献身,高速优质完成焦枝路,让毛主席他老人家放心。

把时间抓紧再抓紧,把速度加快再加快,把质量搞好再搞好,把完成任务提前再提前。

提前建成焦枝路,彻底埋葬帝修反!

革命加拼命,苦干加巧干,工地是战场,工具当刀枪,脚踏帝修反,炮打土石方,不高速优质,决不下战场。

打大仗,打硬仗,打恶仗,铁路不通车,誓不下战场。

## 第一章 《简报》

扬子江畔红旗舞,英雄大军汇枝城,革命战士心潮涌,团结建路献忠心。

政治建路是指针,千头万绪抓根本。

把工地变成活学活用毛泽东思想的课堂,当成"斗私批修"的战场,当作埋葬帝修反的阵地。

急毛主席之所急,想毛主席之所想,毛主席怎么说,我们就怎么干。

毛主席著作天天学,时时用,做到十学:为了革命努力学,结合工程重点学,阶级观点反复学,任务紧张坚持学,紧要关头冷静学,规定时间组织学,接受任务事前学,碰到困难虎上学,业余时间自觉学,领导干部带头学。把工地办成红彤彤的毛泽东思想大学校。

决心学习杨水才,对毛主席著作一字一句地认真领会,一字一句地检查对照,一字一句地化为灵魂,一字一句地落实行动。

迎着困难上,条件自己创。

打破洋框框,踢开洋教条,土洋结合,土法上马,不等待,不依赖,不伸手,不开口,不叫难,不叫苦。

挑"公"字土,修"忠"字路。

### 焦枝铁路

命令昨颁,喜讯飞传,百万工农大会战。焦枝路,云集英雄汉。

长江滚滚来天半,沉沉一线南北穿。想古来英雄,谁有如此豪情酣;帝修反,望洋惟兴叹。

美帝颠,意烦乱;苏修惊,心胆寒。古道西风走瘦马,扩军备战徒枉然。

听一汽笛欢,看一车轮转;金元帝国,沙皇梦幻,尽一枕黄粱烟消散。

(红花团青林营一兵)

# 九　第 9 期

## 简　报

1969 年 11 月 20 日　第 9 期
四〇六三工程宜都民兵师编

　　兴山县民兵团 3000 多名指战员怀着对伟大领袖毛主席的无限忠心，在任务艰巨，施工复杂的阵地上，越战越强，活学活用毛泽东思想的好人好事层出不穷，大大促进了工程进展。

### 勇挑重担不怕苦，越是艰苦越向前

　　黄榛营青山青龙连连长韩尚芳在营部接受了挖深沟的艰巨任务后，迎难而上。回连后，立即召开了班长以上干部会，首先组织大家学习了毛主席三线建设指示和"下定决心，不怕牺牲，排除万难，去争取胜利"的伟大教导，大家一致表示："毛主席指示我照办，毛主席挥手我前进。毛主席把修建焦枝铁路的光荣任务交给我们，我们要坚决照办，坚决执行。我们要在会战战场，向伟大领袖毛主席敬献忠心。"二排长雷永久同志说："伟大领袖毛主席把这一光荣任务交给我们，是对我们最大的信任，再大的困难，我们坚决战胜，任务再艰巨，我们保证完成。解放军保卫祖国死都不怕，我们还怕苦吗？"干部会结束后，排、班干部又连夜向广大民兵进行了传达，并作好了一切战斗准备。

　　17 日早晨 5 点钟，民兵自动提前起床，备好工具就出发。一到工地，大家都争先恐后，抢挑重担。一排长冯永昌站在深沟里，一边挖，一边朗读毛主席语录"下定决心，不怕牺牲，排除万难，去争取胜利"。八班长王富才在深沟一不小心滑倒在铁锨上负了伤，别人劝他休息，拉他起来，他说："我是来为毛主席争光的，不是来享福的，我要坚持下去，坚持就是胜利。"全连 95 名指战员，坚持在稀泥沟整整战斗一天。回到驻地，还进行了总结，并学习了毛主席"发扬勇敢战斗，不怕牺牲，不怕疲劳和连续作战（即在短期内接连打几仗）的作风"的伟大教导。大家一致表示："我们要按毛主席的教导，坚持战斗，一战到底。"

他们在毛主席、党中央修建焦枝铁路"速度要再加快"的伟大战斗号令鼓舞下，劲越鼓越足，连续坚持了三天挖稀泥的战斗从未叫苦叫累。19日地、市革委会慰问团来后，为大家慰问演出，该连指导员习世龙同志亲自带领8名战士连戏都未看，连夜突击抢修了两道桥，营教导员殷应举同志也到工地边战斗，边指挥。经过一夜奋战，保证了第二天施工的顺利进行。

### 消灭拦路虎　　开辟前进路

古夫营担任的涵洞工程，任务艰巨，工种复杂，又居于整个工段之中，如不抢在前面，势必成为"拦路虎"。这个工程难就难在基脚是硬石，砂石料要在几个地方远距采运，长水连、红白连的民兵战士接受采石、运石的艰巨任务后，遵照毛主席"担子拣重的挑"的伟大教导，发扬了"一不怕苦，二不怕死"的革命精神，打硬仗，打苦仗，打恶仗，在短时间的十多天里，完成了1000多方的采石任务。运石任务正在日夜突击。

### 岩山是战场　　锤钎当刀枪

长水连开赴采石场后，面对三四十公尺高的悬岩陡壁，迎难而上，毫不动摇，并且发出钢铁般的誓言："岩山是战场，铁锤是刀枪。顽石就是帝、修、反，决心同它战。迎着困难上，条件自己创。不完成任务，决不下线场。"

二排长袁裕伍，带领十多名民兵战士，冒着生命危险，在半岩上搭起了5个作业架，在悬岩上摆开了阵势，开始了战斗。木板滑，站不稳，他们就打赤脚干，有的还将棉衣垫在脚下防滑。他们就这样，夜以继日，连续作战。民兵陈学林手握一丈多长，70多斤重的钢钎，手被震破了一寸多长的裂口，打起了一个又一个血泡，从不叫一声苦，他说："我是为毛主席争光来的，打几个血泡算什么？"民兵战士牟永华，指头打伤了，医生要他休息，他说："我是一个民兵，要向解放军学习，岩山是战场，轻伤不下火线。"他们顽强战斗，排除万难，创造了每天打炮眼 1.1 丈的纪录。

为了抢在战争的前面，他们白天不休息，晚上也坚持干。17 日这天夜晚，副连长鲍明龙、三排长刘代兴等 19 人，工地照明暂未解决，就手持煤油筒照明，坚持打炮眼。连指导员想："夜晚条件差，不安全，要他们早点回去。"他们说："帝、修、反没有睡觉，我们也不能睡觉，为了抢修焦枝路，洒尽热血也心甘。"在采石战斗中，连、排干部以身作则，冲锋在前。连长陈学尧坚持和民兵一起战斗，打锤、掌钎、点炮样样干，两天两夜没有睡觉，仍是情绪饱满，毫无怨言。一排长于德祥，患病几天，也坚持参加战斗，并坚定地说："只要我还有一口气，走得动，也要为毛主席争光。"

### 革命加拼命　黑夜当白天

红白连接受运输任务后，针对部分民兵等汽车、等支援的活思想，反复学习了毛主席"自力更生，艰苦奋斗，破除迷信，解放思想"的伟大指示，大家积极性高了，劲更足了，坚决表示："没有汽车用人抬，就凭双肩和双手，也要把 2300 方石头搬到工地。"

从采石场到涵洞工地，足有 300 多公尺远，石头又大，有的一块就有 300 多斤。经过连续三天奋战，战士们肩磨破了皮，手划破了口，可是没有一个叫苦，也没有一人喊累。为了保证涵洞提前施工，速度加快再加快，提出要求夜晚突击。他们说："毛主席教导我们：'三线建设要抓紧，就是同帝国主义争时间，同修正主义争时间。'"大家说："保卫珍宝岛的解放军战士在冰天雪地连续作战，我们打几个夜工算什么！"

在夜战中，民兵战士个个勇敢争先，不怕疲劳，不怕牺牲，有的跌倒了，爬起来再干。有的脚碰伤了，不下战场。副连长鄢大兴肩磨破了，还专拣重的抬，有块 2000 多斤的大石，板车拖不起，他和 7 个民兵，硬用肩抬，一边走，一边高声朗诵："下定决心，不怕牺牲，排除万难，去争取胜利。"终于拿下了这个"碉堡"。民兵郑宣声，脚后跟裂了多长一条口，行走困难，叫他装车，他说："我能够多抬一次石头，就是向毛主席多敬献一份忠心。"

目前，他们正在乘胜前进，决心再鼓干劲，再加快速度，提前完成全部运石任务，把涵洞工程抢在大填方的前面，为毛主席争光，为社会主义祖国争光。

（根据兴山团10期《简报》整理）

## 十　第10期

### 简　　报

1969年12月4日　第10期

四〇六三工程宜都民兵师编

**四〇六三工程宜都民兵师对第二战役的安排意见**

各团、营、连：

在伟大领袖毛主席的三线建设指示和"老三篇"光辉照耀下，在上级指挥部的正确领导下，在曾、刘首长，孔副司令员的一系列指示和襄樊、荆门会议精神的巨大鼓舞下，在后方的大力支援下，我师全体指战员经过前段英勇奋战，已经胜利地完成了第一个战役（11月24日到月底）的战斗任务。

广大指战员怀着对伟大领袖毛主席的无限忠心，经过第一个战役的实战锻炼，阶级觉悟和路线觉悟有了很大的提高，革命斗志更加旺盛，活学活用毛泽东思想的好人好事层出不穷，"四好"单位和"五好"战士成批涌现。毛泽东思想的伟大精神力量正在工地迅速转化为巨大的物质力量。整个工地形势一片大好。为了多快好省地完成建路任务，要求各单位在认真总结第一战役的基础上，继续发扬成绩，克服缺点，乘胜前进，夺取第二战役的更大胜利。

为了帮助各作战单位部署好第二战役,现提出如下意见,望认真研究,结合实际加以具体安排。

第一,指导思想:必须更高地高举毛泽东思想伟大红旗,突出无产阶级政治,继续深入开展活学活用毛泽东思想的群众运动,用毛泽东思想武装广大指战员的头脑,进一步提高全体指战员的阶级觉悟、路线觉悟和毛泽东思想觉悟,实现人的思想革命化。

必须本着"再加快""再提前"的精神来安排各项工作。

第二,任务、时间:4日以前,以团为单位在总结第一战役的基础上开好誓师动员会,从5日到14日为第二战役,战程定为十个工作天。要求通过这一战役,完成路基土石方的总任务60%以上,涵洞工程全部完成。为此,要求每人平均日进方量至少两方,全师日进方量达到26000方。

第三,为了完成上述战斗任务,要求抓好以下工作:

1. 狠抓根本不转向,用毛泽东思想统帅工地一切。继续深入开展以"四好""五好"为纲,以"四赛"为内容的社会主义革命竞赛运动,进一步加深广大指战员对伟大领袖毛主席的深厚无产阶级感情,进一步调动广大指战员的革命积极性,多快好省地完成建路任务,为毛主席争光,为社会主义祖国争光。

在社会主义革命竞赛中,要进一步搞好民兵工作"三落实",坚持"四个第一",大兴"三八作风",学习中国人民解放军的优良传统,把广大指战员培养成为一支思想过硬,能打大仗、打硬仗、打恶仗、能战胜一切困难的强大队伍,把民兵培养成为永远忠于毛主席、忠于毛泽东思想、忠于毛主席革命路线的战斗集体和坚强的革命战士。

2. 深入持久地开展革命大批判,进一步提高广大指战员的阶级觉悟和路线觉悟。

3. 狠抓工程质量。首先要深入发动群众,反复讨论,深刻认识确保工程质量的重大意义,对照毛主席"精心设计,精心施工"和"完全、彻底"为人民服务的教导,做到既能高速度又能高质量,全面贯彻多快好省,使广大指战员认识到能不能确保质量,是忠不忠于毛主席的大问题。发动群众订出措施,达到人人注意质量,自觉按操作技术规程进行施工。

各级三结合的技术指导小组要把质量问题列为议事日程的重要内容,根据工程进展,经常讨论研究,及时指导,除不定期的检查外,师部坚持五天一检查,各团坚持三天一检查,及时发现问题及时纠正,凡不符合质量要求的要坚决返工。重点工段和关键工序各级负责同志要分工亲自把关。

4. 继续进行工具改革。发动群众人人献计,集中群众智慧,把车子化的水平再提高一步,在"运上坡土"的问题上创出一条高工效的路来。

5. 不断改进劳动组合,搞好施工科学管理,充分发挥各种战斗组、突击队的作用,运用灵活机动的战略战术,以适应工种工序和变化的需要。同时要尽可能减少后勤用工,提高生产出勤率。

6. 狠抓安全保卫工作,严防各种事故的再度发生。各级领导和专职人员必须用高度的政治责任感和高度的无产阶级感情来认识和做好这一工作,时刻警惕和平麻痹思想的产生。安全教育要经常化,天天讲,经常提高警惕,人人注意安全,坚持师部五天一检查,团部三天一检查,施工现场随时检查的制度,及时发现和解决产生事故苗头。要求做到"十五不准":要严格遵守各项安全规定,不准违反制度;越过一公尺的挖方要层层取土,不准深挖陡劈;车子来往道路要岔开,不准交叉同道;装载行车的距离要隔两公尺,不准头尾相接;车子下坡要降速掌稳,不准架飞车;上坡要让下坡,空车要让重车,不准抢道拥挤;手车、板车只能运物,不准载人;要有养路员随时修路,不准道路有障碍物;人多车多的地段要有安全员值班指挥,不准撞车撞人;各种车辆要随时检修,不准坏车上阵;要遵守交通规则,不准扒车拦车;要严格遵守放炮时间,服从统一指挥,不准各自为政;爆炸物品要专人领取,专人使用,分别存放,妥善保管,不准他人动手,混合存放;工棚、驻地、仓库、食堂点灯要加罩,不准点无罩灯;要随时提高革命警惕,严防敌人破坏,不准麻痹大意。

7. 培养典型，树立榜样，大力表扬好人好事。各单位通过第一战役初评，要把自己的"四好"单位和"五好"战士榜样树立起来，号召广大指战员学习先进，对照先进找差距，开展比、学、赶、帮、超。全师都要向先锋营学习。学先锋、赶先锋、超先锋。

8. 关心群众生活。加强食堂人员的思想领导，办好民兵伙食，做到饭熟、菜香、开水足、群众满意。在规定标准内，尽可能改善民兵生活，把食堂办成政治思想好、改善伙食好、生产节约好、经济民主好、清洁卫生好的"五好"食堂。

改善民兵居住条件，搞好环境卫生，搞好疾病防治，搞好防寒防冻，搞好劳动保护。工棚、驻地要经常注意检修，防止发生事故。

对女民兵的一些特殊困难要进行照顾。

# 十一 第 11 期

## 简 报

1969 年 12 月 13 日　第 11 期
四〇六三工程宜都民兵师编

各团、营、连：

在深入贯彻分指《紧急通令》中，各单位在武装骨干，提高各级领导思想认识的基础上，当前正在深入发动群众，总结经验教训，提高思想认识，进一步落实措施，现将总指第 64 期《简报》有关内容转发给你们，望认真学习。

**湖北大力采取措施，狠抓质量关**

一、荆州分指挥部作出确保工程质量的决定：

1. 高举毛泽东思想伟大红旗，突出无产阶级政治，大办各种类型毛泽东思想学习班，狠抓毛主席对三线建设指示的落实，用毛泽东思想统帅施工。使每个民兵明确修路的目的及速度和质量的关系，对质量的态度就是对毛主席的态度。批判各种错误思想。

2. 相信和依靠群众。充分发动群众把好质量关，要把施工方案、操作规程、质量要求交给群众，经过讨论，变成群众的自觉行动。

3. 狠抓阶级斗争。大批无政府主义。杜绝不经批准擅自修改施工方案的行为。既要破除迷信，又要尊重科学。

4. 加强组织领导。各级都建立三结合的质量检查小组，发现应该返工的坚决返工。要充分调动技术人员的积极性，发挥他们的作用。

5. 认真贯彻总指挥部11月18日指示。各师迅速对中线组织一次贯通测量，今后对线路中线和水平要每旬检查一次。中小桥及建筑物都须放样，中小桥师组织放样，分指挥部检查，小型建筑物团组织放样，师检查。另对砂石料的质量和隐蔽工程也须作检查。

6. 严禁修路中破坏农田水利，做到修路与造田相结合。

二、黄冈民兵师黄梅民兵团把好质量关的经验是：

1. 用毛泽东思想统帅施工，反复学习毛主席的有关教导，事事对照，落实到行动上。使广大民兵认识到，质量好坏，是对毛主席的态度，时刻想到毛主席，狠把质量关。

2. 在群众中正确解决快和好的关系，做到好中求快。狠抓两种情况。以土桥营质量好、工效高的经验和浠水十月营清基返工的教训进行对比，大讲好中求快才能真快；快中不好的危害，造成返工反而不快，进一步提高思想认识。

3. 建立三结合的质量检查小组，制订了"三定""四均"的制度。

三定：定土层。填土不超过20公分夯、压一次。

定含水量：土中含水不超过20%，土壤要求捏得拢，摔得散。

定碾压：每层土拖拉机碾压十到十二次，再加碪打夯，以压好、压匀、压实为原则。

四均：土层均平，土壤均匀，洒水均匀，碾压均匀。

洒水、检踩人员要固定，选思想红、责任心强的老农担任。

# 十二　第 12 期

## 简　报

1969 年 12 月 19 日　第 12 期

四〇六三工程宜都民兵师编

**总指第六十八期《情况简报》**

　　总指《情况简报》按语：最近，我们收到了铁道部第四设计院地质五队潘鸿歧同志关于"筑路造田"建议的一封信。"筑路造田"，是符合伟大领袖毛主席"备战、备荒、为人民"的教导的。各民兵团和专业队，在筑路的同时（或路基完工以后），都要重视"筑路造田"工作，务必做到路基两侧取土或弃土的地方，在铁路修成以后，能继续耕种，不致造成废土，并适当处理排水问题。

　　各单位要因地制宜，能造低田者就造成低田，能造高田者就造成高田，能方则方，能长则长，把所占用的耕地面积减少到最低限度。

　　现将潘鸿歧同志的来信，摘要刊登，请各地一阅，引起重视。

焦枝铁路会战总指挥部负责同志：

　　目前，焦枝铁路已进入紧张的施工阶段，参加会战的全体指战员，在毛主席一系列光辉指示的鼓舞下，"精神振奋，斗志昂扬，意气风发"，他们以"要准备打仗"的姿态和"只争朝夕"的精神，全力以赴地投入了这项战斗。整个工程进展很快，特别是路基土石方工程进展更快。有些地段已经完成，全线也即将先后完成。这是一件非常可喜的事。但是，随着整个工程向前推进以及土石方工程快近于竣工阶段，有个农业上的问题提出来，建议你们参考。这就是"修路造田"的问题。"修路造田"有些人也叫"修路还田"。在湖南修筑

## 第一章 《简报》

"韶山灌渠"时，也叫"修渠造田"。意思就是在修路或修渠占田的同时又注意造一部分田地。这项工作在湖南修筑"韶山灌渠"做得很好；"韶山铁路"（马托铺站—韶山）修建中，做得也不错。湖南在这两项工程中，除了铁路本身和水渠本身所必需占用一部分田地以外，两侧基本上没有什么废土，使工程占地减到了极少数。个别生产队虽然被占用了一部分田，但因又造了一部分田，所以，基本上没有损失或损失很少。我想这些措施，是符合我们伟大领袖毛主席"备战、备荒、为人民"的教导精神的。这项工作在我院来说并不是新工作，但切实做好的还不多。

所谓"造田"，包括恢复因取土、弃方所损坏的耕种面积和新开辟耕种面积两部分。在湖南由于既修了路又造了田，所以当地贫下中农说："修路又造田，一举得双全，党的好领导，幸福万万年。"这充分反映我们贫下中农社员，对于造田是看得很珍贵的。

我们的建设是伟大的社会主义建设，既要有全面的观点，又要有长远的观点，既要有轻重缓急，又要有主次先后，总之，要最大限度地符合人民的利益。这项工作我们如果不是在修路的时候同时做好，则铁路通车以后其两侧所损失的耕种面积就会很大，有些地段则要相当于铁路本身所占面积的一倍或几倍。现在老的京广线两侧的大片废土，就是一个例子。这些废土似田非田，似塘非塘，实在有些可惜。它不但直接影响农业收入，而且由于排水不畅，还会影响路基的稳定。我想我们这次焦枝线应注意这个问题。其具体的做法和措施，是否可以如下：

1. 高举毛泽东思想伟大红旗，大力宣传伟大领袖毛主席"备战、备荒、为人民"的光辉思想，反复讲明"修路造田"的必要性，充分发动群众，打一场人民战争。

2. 线路的勘测设计，要尽量走山走荒，不要占用耕种田地。

3. 路基的取、弃方，必须有计划。取土的位置及弃土的位置，都要注意造田。务必做到取土的地方或弃土的地方，都要在铁路修成以后，能继续耕种，不造成废土。要因地制宜，能作田者造成田，能作地者造成地，能作低田者造成低田，不能作低田者作高地；能方则方，不能方则长。总之，要能继续耕种，要使得铁路沿线经过的地方，其所占用的耕种面积，减到最低限度。对于铁路本身必须占用的耕种面积，也要利用取荒（自荒地取土）、弃荒造田造地来弥补。我最近在黄河北岸济源一带看到的个别地方和单位，似乎对此不够注意，这样势必在铁路修成以后，两侧要造成一大片废土。因此，有必要告诉各民兵团，要根据当地实际情况，在取、弃土的同时订出造田计划。在不影响施工速度的情况下，做到一举两得。

4. 我们的建设工作，是群众进行的工作，有些地方由于一方面任务要求很紧，但另一方面人多工作面展不开等缘故，可能取、弃的位置挖掘、堆积比较零乱，这必须在铁路路基土石方工程基本完成以后，就要着手于造田工作。要在可耕种的范围内，做好造田的整平、复土以及排、灌等工作。这些工作如果遗留给当地生产队，他们是难于恢复的。

5. 组织专门人员进行督促，抓住典型经验，进行推广。

敬礼！

敬祝毛主席万寿无疆！

铁道部第四设计院地质五队潘鸿歧上
1969年11月22日

# 十三　第13期

## 简　报

1969年12月21日　第13期
四〇六三工程宜都民兵师编

**师部对第三战役的意见**

全师广大指战员高举毛泽东思想伟大红旗，突出无产阶级政治，经过第一、第二两大战役的实战锻炼，提高了阶级觉悟和路线觉悟，加深了对毛主席的无产阶级感情，促进了工程迅速进展。成绩很大，形势大好。为了进一步发扬成绩，总结经验，发展大好形势，夺取更大胜利，要求全体指战员在第三战役中更高地举起毛泽东思想伟大红旗，进一步掀起活学活用毛泽东思想群众运动的新高潮，进一步掀起社会主义革命竞赛的新高潮，大战十二月，夺取新胜利，以实际行动迎接各级参观团，迎接分指活学活用毛泽东思想积极分子代表大会的召开，迎接20世纪70年代第一春。

具体要求是：

1. 王畈、潘湾、聂河、姚店四个团会战罗家湾，开展大会战、大比武、大竞赛，要求每人日进1.3方，从本月21日起，力争20天完成任务。

2. 要求枝城、聂河两个团的工段在月底基本完成路基土石方。

3. 要求红花团元月五日基本完成路基土石方。

战斗口号是：狠抓根本，再鼓干劲，大借东风，大战十二月，夺取新胜利，迎接七〇（1970）年。

# 十四　第 14 期

## 简　报

1969 年 12 月 25 日　第 14 期

四〇六三工程宜都民兵师编

**思想革命化　促进车子化**

红花团蔡冲营在全团实现车子化以来，一直坚持不断革命，不断改革，全营193人，现有独轮车99部，他们的车子出勤率高，用得好，推出了新水平，推出了高工效，每人平均日进方量从第一战役到现在，一直保持了两方左右的先进水平，是全团不断革命，不断夺取高工效的先进营之一。

### 为革命大搞车子化

全营指战员到工地后,经过反复学习毛主席三线建设的指示,大大激发了对毛主席的深厚的无产阶级感情,一致表示:"宁愿自己粉身碎骨,也要提前完成建路任务,让毛主席他老人家放心,让毛主席他老人家睡好觉。"

怎样干?学习班上,大家共同认识到只有坚持毛主席政治建路的方向,执行毛主席多快好省的方针,贯彻毛主席大打人民战争的光辉思想,才能抢住时间,实现上级领导提出的"高速度,高质量,低造价"的要求。一致认为:首先要靠战无不胜的毛泽东思想,不能靠带来的170套钩子扁担,既要苦干,也要巧干。大家根据工地填方大、土场远的特点,找到了夺取高工效的关键措施在于车子化,决心一下,马上行动,在后方大力支持下,开工初期,全营就弄来了53部独轮车。但是,就在车子上路的过程中,营部发现有16部车子弄到半路又放下了,没有带到工地来,一了解,少数民兵有个活思想,就是:车子的作用到底怎样?能不能提高工效?营部抓住这个活思想,在战斗中拿出了事实对比:第一战役开始那天,山金排出勤11人,3部车子,完成了15.6方,平均每人1.42方,工效是不算低的,可是营星排这天的12人,有7部车子,完成了25.4方,平均每人2.12方,比山金排高49.3%。回答这个事实的是全营三天内车子增到69部,不久就达到了98部。

有了车子,但不会推车的人要占一半,大家按照毛主席"从战争中学习战争"的教导,勤学苦练,跌倒了爬起来再干,车倒了扶起来再推,为革命耐心教,为革命虚心学,第一战役中,全营不仅实现了车子化,而且都会推车了。

### 为革命人人学修车

实现车子化不久,一个新的矛盾又产生了:车子每天都有坏的,影响出勤和工效。当时,营部安排了两个木匠工人专门修理,坏车子都送到营部,结果出现了送来的多,修出的少,坏车子在营部排队,扁担又在工地复活。营部引导大家带着这个问题再次向毛主席著作请教。毛主席关于"人民战争"的教导和群众路线的教导,使大家心明眼亮了,大家说:"在修车子问题上,也要打人民战争,有了思想上的革命化,技术是能很快学会的。"大家总结了使用车子的经验,找出了车子损坏的原因和规律,从而摸索修理的办法,经过一段实践,大家把使用和修理结合起来了,做到了凡是不整轮子不换膀子的车子,都能在排里及时修理好,比较复杂的修整,全营目前已有19人能担任了。毛主席的人民战争思想,在全营获得了又一光辉胜利。

**为革命协同作战**

车子坏的程度不同,修整需要的时间也不同,连与连,排与排之间,车子出勤的数量也就不同。为了充分发挥车子作用,提高出勤率,各连指战员按照毛主席"我们都是来自五湖四海……"的教导,提出经常把车子使用率和配件情况告诉营部,由营部根据各连情况,及时把工种变化和出差等空出的车子统一调配使用,或把坏车子集中修理后,根据需要分配各连使用。这种互相支援协同作战的办法,受到了大家普遍称赞,认为这不仅提高了车子使用率,解决了不平衡,保证了全营高工效,更重要的是传播了好思想。

**为革命再创新纪录**

全营指战员在活学活用毛泽东思想、加速思想革命化的过程中,坚持不断革命,继续革命,以人的思想革命化,促进各项工作,生产工效不断提高,车子化以前,工效比较低,而且不够稳定。第一战役中,实现了车子化,到第二战役结束时,在平均190公尺的运距内,日进方量按人平均一直保持在两方左右,第三战役平均运距增加到210公尺,但平均每人日进方量上升到2.4方左右。广大指战员并不满足,大家怀着对伟大领袖毛主席的无限忠心乘胜前进,越战越强,目前正大借中央铁道部参观团来工地检查工作和分指"积代会"胜利召开的强劲东风,大战十二月,以更大更新的成绩迎接20世纪70年代第一个春天!

## 十五 第15期

## 简　报

1970年1月7日　第15期
四〇六三工程宜都民兵师编

**转发总指八十期《情况简报》**

原编者按：河南民兵第二师巩县民兵团，遵照毛主席"备战、备荒、为人民"的伟大教导，突出无产阶级政治，狠抓"四个第一"，为临汝县人民造田700余亩（水田488亩，旱地219亩）。人民群众赞扬他们："既修了'幸福路'，又造了'爱民田'，真是毛主席的好民兵。"他们在修路造田中，用毛泽东思想武装广大民兵的头脑，去战胜各种错误思想等做法，很值得我们一学，现予以转发。

### 巩县民兵团加强政治领导
### 保田造田搞得又快又好

巩县民兵团遵照毛主席"备战、备荒、为人民""政策和策略是党的生命"的伟大教导，发扬勇敢战斗、不怕牺牲、不怕疲劳和连续作战的作风，狠抓政治思想工作，用毛泽东思想统帅业务，在基本完成土石方工程以后，又集中兵力，打了一个为民造田的漂亮仗。据初步统计，该团共为临汝县人民造田700余亩，其中水田488亩，旱田219亩。少数土地还施了肥，受到当地人民的热烈欢迎，他们说："你们既修'幸福路'，又造'爱民田'，真是毛主席的好民兵。"

（一）加强政治领导，用毛泽东思想统一民兵的思想认识。刚转入造"爱民田"时，团内团外两种思想斗争是很尖锐复杂的。在民兵团中有人错误地认为，修铁路是自己分内的事，造"爱民田"与己无关。说什么"修路任务大，时间紧，咋省力咋来，哪近哪挖

# 第一章 《简报》

土。""从巩县到临汝,百里为修路,不是来造田。"如此种种,归结为一点,就是对为民造田的重大政治意义认识不足,把修铁路与为民造田分割开来,缺乏全局观点。当地群众对多挖地、挖好地提心吊胆,嘴里不敢说,心里不高兴。有人就偷偷地在麦秸垛后观看民兵是否挖过线。针对这些活思想,民兵团各级党组织和领导干部,及时进行了思想发动,大办各种各样的毛泽东思想学习班,学习毛主席关于"群众生产,群众利益……应时刻注意"的教导,以及《为人民服务》等光辉著作。有的营还进行了回忆对比,忆苦思甜的阶级教育,不少民兵列举了国民党反动派修铁路,不顾人民死活,挖坏土地,破坏房屋,逼得贫下中农倾家荡产,妻离子散的悲惨情景,进行了血泪斑斑地控诉,大大激发了阶级感情。使广大民兵指战员深刻地认识到修铁路、造"爱民田"符合毛主席"备战、备荒、为人民"的教导,光修铁路不造田就是对毛主席的最大不忠。他们决心又快又好地搞好"爱民田",以实际行动向毛主席献忠心。该团七营党委以搞大寨田为标准,统一领导,统一时间,统一行动,把凸凹不平的土地,起高垫低,坷垃打碎,地边整齐,石头拣净。营教导员肖龙章,一个排一个排划线,检查质量。有的营在造田中,对土少石多的料疆地,又从百米以外高岗地起土,垫到土薄的地方。一营在造田中做到了四不忘:一不忘毛主席教导;二不忘我们是人民的子弟兵;三不忘当地革委会和群众对我们的大力支援;四不忘土地来之不易。处处以解放军为榜样,用"三大纪律,八项注意"约束自己。这样一来,受到了群众的热烈欢迎,有的大队给民兵赠送毛主席像,写感谢信。他们说:"你们真是毛主席的好民兵,俺对你们一百个放心。"

(二)抓样板,树标兵,带动全面。巩县民兵团从上到下,各营、连、排都很注意搞样板,树标兵,以点带面,推动造田工作的顺利进行。十营在造田中,采取按地段分片负责,排排有标准,连连有样板。他们要求新造的田只能比原来的好,不能比原来的坏。三营民兵指战员做到了三不撇:一不撇疙瘩,二不撇石头,三不撇蟹子。民兵指战员处处为当地贫下中农着想,想尽各种办法,力争把挖坏的地改造成好地,他们因地制宜,起高垫低,平整边齐。王堂生产队有一亩多地上下两块，这次修铁路中，民兵们挖高留低，经过平整造成了一块又平又好的土地。全队的贫下中农都非常感激，他们说："多年的愿望今天终于实现了，这都是毛主席的好领导。"一营三连在造田中，为了保护群众麦苗，把田造好，他们班前学习毛主席著作，讲"三大纪律，八项注意"，班后检查执行情况，挖地面积小，造田搞得好，被评为样板，成为其他连排的学习榜样，推动了造田工作的顺利进行。总之，他们做到了上级满意，当地革委会和群众满意，自己满意。

（三）指战员思想明确，胸中有数，工作处处主动。巩县民兵团在为民造田中进度快，质量好，绝非偶然的，是由于指战员思想明确，眼观全局，胸中有数。在挖土方中就考虑到为民造田的问题。能不挖的好地尽量不挖，挖高不挖低。在挖土方工程中就已为造"爱民田"打下了基础。例如：他们在挖土方中坚持"三挖三不挖"，即挖赖地不挖好地，挖旱地不挖水地，挖大秋地不挖青苗地。该团一营在挖土方中，当地群众有40多亩水地，而且大多数种的是小麦，是群众的"保命田"，群众称它为"眼睛珠"地，民兵指战员千方百计在小面积内取土，挖了一层又一层，结果只挖了12亩多，给群众留下了28亩多地。一营四连提出："宁愿手裂胳膊肿，也不多动群众一寸土。"他们在料疆石地挖土，一上午挖坏了23把镢头，许多人手磨坏，也不挖群众的好地。按规定民兵可以在35米以内取土，但是六连民兵为了保护群众的麦苗地，宁愿跑300米以外取土，也不在35米以内挖一锨土。有一个民兵拉空架子车在麦田走了一趟，连里开会时，他就主动检讨，他说："我拉车压坏了群众的麦，违犯了纪律，这是对毛主席的不忠。"

（四）听取群众意见，主动搞好关系。为了因地制宜搞好"爱民田"，巩县民兵团各营、连都很注意听取群众意见。例如：一营和佛山寺大队关系搞得非常密切，有事共同商量，像一家人一样。他们挖了第四、第九生产队40多亩土地，其中30亩已造成了又平又好的土地，还剩下十多亩料疆石特别多的地，种庄稼确实困难，就主动征求当地贫下中农意见，九队的队长听说后立即找民兵营负责人说:"不用再造田了,我们已经很满意了。剩下十几亩石头地可以种树。"四队队长说:"以后有啥事情,你们看着办好了,你对俺放心。"

目前,这个民兵团地段内尚有400余亩被挖的土地,由于石、碎石占着,待铺轨后继续造好。

## 十六　第16期

### 简　报

1970年1月25日　第16期
四〇六三工程宜都民兵师编

**以临战姿态过革命化战斗化的春节**
——各团开展"过革命化春节"的思想教育活动

在伟大领袖毛主席三线建设指示的光辉照耀下,在政治建路方针的指引下,我们工地形势是一片大好。但由于旧的传统春节快要到来,一部分指战员目前也反映出种种活思想,议论较多,面也较大,归纳起来,就是想早点回家安排过春节。由此可以看出旧的传统习惯还束缚着不少人的思想。各团根据省革委会的通知和上级有关指示,分析了工地当前思想情况,认为总的情况很好,广大指战员热情高,干劲大,在"决战元月"中战果很大,捷报频传。但存在的种种活思想也应该及时解决,这对于落实伟大领袖毛主席的最新指示和元旦社论,进一步树立战备观点,加速工程建设,以及"破四旧、立四新",实现人的思想革命化,都有着十分重要的意义。为此,各团都把"过革命化春节"的思想教育活动,当作是对广大指战员再次进行形势战备教育和阶级教育,达到进一步提高阶级觉悟和路线觉悟,落实毛主席的三线建设指示和最新指示,落实元旦社论精神,树立战备观点,以思想革命化促进工程迅速进展,以临战姿态,过革命化、战斗化的春节。

在作法上，各团共同抓住了以下几点：

1. 以连队为单位举办毛泽东思想学习班，结合"四好""五好"总评，以毛主席的三线建设指示和最新指示为武器，通过学习元旦社论和省革委会"关于过好革命化春节的通知"，提高思想认识，进一步落实毛主席"两争""两抢""一打"的伟大教导。

学习班上，指战员们对照毛主席的教导和元旦社论，热烈讨论了70年代第一春的新的跃进形势和光荣战斗任务，王畈团松华营300多名指战员讨论后一致认为：在大好形势下，我们更应该经常保持高度的革命警惕性，树立常备不懈的思想，随时作好反侵略战争的准备，防止美帝、苏修的突然袭击。他们坚定地表示："要以革命的实际行动落实毛主席'两争''两抢''一打'的伟大指示，留在工地过革命化的春节，继续战斗，为毛主席争光。"

姚店、红花等团的广大指战员们表示："今年在工地过革命化的春节，意义重大，这是对我们会战以来思想过硬、作风过硬的具体检验。"连日来，各连纷纷表决心，要求留在工地继续战斗，埋葬帝修反，向毛主席敬献忠心。

2. 开展回忆对比，深入进行阶级教育。姚店、王畈、潘湾、枝城等团抓住活思想，在连队举办的学习班上，开展"新、旧春节对比"，进行忆苦思甜。大大加深了指战员的阶级仇、民族恨，进一步增强了对伟大领袖毛主席的深厚的无产阶级感情。王畈团古水营二连民兵李学森说："旧社会地主望过年，穷人怕过年，年关是穷人的'鬼门关'，有年腊月三十，保甲长抢走了我家仅有的一个猪头，正月初三又拉走我的父亲、幺爹，至今没有下落……解放后我全家翻了身，生活越过越幸福，现在我能当上铁道民兵修'幸福路'，感到非常幸福，我要求春节留在工地继续为毛主席争光。"姚店团翠峰营230多名指战员通过新、旧春节对比，从旧社会穷人过春节的种种悲惨遭遇中，进一步认识到千苦万苦的根源是那时政权不在贫下中农手里，所以国家遭受帝国主义的侵略和欺负，劳动人民被压迫被剥削，解放后在毛主席领导下，劳动人民翻了身，掌了权，生活越过越幸福，现在苏修社会帝国主义又妄图侵犯我们伟大的社会主义祖国，指战员们愤怒地表示:"随时作好反侵略战争的一切准备,随时准备为捍卫毛主席的革命路线,保卫社会主义祖国贡献自己的一切。"该营一连知识青年颜三元同志最近接到从武汉寄来的家信,得知父亲病死的消息后,他说:"爹亲娘亲不如毛主席亲,毛主席为三线建设睡不好觉,我不能为家事影响三线建设,不修好战备路决不回去。"表现了一个革命青年无限忠于伟大领袖毛主席的赤胆忠心。枝城团黎坪营全体指战员通过回忆对比,阶级觉悟大大提高,原来有20多个民兵准备早点回家"办年货",现在都坚决表示:"大破资产阶级'四旧',大立无产阶级'四新',以临战姿态决战元月,夺取新胜利向毛主席献忠心。"

3. 领导带头,以身作则。各团在开展这一思想教育活动中,都层层武装了骨干,首先提高了各级干部的思想认识,强调各级干部带头学习、落实毛主席的最新指示,带头回忆对比,带头过革命化春节。王畈团古水营营长张永吉同志从去年正月初一出门到现在,一直在外工作未落屋,爱人在家里带着三个小孩,困难较多,带了几次信要他回去安排一下,他向团部表示:"我不能因家事影响三线建设。"该营指战员以他为榜样,一直坚守战斗岗位。潘湾团全福一连副连长冉运金同志前不久接到家里电话,小孩被火烧伤,很危险,要他回去看一下,团、营负责同志也动员他回去看看,他表示不能因私事耽误三线建设,打算春节回去看看,最近学习后,他表态说:"我坚决响应上级号召,继续战斗下去,不完成任务坚决不走。"

4. 抓典型,树样板,及时表扬好人好事,充分发挥榜样的力量。团、营、连在进行这一思想教育活动中,对活学活用毛泽东思想,带头坚守工作岗位的好人好事,及时进行了表扬,树了一批学习样板。姚店团向阳四连施工员毛大文同志最近接到家信:小孩病死了,爱人又患重病,三个小孩无人照料。他读了信没有去请假,首先学习了毛主席三线建设的指示和元旦社论,领导要他安排一下,他说:"现在正是决战的关键时刻,抢时间提前完成任务是我们的神圣职责,毛主席教导我们'即使是提前一个小时也是好的',我不能因私事浪费时间,有毛主席、有新社会才有我这个家,现在我要坚持战斗,要为毛主席争光。"他给队里写了一封信,又和大家一起投入了紧张的战斗。团部及时发出了决定,挑选了像他这样无限忠于毛主席的民兵、干部和知识青年为榜样,号召全团进行学习。

随着这一活动的深入开展,广大指战员的阶级觉悟和路线觉悟有了进一步的提高,人的思想革命化有力促进了当前工程进展,大家正以临战姿态,大战元月,把土石方当作帝、修、反,以实际行动为毛主席争光。

对于过革命化春节要开展一些具体活动,各团根据省革委会通知,正在积极进行准备和安排。

# 十七 第17期

## 简 报

1970年3月9日 第17期
宜都县民兵师编

**姚店团放手发动群众,贯彻中央"三个文件"的做法**

姚店团遵照伟大领袖毛主席"千万不要忘记阶级斗争"的教导,坚决贯彻落实党中央的指示,放手发动群众,开展大检举、大揭发、大清查、大批判,他们决心大,措施得力,迅速打开了局面,促进了人的思想革命化,推动了工程进展。

他们的具体做法是:

一、放手发动群众,大造革命舆论。

当党中央"三个文件"传到工地以后,该团立即召开全团民兵大会,进行传达贯彻,并利用一切宣传形式,在会上会下,工地营房,大张旗鼓地进行大宣传、大学习、大造革命舆论,广大干部、民兵欢欣鼓舞,斗志昂扬,他们说:"党中央两个指示,一个通知,说出了我们心里话,反映了革命群众的迫切要求,我们坚决紧跟,坚决照办。"但在少数干部、民兵中,也存在着一些模糊观点和错误认识;

有的说:"我们这儿来的都是经过筛子筛过的,不会有什么问题。"有的认为"与己无关",说什么"我们是扁担、粪筐、挖锄、镐,投机倒把、贪污搞不到",有的群众怕打击报复,部分干部怕引火烧身,个别人甚至有抵触情绪。针对上述情况,他们遵照毛主席"办学习班,是个好办法"的教导,举办了各种类型的毛泽东思想学习班,武装骨干,层层发动,先后举办了有226人参加的骨干分子学习班、党员、复退军人学习班,两次财务人员学习班,四次营干学习班。各营、连也都层层举办了学习班。采取一学、二议、三摆的方法。一学:即学习党中央"三个文件",学习《湖北日报》《长江日报》的两篇社论,领会"三个文件"精神。二议:通过学习讨论,深刻认识中央"三个文件"的重要意义。三摆:摆阶级斗争的种种表现,通过大宣传、大学习,越学心越明,越摆劲越大,从而提高了广大指战员阶级斗争和路线斗争的觉悟。一致认识到:当前打击现行反革命破坏活动,打击贪污盗窃、投机倒把的斗争,是毛主席的伟大战略部署,是打击帝修反"别动队"的斗争,是发展社会主义经济,落实战备的重大措施。纷纷表示要遵循毛主席"千万不要忘记阶级斗争"的教导,打一场打击现行反革命破坏活动,反对贪污盗窃、投机倒把的人民战争,醒狮营教导员刘XX,在大会传达贯彻"分指"精神后,当天晚上找到团长,一口气就交代了研究多报工日1024个,全团迅速掀起了群众性的大检举、大揭发、大清查、大批判的高潮。

二、采取"五结合"的方法,大揭阶级斗争盖子。

通过武装骨干,层层发动群众,普遍采取了"五结合"的方法,大揭阶级斗争盖子,即:放手发动群众与专案班子结合,查死账与活账结合,上下结合,前方和后方结合,上路民兵与当地社队结合。各团、营都由主要负责人参加,成立了专门领导班子,各连成立了专门清理班子,首先把上下往来、工日报表、食堂账目张榜公布与群众见面。在经济清理方面又具体采取了四查、四对、四看的办法,即:查出勤,对劳动工日,看是否有虚报冒领;查收入,对支出,看是否平衡;查账目,对单据,看是否合理;查后方支援,对往来,看粮、钱、物是否相符。如在清理景桥营后勤人员何XX的问题时,查收入，对支出，通过查、对，发现他的账面应存现金 280 元，而实存现金只有 200 元，查出他贪污现金 80 元；通过查后方支援，对往来，查出他从中贪污现金 122.47 元；采取上下结合，查账对单据，查出他重报支出贪污现金 40 元。醒狮营通过发动群众，采取四查、四对、四看的办法，查出这个营两个连的事务长都贪污 100 多元现金，与当地社队结合，查出了盗窃板车，私设地下小工厂，投机倒把等问题。在政治上采取揭、追、挖的方法，在群众揭发有人在工地散布反动言论，就组织力量追查查出一个多次收听敌台的坏家伙江 XX。

这个团的领导还遵照毛主席"一定要抓好典型"的教导亲自抓点带面，推动全盘，他们还特别注意做好干部和重点人的个别工作，五一营营长张 XX，因有挪用公款的错误，开始包袱沉重，顾虑重重，怕引火烧身，中央指示下来后，迟迟两天不贯彻，团长、政委先后三次找他谈话，做个别工作，使他放下了包袱，并主动将自己和营部的问题向民兵作了检查，主动清，发动群众揭，当天营里其他有挪用问题的干部，全部退还了挪用款 171 元，民兵也纷纷主动"斗私批修"，放包袱，开展公物还家运动，共退还公物 24 样，仅锄头一样就退还了 92 把。除了在大揭阶级斗争盖子时，摸索了四查、四对、四看的办法以外，在发动群众时，也及时用点上揭发出来的阶级斗争的种种表现，教育了群众，提高了广大民兵的阶级斗争觉悟，对全团运动的发展，起了很好的作用。

到目前为止，全团揭发出了阶级斗争在经济上有十种表现，政治上有六种表现。揭发出贪污现金 632.14 元，挪用 1004 元，多报工日 2556 个，虚报冒领现金 2900 元，粮食 2588 斤，盗窃国家器材 675 件，政治案件两起。

三、边揭发，边批判，边清退，使运动不断向前发展。

在阶级斗争盖子基本揭开以后，他们适时地选择重点对象，发动群众，开展斗争、批判，通过对重点对象的斗争、批判，进一步发动群众，使运动不断向前发展。在查证落实的基础上，召开群众大会，对收听敌台的坏家伙江 XX，进行了批斗。对一贯贪污挪用，态度又不好的景桥营后勤人员何 XX，进行了揭发批判。通过对重点对象的批判、斗争，极大地鼓舞了广大指战员教育了犯错误的人。红星营教导员吴XX，原先一再声称他们营再没有多报工日的问题了，斗争会后，群众又揭出多报工日300多个，分现金200多元，分粮食300多斤。五一营也主动报出去年没有上交国家，准备瞒下留作小家当用的2000多斤粮食，并在查证落实的基础上，按政策划界线，全团现已清退粮食2000多斤，现金251元，并在"斗私批修"的基础上，普遍号召公物还家，全团已公物还家各种物资X样，X件，抓了革命促了生产，加快了施工速度。原来全团日进土石方800至1200，现在抽走了300人搞其他工程，日进土石方达到1800。

目前全团大检举、大揭发、大清查、大批判的群众运动，正在向纵深发展。

本期发至营

## 十八　第19期

### 简　　报

1970年3月14日　第19期

宜都县民兵师编

**红花、潘湾团领导自觉批判资本主义倾向**

**带领群众贯彻落实中央"三个文件"的情况和做法**

红花民兵团和潘湾民兵团在贯彻伟大领袖毛主席亲自批示"照办"的指示和通知中，团机关领导干部旗帜鲜明，态度坚决，勇敢地站到第一线，自觉批判资本主义倾向，促使运动不断向纵深发展。这两个团的主要做法是：

举办团机关毛泽东思想学习班，学习中央"三个文件"，开展革命大批判，揭开团机关阶级斗争的盖子。通过学习文件和毛主席关于"必须在政治战线、经济战线、思想和文化战线上，把社会主义革命进行到底"的伟大教导，团机关干部深刻地认识到，中央"三个文件"是毛主席的伟大战略部署，是党中央最新战斗号令，紧跟不紧跟是对毛主席的态度问题，是根本立场问题。大家认为，团领导机关能不能自觉革命，是关系到这场运动能不能进行到底的重大关键问题。通过学习，提高了阶级觉悟和在无产阶级专政条件下继续革命的自觉性。大家以中央"三个文件"为武器，揭出了阶级斗争在团领导机关的各种表现。红花团领导突出是在大工程建设中，有捞一把，制小家当的思想。在这种错误思想的支配下，上路以来，购置半导体喇叭3个，开支585元；买暖水瓶11个，准备下路时每个机关干部分配一个作纪念；用虚报工日660个，冒领国家粮食660斤、食油3.4斤存放伙食团，准备作机关干部口粮调剂之用。潘湾团主要是化公为私和化大公为小公，伙食团烧了国家木材两件，冒领工程标桩木柴300斤，乘运输工具之便，从后方运输伙食团烧柴4000多斤，占国家运输费约40元，同时还将工地器材转送后方和在后方"开后门"购买计划物资。在揭出这些问题后，团机关指战员一致认识到，这些错误是资产阶级的思想作风。红花团政委胡学立同志说："党中央'三个文件'英明、及时，给我们指出了方向，煞住了错误思想，挽救了我们，不然，我们就会在错误的邪路上越陷越深。"坚定表示对中央"三个文件"坚决贯彻，坚决照办，坚决落实。

召开指战员代表会，团领导干部自觉批判资本主义倾向，用自身革命的实际行动，发动群众。红花团召开了指战员213名的代表会，潘湾团召开了103名党、团员和指战员代表会，由团政委胡学立同志和阎昌进同志代表团领导作了检查。要求党员、团员和全体指战员积极行动起来，把团机关阶级斗争的盖子揭深揭透，把工地政治思想和经济领域的阶级斗争进行到底。红花团胡学立同志表示，批判资本主义倾向不怕丑，不怕疼，不怕影响荣誉，不怕影响威信。团机关冒领的660斤粮食，立即归还国家。团领导干部勇于自觉革命的行动，鼓舞了群众，激励了群众，提高了指战员代表的革命斗志，坚定了落实中央"三个文件"的决心。蔡冲营营长曾宪富同志说："团领导自觉批判资本主义倾向，做出了样子，我们要用实际行动执行党中央战斗号令，放下包袄，轻装上阵，团结对敌。"很快检查了虚报工日324个，冒领国家现金368元，用其中245元购置乐器、时钟等物的错误。云池营、毛湖淌营干部也自觉批判资本主义倾向，初步揭开了阶级斗争的盖子。

放手发动群众，大打人民战争。红花、潘湾团领导干部既把自己当作革命的对象，又把自己当作革命的力量。他们敢于站到斗争的第一线，把自己摆进去，自觉革命，克服私心杂念，因而也敢于积极加强领导和指挥战斗。在贯彻中央"三个文件"、开展政治思想和经济领域的阶级斗争中，团、营主要领导干部带领短小精干的毛泽东思想宣传队深入一点，取得经验，推动全面。目前，这两个团采取上下结合、内外结合、前后方结合、专班子清理与广泛揭发结合等方法，放手发动群众，大搞群众运动，掀起了大检举、大揭发、大批判、大清理的高潮。红花团初步揭出虚报工日1490多个，各种经济问题1400多元，粮食2020多斤。潘湾团初步揭出各种经济问题现金800多元，粮食600多斤。一场围歼一小撮阶级敌人的斗争正在向纵深发展。

（本期发至连队）

## 十九　第20期

简　　报

1970年3月19日　第20期

宜都县民兵师编

**颗颗红心为革命　件件事儿献忠心**

在深入贯彻落实党中央指示和通知，掀起大检举、大揭发、大清理、大批判的高潮中，在阶级斗争的风浪里，涌现了很多好人好事，他们颗颗红心为革命，件件事儿表忠心，下面选登一部分，供广大干部、民兵学习参考。

### 打铁先要本身硬

潘湾全福营营长朱其安同志,牢记毛主席"政治路线确定之后,干部就是决定的因素"的教导,处处严格要求自己,一言一行用毛泽东思想对号。春节回家时,他身上只剩下7角多钱,这时有人关心地说:"出门这长时间了,又是过年,你向营部后勤借几个钱,顺便给家里带点东西回去。"老朱说:"不准挪用修建战备路的公款,这是营里制度,我是营的领导,应该模范遵守,'打铁先要本身硬'。"他一没有借钱,二没有坐车,步行一百余里回家。朱其安同志处处严格要求自己的模范行动,对干部、民兵教育很大,这个营没有一个人挪用公款。

### 营长审查工日报表

聂河邓畈营施工员,把工日报表交营长杨伦法同志审查,老杨拿着报表一项一项地审查,当审查每一个人的工日时,发现有几个民兵因事请过假,但工日却和别人一样,老杨同志马上亲自去问施工员:"为什么没有扣除?"施工员说:"包括加班工资在内。"杨伦法同志当即批评说:"在焦枝路上,没有什么加班工日,只有一心为毛主席争光,与帝修反争时间,多报的工日必须减下来。"施工员只好把多报的35个工日减了下来。

姚店景桥营营长刘德喜,在审查工日报表时,他就拿出平时上工时的清点人数的名册,一个人一个人地进行核对,发现有的缺勤报了出勤,事假也报了工日,通过审查核对,全营多报工日93.5个,他立即要后勤人员,把因多报工日已经领回来的粮食,退还给了发放单位。

### 饭前忆苦思甜会

聂河邓畈营,发现在民兵中浪费粮食的现象,决定在全营进行一次忆苦思甜,节约粮食的教育。一天吃饭前,民兵集合后把两缸浪费的粮食,拿出来展览,老贫农张绍全看后,当场就用自己的亲身经历回忆了贫下中农在旧社会,面朝黄土背朝天,一年到头饿断肠的悲痛生活。他说:"浪费粮食就是翻身忘本,今天毛主席要我们'备战、

# 第一章 《简报》

备荒、为人民',节约一粒粮食,就是节约一颗消灭帝修反的子弹,浪费一粒粮食,就是浪费一粒消灭帝修反的子弹。"提高了广大民兵对节约粮食重要意义的认识,因而这个营到2月1日为止,为国家节约粮食1145斤。

### 猪头不能拿走

聂河邓畈营二连食堂里,买来了一部分猪头肉,营部个别干部要拿走,事务长张朝贤说:"这猪头肉是我们二连食堂集体的,营部不能搞特殊化,猪头不能拿走。"张朝贤同志这种坚持原则,维护集体,为广大民兵服务的精神,教育了干部,受到了广大民兵的称赞。

### 炊事员学习班

在坚决贯彻落实中央指示和通知,掀起大检举、大揭发、大清理、大批判的高潮中,聂河联合营举办了炊事员学习班,反复学习中央"三个文件"提高了炊事员的阶级觉悟,揭发出了一连原事务长,要他们采取"下米时扣出一点"的办法,共克扣贪污粮食119斤。

### 修的是鞋子,献的是忠心

王畈松华营民兵杨学新,对毛主席"两争""两抢"的教导,牢记在心里,他看到有的民兵鞋子坏了,这么冷的天,打着赤脚干,修理鞋子要到离驻地4里多路的枝城,太耽误时间,不符合"两争""两抢"的教导,杨学新同志看在眼里,急在心里,用自己的钱买了胶油,自制了工具,利用休息时间和雨天,给民兵修理鞋子,从元月份开始到现在,为民兵修补鞋子77双。

### 狠抓革命,猛促生产

王畈松华营三连战士黄德英,身体有病,一天没有吃饭,领导要她在家休息,她说:"任务这样紧,我不能干重活,可以'关闸刀'。"坚持带病出工。到工地后,她除负责关闸刀外,还参加工地劳动,和民兵坚持战斗了6天,直至最后晕倒在工地上,黄德英同志带病坚持战斗的精神，受到广大指战员称赞。

潘湾全福营，认真贯彻中央"三个文件"、揭开阶级斗争盖子，对坏人坏事进行了批判，提高了干部、民兵的阶级觉悟，干部进一步改变了作风，民兵精神面貌发生很大变化。为了加快施工速度，改进了劳动组合，把车子、扁担固定到人，大大提高了工效。16日一天，完成了180个土方，按全营当天出勤的97人计算，每人平均1.86方，创造了参战以来最高工效纪录。

枝城大堰营指战员，遵照毛主席"抓革命，促生产"的伟大教导，认真贯彻中央"三个文件"，放手发动群众，大揭阶级斗争盖子，提高了指战员阶级觉悟，精神力量转化为巨大的物质力量，全营240多人，在接受从江中运沙任务中，发扬了"一不怕苦，二不怕死"的精神，一天转运810吨沙，他们还自己动手，从水里捞起了50吨，为国家节约了150多元。

（本期发到连队）

## 二十　第21期

### 简　　报

1970年3月25日　第21期
四〇六三工程宜都民兵师

**醒狮营贯彻落实中央"三个文件"**
**揭开了阶级斗争盖子**

遵照伟大领袖毛主席"一定要抓好典型"的伟大教导，师与姚店团共同组织毛泽东思想宣传队，到姚店团醒狮营宣传、贯彻、落实党中央"三个文件"，放手发动群众，大造革命舆论，大办毛泽东思想学习班，提高了广大指战员阶级斗争和两条路线斗争觉悟，掀起了大检举、大揭发、大批判、大清理的高潮，揭开了阶级斗争盖子，运动正在深入发展。

## 第一章 《简报》

**阻力在哪里？**

姚店团醒狮营，由3个连、10个排组成，现有民兵267人，排以上干部45人，其中营干6人，连干22人，党员12人，团员38人，绝大多数是贫下中农出身。

在伟大领袖毛主席亲自批示"照办"的指示和通知下达以后，师、团都及时在大小会上作了宣传贯彻，但该营大检举、大揭发、大批判、大清理迟迟开展不起来，运动搞得冷冷清清。为此，师部和姚店团共同组织毛泽东思想宣传队，到这个营进一步宣传、贯彻、落实中央"三个文件"。经过了解，这个营的运动迟迟开展不起来的主要原因，在营的领导班子身上，营的6个干部，5个有经济问题。营长高XX，在"四清"运动中，因投机倒把贩卖耕牛受过批判，是一般社员。"文化革命"中，打着"造反"的旗号，混入公社革委会当上了副主任。来工地后，作风恶劣，瞒上欺下，亲自策划多报工日，私分钱粮。副营长李XX，是下乡知识青年，其父在"四清"运动中因贪污而畏罪自杀。政工员白XX，回乡知识青年，"文化革命"中，大搞打、砸、抢，大搞派性武斗。施工员黄XX，是"四清"下台会计（贪污）。教导员刘XX，22岁，党员，是"四清"中提出来的公社副主任，"文化大革命"中和高XX十分要好。中央"三个文件"下来后，他们不但不放手发动群众，反而多次跑回后方研究对策，企图对抗运动。对他们这些做法，有的民兵虽然看得很清楚，但敢怒不敢言，不敢检举、揭发，怕打击报复。针对上述情况，宣传队深入到连队，利用一切宣传形式，反复宣传中央"三个文件"，大造革命舆论，大会动员，小会发动，个别交谈，用毛泽东思想发动群众，武装骨干，通过学（反复学习中央"三个文件"精神），议（领会文件精神），摆（摆阶级斗争表现），提高了广大指战员阶级斗争和两条路线斗争觉悟，一致表示："忠不忠，看行动，丢掉'私'字，克服'怕'字，投入战斗。"教导员刘××，通过学习和耐心帮助，也站出来揭发了营里的问题。全营迅速掀起了大检举、大揭发、大批判、大清理高潮，揭出了阶级斗争盖子。

## 严重的阶级斗争

毛泽东思想一旦被广大群众掌握，就变成了威力无比的精神原子弹，炸开了醒狮营的阶级斗争盖子。

一、千方百计虚报工日，冒领国家钱粮。

营部在高XX亲自策划下，前后方串通一气虚报工日10425个，高还为下面多报工日出主意："出名的、参军的不要多报，因为容易被发觉。"因此这个营下属三个连，也上行下效多报工日198.5个，全营现已落实多报工日1262个。其手段多种多样：（1）欺上瞒下，搞对上对下两样报表。要下面造表时，一式四份，一份填名字，三份空着，但都盖章子，然后营里在空白表上，填上名字，增加工天数，向上领款、领粮，按下面报上来的工天数向下发钱发粮，这样营里一次就多报工日400多个。（2）造黑名单多报工日。如刘XX，是一个哑巴，从未上工地，造上名字代盖私章报工。又如"吴福远"，全公社就没有这个人，也造在名册上代盖私章报工。（3）一人报双名。如营部保管员陈XX，号名陈XX，两个名字都上册报了工日。（4）下人不除名。如一连高XX，来工地只搞了5天就下路了，仍然照报工日。（5）缺勤报出勤，事假报公差。如一连连长高XX两次请假十多天，工日照报。又如营部高XX，回生产队做账，后方记了工分，这里又记了工日。（6）扩大后勤工。如一连连长高XX同施工员郑XX，多报工日111.5个。特别严重的是营长高XX派民兵到枝江去接他的母亲，又用滑竿把他母亲抬回后方，也工日照记，还报销了车船费2.50元，还派女民兵刘XX给他打毛衣，也记上工日。派民兵吴XX在出工时间经常去找其父亲（五七厂的采购员）开后门给营干买烟、酒照记工日。因多报工日多领国家款1514元，骗取粮食1262斤。骗得的钱粮用增加干部工日的办法，从中进行私分了198.5个工日的"钱粮"。仅一连8个干部就私分了111.5个工日的钱粮，并汇回公社625.50元。

二、贪污挪用，盗窃国家物资。

该营一连事务长张XX，在连长支持下，公开对抗清理，谎报账、据已烧，企图蒙混过关，经过多次追查，才被迫将藏在后方的账、据交出来。经查证：张以收入不记账、多收少记的手段，贪污现金 175.04 元，并把在粮管所买的米，私自在外出售，或以粮换票等手段，贪污粮票 190.6 斤。二连事务长胡××，采取涂改单据、少收多付、重报单据等手段，贪污现金 169.71 元，以上两人合计贪污现金 344.77 元。

干部利用职权，挪用公款。营长高 XX 挪用公款 47.18 元，教导员刘 XX 挪用 31.90 元，营部 6 个干部就有 5 个干部挪用公款 234.94 元。损公肥私，盗窃国家物资。据统计，全营盗窃国家物资 15 种之多，155 件。

三、私分粮食，铺张浪费，乱补助乱报销。

关于民兵粮食问题，师、团根据上级指示，多次贯彻"超过不补，节余上交，吃饱不浪费"的精神，而营长高 XX，则自定"政策"，宣布"节余归己"。因而去年三个食堂，在春节前，把节余的 3000 多斤粮食分光了，损国家肥自己，如二连应带口粮还差 263 斤，春节却分给民兵 1424 斤，带回家去了。营部安全员高 XX，在工地 82 天，应交口粮 82 斤，只交了 59.7 斤，还差 23.3 斤，不但没交，反而还倒领了 78.1 斤回家。

铺张浪费，请客送礼。春节期间大摆酒筵，请客 6 桌，花掉粮食 33 斤，现金 62.77 元，喝酒 9 斤。驻地一个生产队长，因喝酒过多，人事不省，用民兵抬回家，影响很坏。全营据不完全统计，请客、招待共花去粮食 260.5 斤。营里干部不仅乘机大吃大喝，而且多吃多占，分头从三个连的食堂，拿肉食 44.8 斤，克扣民兵计划酒 16 斤，营里几个干部在一起吃喝。他们慷国家之慨，乱补助、乱报销。如二连事务长胡 XX，买了 1 条羊毛围巾，价值 7.39 元，也在食堂报销了。致使全营三个食堂共超支 1131.37 元。

四、收听敌台，扩散毒素。

该营二连民兵江 XX，17 岁，贫农出身，从 12 月份以来，邀约 4 个青年收听敌台达 9 次之多，并多次在工地、营房扩散毒素，恶毒攻击伟大领袖毛主席，攻击党，攻击中国人民解放军。

上述情况说明，该营无论是在政治思想领域，还是在经济领域，阶级斗争都是严重的，只要用毛泽东思想把群众发动起来，就能揭露和打击一切阶级敌人的破坏活动。

### 运动还在深入

在检举、揭发、查证落实的基础上，根据毛主席"教育面要宽，打击面要小"的教导，选择了多次收听敌台的江XX和贪污钱粮、态度顽抗、企图毁账灭据的张XX，发动群众进行了批判（高XX已在后方参加学习）。当前正在突出政治，以毛主席有关教导和中央文件为武器，开展革命大批判，提高觉悟，促进清退，召开代表会，按政策划界线，总的原则是：贪污盗窃，虚报冒领一律退赔。总的要求是：既退经济，又退思想。全营现已退赔现金742.50元，粮食150斤，退还各种物资13种，142件。

目前清退工作还在继续进行，打算在清退基本结束后，开展一次群众性的大总结，进一步开展革命大批判，提高广大指战员阶级斗争觉悟，两条路线斗争觉悟，无产阶级专政下继续革命的觉悟。

（本期发至团）

## 二十一 第22期

## 简　报

1970年3月26日　第22期
四〇六三工程宜都民兵师编

按：姚店团向阳营依靠群众，搞好落实定案，认真执行党的政策的做法很好，可供各地参考。

### 依靠群众，搞好落实定案，认真执行党的政策

姚店团向阳营在贯彻伟大领袖毛主席亲自批示"照办"的指示和

## 第一章 《简报》

通知中，广泛深入地发动群众，开展大检举、大揭发、大清理、大批判，揭出了工地在政治思想领域和经济领域里阶级斗争的十二种表现，其中包括三连事务长郑 XX 贪污 59.96 元，一连群众性私分粮 955 斤；二、四连集体私分小型工具补助费 511.2 元等问题。在揭盖子的过程中，紧密配合，以上下结合、内外结合、前后方结合及检举揭发与抓紧查证结合，依靠群众，跟上了落实定案的工作。

在揭发、查证、落实的基础上，全营抓住已揭出的各种问题，综合归类，梳"辫子"，进一步开展了革命大批判，提高了广大指战员的阶级觉悟和路线斗争觉悟。与此同时，自下而上、自上而下地反复学习党的各项政策，划界限，讨论各种具体问题的处理办法，在广泛听取和集中群众意见之后，全营召集了代表会议，指战员 480 人，推选了代表 37 人，其中干部 7 人、党团员 6 人、民兵代表 30 人。代表会反复学习了党中央"三个文件"和毛主席关于"要认真注意政策"的伟大教导，经过认真讨论，提出了各项问题的处理意见。然后再交由全体民兵讨论，形成了一致的意见。

遵照毛主席关于"必须注意政策，打击面要小，教育面要宽"的教导和党中央"三个文件"的指示精神，向阳营代表会和指战员初步意见是：

1. 贪污盗窃一律退赔，分别按情节轻重给予严肃处理，赃物赃款限期退清。

2. 挪用公款应限期交还。

3. 投机倒把一律补税、罚款，不许例外。

4. 购置非生产物品：凡属工程必需的，要求给予报销，物品回收。凡属工程不需要的，由主张购置的干部作出检查，并由其个人付款。

5. 遗失钱、粮由遗失者个人负责，确系有据可查者，将实际情况呈报上级。假报案情者要追回钱物，并严肃处理。

6. 补助费、日用品、酥食和集体报销烟酒的费用，发动群众核实情况，按照规定和财务制度处理。可分别作为报销、酌情报销和不报销。凡少数人多吃多占的，要作出检查，酌情交款。

7. 集体私分小型工具补助费，破坏了专款专用的财务制度，提出主张的干部要作出检查，已分的不再退，但不得另报小型工具维修超支费。

8. 损大公肥小公和损公肥私是错误的，要作出检查，退回公款公物，开展公物归公。对国家、集体造成严重损失者，要严肃处理。

9. 私分节约国家粮食应一律退出，主张私分的干部要检查，情节严重的要批判教育直至严肃处理。

10. 损坏公物和浪费物资者，情节严重的要折价赔款，并作出检查和处理。属于责任感差，造成损坏和浪费的，要批评教育，改正错误，不再重犯。

上述处理办法，广大指战员认为是符合"打击面要小，教育面要宽"的精神的。目前，全营运动正向纵深发展，一个积极清退和公物归公的群众运动正在兴起，广大指战员一致表示："要从焦枝路带回好思想、好作风，政治思想、经济不清，决不下路。"

姚店团向阳营
1970年3月25日

## 二十二　第23期

### 简　报

1970年3月27日　第23期
四〇六三工程宜都民兵师编

**全福营加强领导，认真落实党中央"三个文件"**
**狠抓革命，猛促工程的情况与作法**

潘湾团全福营在贯彻、落实伟大领袖毛主席亲自批示"照办"的指示和通知的过程中，针对原领导班子主要成员软弱无力的情况，当机立断，调整与充实领导，扭转了局面，革命、生产迅速出现了高潮。

## 第一章 《简报》

工地贯彻党中央"三个文件"的群众运动开展以后，全福营曾一度偏重抓工程，忽略了对运动的领导。分工抓运动的主要成员，私心杂念较重，缺乏自觉革命的勇气，并借口送小猪回家，避开严肃的阶级斗争。民兵们对这个同志信不过，议论纷纷，会上沉默寡语，会后意见很多，有的民兵写了检举、揭发材料，揣在身上，观察领导动向。营里做了一个检举箱，挂了很长时间未见一份揭发材料，民兵们说："检举箱做得好，就是丢了材料不保险，等于白丢。"因而运动冷冷清清，局面被动，不仅"三清"开展不好，而且还出现边整边犯的严重问题，就是在运动开展后的 3 月 10 日，一贯小偷小摸的民兵黄 XX 还给驻地、土地出租成分的杨 XX 偷盗罗家湾工程天桥上的木板 3 块，当即被警惕高的民兵追获。由于领导没摆正运动与工程的关系，以运动带动工程的指导思想不明确，个别人乘隙煽冷风，传播消极思想，使少数民兵思家厌战，精神不振，因而工程欲速不达。

在潘湾团领导的帮助下，在运动中出现的对抗中央"三个文件"，边干边犯的活生生的阶级斗争情况面前，全福营领导班子认识到：只抓工程，不抓运动，以工程压运动，是对毛主席的伟大战略部署不紧跟、对伟大领袖毛主席不忠的表现，其结果必将导致毛主席亲自批示的"三个文件"不能落实，工地上运动有滑过去的危险。在提高认识的基础上，他们广泛听取群众意见，并集中民兵建议，突出抓住了解决领导班子问题，将运动领导小组由原 3 人充实到 5 人，营长朱启安同志由主要抓工程转到主要抓运动的正确位置上来。

"政治路线确定之后，干部就是决定的因素。"领导班子的充实加强，对广大民兵决心搞好运动的要求是一个很大的鼓舞，民兵们高涨的政治热情，对领导又是一个有力的鞭策。新的领导班子健全后，搞好运动的决心大，抓得紧，态度坚决。他们一方面检查了前段忽视政治的严重错误，一方面带头放包袱，带头"斗私批修"，带头揭阶级斗争盖子。通过大办各种类型的毛泽东思想学习班，迅速扭转了冷冷清清的局面，掀起了大检举、大揭发、大清理、大批判的高潮，很快揭开了全福营政治思想领域和经济领域阶级斗争的盖子，其中经济上揭露出盗窃和占用国家公物 18 种，价值 60 多元，粮食上贪污多达

130多斤。在思想领域里封、资、修货色在少数青年民兵中传播影响，破坏了政治建路的伟大成果。

在初步揭开盖子的基础上，营运动领导小组带领全营民兵乘胜进击，深挖细找，终于揭出了一个散布反动言论和冷空气、动摇军心，破坏三线建设和工地政治运动的坏家伙孔XX，就是这个家伙，抄袭和扩散反动诗歌恶毒攻击伟大领袖毛主席；大肆散放冷空气，动摇军心，破坏三线建设；用黄色情歌23首，毒害与腐蚀参加焦枝会战的青年民兵，破坏政治建路的伟大成果；道德败坏，勾引与诱惑青年妇女；散布消极思想，破坏工程建设。如他写的一首反动五句歌："看峨眉山不在，朝中大门要人开，西洋女子人人爱，口中有口口难开，法字三点没带来。"构成"我们要回去"五个字，在民兵中流毒很广，对军心有很大影响。同时这家伙还玩弄结拜干弟兄的鬼把戏，偷懒行滑，破坏工程，对抗领导。在揭出这个家伙的反动言行后，根据广大民兵的要求，经呈报师、团审批核准，对孔XX进行了严肃的批判，肃清了其反动影响，大长了无产阶级和革命人民的志气，大灭了资产阶级和一小撮阶级敌人的威风。广大指战员从斗争实践中深刻认识到，千忙万忙，阶级斗争时刻不能忘，不仅要看到三线建设工地红旗飘，还要常想到阶级敌人在磨刀。决心把党中央"三个文件"全面落实，把"三清"运动进行到底。

"阶级斗争，一抓就灵。"通过大揭阶级斗争的盖子，深入开展政治思想和经济领域的阶级斗争，提高了广大指战员的阶级觉悟和路线斗争觉悟。在批判孔XX动摇军心的反动言行后，民兵们纷纷表示：要用思想革命化来推动工程建设，为毛主席争光，为社会主义祖国争光。用狠抓运动，猛促工程的实际行动，落实伟大领袖毛主席亲自批示的"三个文件"和毛主席关于三线建设的一系列光辉指示，争分夺秒，把焦枝路抢建成在战争前，给帝修反和国内的阶级敌人以沉重打击。因而热情高涨，士气大振。原来，全营130人除勤杂工外，110人围着25部独轮车转，人等车，车等人，加之少数人消极怠工，效率不高。在开展大批判和肃清孔XX反动言行流毒后，指战员群策群力，定63人运用独轮车，其余人用起20多条扁担，合理安排劳力，合理安排土场，指战员们干劲冲天,从3月16日以来,日进效率达到180方,超过春节前最高的168方,创造了会战以来的最高施工纪录。

目前,全福营正在深入进行革命大批判,积极开展清退、公物归公和抓革命、促工程的群众运动。广大指战员表示要把"三清运动"认真进行到底,一定要从焦枝路带回好思想、好作风。

(本期发至连队)

## 二十三　第24期

### 简　　报

1970年3月27日　第24期
四○六三工程宜都民兵师编

**醒狮营认真注意政策,搞好定案清退**
**进一步落实党中央"三个文件"的做法**

醒狮营广大指战员,在伟大领袖毛主席亲自批示"照办"的党中央"三个文件"的巨大鼓舞下,通过大检举、大揭发、大清理、大批判,揭开了政治思想和经济领域阶级斗争的盖子。在揭发、清理的过程中,师、团毛泽东思想宣传队与广大指战员注意抓紧内查外调和核实定案工作,落实全营在前营长高XX为首的少数人操纵下,大挖社会主义墙脚,前后方勾结,有计划地骗取国家三线建设资金,上行下效,层层少数人捣鬼的严重问题。通过查证:全营从1969年11月至1970年2月虚报工日1251.5个,冒领国家三线建设资金1458.6元,粮食1251.5斤,食油8.3斤。其中由营直接虚报工日1042.5个,三个连虚报209个工日,营冒领的现金,已汇给公社607.75元。三个连虚报工日冒领的钱、粮,已分给30个人装入了腰包。除虚报冒领外,有11人贪污现金364.74元,粮食217.1斤;挪用公款234.94元;17人盗窃和占用公物20种达189件;将小型工具补助费和手车维修费699.71元分给三个连作了伙食开支；还有购置非生产用物和宣传费超支共703.99元。在粮食上破坏节余上交的规定，春节下路时三个食堂集体私分节余粮3000斤。讲排场、摆阔气，请客6桌，用去现金53.4元。由于干部贪污盗窃、多吃多占和放松管理，使全营三个食堂超支1131.37元。政治思想领域的阶级斗争也十分尖锐，营长高XX用国家支钱支粮的工日派民兵用"滑竿"抬其50多岁、完全能够自己行走的母亲回家，政治上造成恶劣影响，民兵们愤慨地说："这简直是国民党作风。"有以江XX为首的4人收听敌台，其中江XX思想极其反动，公然扩散毒素，攻击伟大领袖毛主席，攻击伟大的中国共产党，攻击伟大的中国人民解放军。

  在揭发、清理、查证落实的基础上，师、团毛泽东思想宣传队与广大指战员一起，归纳问题，综合分析，梳辫子，深入开展了革命大批判。同时由下而上，由上而下结合，反复学习了党中央"三个文件"和党的各项方针政策。由民兵广泛酝酿，经代表会提出各项具体问题的处理办法，然后再到群众中去，形成了一致的意见。这些意见是：

  1. 政治上的问题。根据情节和性质轻重，进行批判，肃清影响。将工地发生的问题落实，整理书面材料，送回后方，前后方问题结合，一并处理。

  2. 贪污盗窃是犯罪行为，赃款赃物应一律退赔，情节严重的要严肃处理。

  3. 盗窃国家财产应一律追赔，有原物的退原物，无原物的折价赔款，情节及后果严重的要严肃处理。

  对于民兵因占小便宜而占用公物的，开展公物归公，号召主动归还。

  4. 投机倒把，牟取暴利者，一律补税、罚款，不许例外。

  5. 虚报工日、冒领钱粮。凡属虚报工日冒领的钱、粮，一律照数退还给国家，主谋者要进行批判，情节严重的要严肃处理。

  凡属前后方勾结作弊，虚报工日冒领钱粮的，其钱、粮立即追回，并查明情况，对主谋者给予严肃处理。

  路调工又报了工日的，承认路调工，不记工日，路程远的经核实情况，可报销车船费。

民兵事假，旷工多记工日的，原则上应予退还钱、粮，但要根据核实的具体情况合理处理。

通过多报工日冒领现金而购置非生产物品的，确属工程需要部分，经呈报师核准，可以据实报销。但多记工日必须如数扣除，其钱、粮必须如数交还。

干部利用职权，派民兵为其干私事而冒记工日的，由滥用职权的干部退还国家已记的工日。

6. 集体私分小型工具补助费，是违反国家专款专用的财务规定的，主谋者要作出检查，经济上不再处理。已分的单位，国家不再承认小型工具维修费超支。如趁机浑水摸鱼，从中贪污盗窃者，应从严处理。

7. 关于非生产物品购置。总的原则是：凡属工程必需的可据实报销；凡属工程非必需品不予报销。具体可分以下四种情况处理：

由工地垫款为后方购置的半导体喇叭、收音机等由后方需要单位取物付款。

时钟、秤、乐器据实报销，物品如数回收，不得短少。

新制的国旗、战旗、语录牌等开支，据实报销，不回收国旗、战旗、语录牌。

纸张、墨汁等宣传费用超支的，核实情况，予以报销。

8. 多吃多占，一般的应作出检查，保证今后不再重犯。情节严重，屡教不改，群众意见大的，应在经济上处理退赔。

9. 挪用公款，一律归还，下路前必须还清。

10. 集体私分节余粮食，应从严掌握，私分的粮食应一律退回，属国家的必须全部上交国家，使不致重犯。主谋者要追查责任，严肃处理。

以主粮换副食用于工地生活的，核实情况，予以承认。

以主粮换副食分给个人的，应退回粮食，上交国家。

11. 物资回收。应严格遵照有关规定，应交物资一律回收。遗失和损坏部分，凡属有意造成的，要如数赔偿。凡属责任感不强造成遗失和损坏的,要查明情况,酌情赔偿。

醒狮营指战员认为,上述处理办法是符合党中央"三个文件"的指示精神和"打击面要小,教育面要宽"的政策原则的。在意见统一后,全营经过代表会和民兵大会推选,组成了有各连代表参加的四人清退回收小组,在深入开展革命大批判的同时,很快形成了积极清退回收和公物归公的热潮。到3月26日止,汇回后方(公社)的冒领款607.75元已全部如数追回上交。贪污盗窃赃款已退交117元,余款可在28日全部交清。已归还的公物有炸药7包、雷管10发、导火索1圈、内外胎1套等共184件。粮食也在退还。随着革命大批判的深入,广大民兵又揭出了醒狮公社在幸福渠工程建设期间骗取国家资金一千多元和这次上路后公社革委会又5次商议虚报工日、冒领钱粮与订立攻守同盟等严重问题。目前正开展群众性的总结,运动正继续向深入发展。广大指战员决心善始善终,把政治思想和经济领域的阶级斗争进行到底,不获全胜,决不收兵。

(本期发至连队)

## 二十四 第25期

### 简　　报

1970年4月25日　第25期
四〇六三工程宜都民兵师编

**积极行动起来　　采取得力措施**
**消除工程病患　　确保工程质量**

在毛主席"备战、备荒、为人民"的伟大战略方针指引下,枝城团全体留路常年施工民兵,高举毛泽东思想伟大红旗,突出无产阶级政治,在接受新的战斗任务后,及时举办毛泽东思想学习班,进一步学习毛主席关于三线建设的一系列指示,提高认识,明确任务,紧接

## 第一章　《简报》

着以团为单位举行了留路常年施工誓师大会。全团千名留路指战员，豪情满怀，意气风发，坚定地表示要善始善终，高速度、高质量、低造价地完成常年施工任务，做到和大会战高潮时期"四个一样"，即：高举毛泽东思想伟大红旗，活学活用毛泽东思想，坚定不移地走政治建路的道路；大学解放军，深入开展创"四好"、争"五好"的群众运动和社会主义革命竞赛；继续发扬"一不怕苦，二不怕死"的彻底革命精神，鼓足更大的革命干劲；狠抓阶级斗争，深入开展革命大批判，在高速度、高质量、低造价完成工程任务的大道上阔步前进。总的是继承、发扬大会战高潮时期的好思想、好作风，创造更新、更优异的成绩，为伟大领袖毛主席争光，为伟大的社会主义祖国争光！

枝城团留路常年施工指战员，担负着全师原2000多米长段面内的三板湖大桥、路基附属工程的施工和病害处理等项工程任务。他们遵照毛主席关于三线建设"两争""两抢""一打"和"精心设计，精心施工"的伟大教导，抓紧三月以来连绵阴雨的间隙，在师主要领导干部直接参加下，由团主要负责干部带领连以上各级干部、民兵代表和施工技术人员，争分夺秒，深入现场，对全师工段进行了逐段逐项的认真检查，并分析各段内崩塌和裂缝情况，发动群众，采取果断的、得力的措施，落实消除病患的可行办法，抓紧时机，作好工程病患处理。为了根治更大垮方和更大崩裂，他们重新调整了兵力部署，除保证三板湖桥施工必需外，集中力量，把6000多平方的挖方护坡抢修好。关于护坡修理，本以全部浆砌为好，但全部浆砌，需要水泥700吨，砂料3500吨，用料太多，不符合毛主席关于"要节约闹革命"的指示。另一方面，鉴于挖方斜坡高度近20米的地形情况，如护坡不坚固，又不能确保制止崩塌。通过发动群众，发扬民主，决定对3米以下的护坡，选好石料，搞好X砌勾缝；对大挖方护坡，底部3米用石料浆砌，再向上石料浆砌3米间方的方格子，格子中间用石料干砌勾缝、塞紧，这样处理，压力分散，既保证了质量，又能节约大量水泥、砂石。在营、连举办的干部、民兵、施工人员三结合的学习班上，将上述办法概括为砌稳、挤紧、压花、插实、砌直"十字法"，进一步统一了认识，统一了规格要求。

团、营、连三级领导，遵照毛主席"一定要抓好典型"的教导，在落实措施的基础上，身体力行，深入到最艰巨的地段，办好样板段，把住质量关。官垱营二连连长李明义同志，一直战斗在最高的护坡面上，战艰险，干出好样板。排长黄应丙为了保证质量，自己动手操作浆砌，没有手套，手烂了，不听劝阻，战胜疼痛，坚持不换人。在各级干部带动下，留路铁道民兵鼓干劲，排万难，争速度，抢时间处理工程病患。大堰营指战员为了与帝修反争时间，以大无畏的革命英雄主义气概，顶住风雨，头戴斗笠，身披蓑衣，坚持雨日施工。白水营战士张家云，手被石头砸伤，鲜血直流，指战员们劝他休息，他边干边说："轻伤不能下火线。"一直坚持抢修护坡的紧张战斗。

　　对大填方的沉落、裂缝，采取深翻、碾实、碾压，防止雨季渗水入内造成塌陷。在四月上旬连日阴雨后，很快将全工段内四处崩裂大的约220米长的段面进行了重新翻土、碾实、碾压等处理，经过中旬连续几个雨日的初步检验，效果很好。同时，对整个路基都用履带拖拉机带上压路滚普遍进行了三次碾压，从现在的情况看，全部路基除自然沉落外，暂未发生其他工程病患。同时，为了保证车站质量，4月21日全团抽调两个连的200人，踏着雨后的泥泞路，把从花石桥到冬风岭2000公尺长的车路上突击铺上了石渣，保证水泥、砂料和施工器材运输畅通，把附属工程，施工和工程病害处理抢在雨季前。广大指战员说："为革命修好车站，宁愿筋骨累断，也要保证质量，不能影响战备，坚决把工程病患消灭在铺轨前。"

　　目前，全部路基内6000多平方的挖方护坡已抢修1200多平方，整个路基除继续抓住雨后碾压加固外，220公尺长的四处崩裂较大段面已反复进行认真处理。全团指战员决心一抓到底，毫不松懈，消除工程病患，确保工程质量。大战四、五月，把工程任务加快再加快，提前再提前，革命加拼命，确保"七·一"通车，向党的生日敬献厚礼！向毛主席敬献忠心！

（本期发至连队）

## 二十五　第 26 期

### 简　　报

1970 年 5 月 29 日　第 26 期

四〇六三工程宜都民兵师

**再接再厉　乘胜前进**
**把活学活用毛泽东思想群众运动推向更新的阶段**

　　在大战红五月里，我师广大指战员高举毛泽东思想伟大红旗，突出无产阶级政治，狠抓阶级斗争，以解放军为榜样，深入开展了创"四好"、争"五好"的群众运动，掀起了活学活用毛泽东思想群众运动的新高潮，有力地促进了人的思想革命化。工地的革命和生产出现了蓬勃兴旺的革命景象，形势一片大好，好人好事层出不穷。

　　为了表彰先进，树立典型，把创"四好"、争"五好"和活学活用毛泽东思想的群众运动推向更新阶段，进一步掀起"抓革命，促生产，促工作，促战备"的新高潮，现将各团通过总评，评出的"四好"单位、"五好"民兵和活学活用毛泽东思想积极分子代表名单公布于后，以资表扬。

　　我们希望这些单位和个人，遵照毛主席"谦虚、谨慎、戒骄、戒躁"的伟大教导，发扬成绩，不断前进，在三大革命运动中，学出新水平，用出新成果，创出新经验，为人民再立新功。

　　让我们更高地举起毛泽东思想伟大红旗，在毛主席"全世界人民团结起来，打败美国侵略者及其一切走狗"的最新战斗号令的指引下，以革命加拼命，拼命干革命的精神，大战六月，创造更优异的成绩，迎接总指、省指、分指"双代会"和"七·一"全线胜利通车，向"七·一"献厚礼。"下定决心，不怕牺牲，排除万难，去争取胜利。"为伟大领袖毛主席争光！为伟大的社会主义祖国争光！

## "四好"单位

**"四好"连队：**

枝城先锋营一连　　黎坪营二连　　王畈松华营一连　　永丰营一连
白水营二连　　　　官垱营二连　　崭新营一连
白水营一连　　　　大堰营一连

**"四好"排：**

枝城先锋营　　　白水营
一连：一排　　　一连：二排　　　　三连：一排
二连：二排　　　二连：二排
大堰营　　　　　黎坪营　　　　　　官垱营
一连：一排　　　一连：三排　　　　一连：二排
大堰营　　　　　黎坪营　　　　　　官垱营
二连：一排　　　二连：一、二排　　二连：三排
纸坊营
三排
王畈松华营　　　崭新营　　　　　　洲阳营
一连：一排　　　一连：一、三排　　一连：二、三排
永安营　　　　　古水营　　　　　　永丰营
一连：一排　　　一连：一排　　　　一连：二排

**"四好"班：**

枝城先锋营
一连一排：一班、二班　　　二连一排：一班
　　二排：一班　　　　　　　　二排：三班
　　三排：一班　　　　　　　　三排：五班
白水营
一连一排：二班　　　　　　二连二排：一班
　　二排：四班　　　　　　　　三排：二班

# 第一章 《简报》

　　三排：五班　　　　　　炊事班、政宣组
　　炊事班　　　　　　　　三连一排：一班
大堰营
一连二排：清桥班　　　　二连一排：二班
　　　青春班、清联班　　　　二排：五班
　　　政宣组、炊事班
黎坪营
一连一排：一班　　　　　三排：三班、五班
　　二排：三班　　　　　　政宣组
官垱营
一连一排：一班　　　　　二连一排：二班
　　二排：三班　　　　　　二排：三班
　　三排：五班　　　　　　三排：五班、六班
纸坊营　　　　　　　　　　团部
　　一排：三班　　　　　三排：七班　　广播组
　　二排：四班　　　　　　炊事班　　炊事班
王畈松华营
一连一排：一班、二班　　三排：七班、九班
　　二排：五班、六班　　　炊事班
崭新营
一连一排：一班　　　　　三排：一班、二班
　　二排：二班　　　　　　炊事班
洲阳营
一连一排：一班
　　二排：三班
　　三排：五班　　　　　四排：八班
　　　　　　　　　　　　五排：十班
永安营
一连一排：一班　　　　　二排：四班　　三排：七班
古水营
一连一排：一班　　　　　二排：一班

永丰营　　　　　　　　　团部：炊事班
一连一排：一班

**"五好"食堂：**
松华食堂
崭新食堂

# 活学活用毛泽东思想"五好"战士代表

**枝城团先锋营**

| | | | |
|---|---|---|---|
| 黄运法 | 周代全 | 王世云 | 张绍香（女） |
| 杨光汉 | 杨明兰（女） | 王义元 | 杨明芬（女） |
| 杨大正 | 朱代元 | 黄绪生 | 曾宪春（女） |
| 王宏春 | 周家元（女） | 张绍春 | 李万会（女） |
| 黄绪宽 | 另光云 | 章光凡 | 周呈兴 |
| 杨世全 | 詹中立 | 杨世兴 | 李伏松 |
| 杨先觉 | 周加福 | 尚绪生 | 曾昭田 |
| 曾昭才（小） | 孙永玉（女） | 向光秀（女） | 黄兴华 |
| 黄绪祥 | 黄运生 | 向光海 | 王先梅（女） |
| 周纯锦 | 李先芬 | 艾为春（女） | 邓士元 |
| 尚绍芹（女） | 罗家昌 | 郑方胜 | 章光清 |
| 刘昌金 | 王宏右 | 黄运春（女） | 罗启先 |

**白水营**

| | | | |
|---|---|---|---|
| 宋家文 | 李全修 | 彭传德 | 王发玉 |
| 王先金 | 周心兰（女） | 曹光金 | 张启志 |
| 何先付 | 梁得明 | 李先成 | 李绍全 |
| 许汝恩 | 谢传江 | 胡永海 | 许汝英（女） |
| 江书培 | 郑大林（女） | 李自成 | 曹诗明 |
| 黄家钦 | 邓绍菊（女） | 张永录 | 肖发生 |
| 江诗寿 | 李家文 | 李受祥 | 毛伯英（女） |

| | | | |
|---|---|---|---|
| 杨德法 | 邓绍望 | 黄家智 | 曹辉生 |
| 朱振汉 | 李炳祥 | 周吉成 | 陈明告 |
| 江书义 | 力先金 | 李世顺 | 谢传敏 |

**大堰营**

| | | | |
|---|---|---|---|
| 江光清 | 陈贤士 | 朱井坤 | 陈怀祥 |
| 朱万坤 | 易发金 | 朱代忠 | 彭家法 |
| 龚治明 | 王兴印（女） | 杨兆顺 | 杨泽品 |
| 周发华 | 陈先义 | 彭泽周 | 徐德培 |
| 力先付 | 力孔太 | 刘昌达 | 彭泽香（女） |
| 罗弟年 | 刘昌全 | 别本祥 | 王绪兵 |
| 王道忠 | 曹诗付 | 李德炳 | |

**黎坪营**

| | | | |
|---|---|---|---|
| 施克广 | 陈占信 | 江大兴 | 黄方信 |
| 卞忠明 | 毛伯柱 | 陈明寿 | 卞忠义 |
| 余德望 | 凡孝池 | 乐昌荣 | 李先成 |
| 力泽亚 | 彭绍坤 | 何先元 | 李先珍 |
| 周诗全 | 毛伯寿 | 力先科 | 许宏兴 |
| 艾常元 | 施克坤 | 张兴炳 | 力泽满 |
| 赵国友 | 高克云 | | |

**官挡营**

| | | | |
|---|---|---|---|
| 关天才 | 李明义 | 艾为全 | 艾刚兵 |
| 周益先 | 翟大兴 | 周泽民 | 张常云 |
| 黄运丙 | 黄运时 | 王宏杜 | 孔凡英 |
| 曾昭凤 | 杨世忠 | 苟永凤 | 吴家珍 |
| 余远右 | 王美先 | 万其云 | 张文仆 |
| 张培德 | 罗兴达 | 罗兴民 | |

**纸坊营**

| | | | |
|---|---|---|---|
| 章光元 | 章远星 | 杨泽桂 | 力泽方 |
| 梁德明 | 杨国茂 | 邹安良 | 邹安兴 |
| 张心德 | 杨太华 | 力孔云 | 章光甲 |

| 范德伍 | 郑必发 | 向从文 | 黄德英 |
| 杨先中 | 唐传礼 | 谢本信 | 曾宪孝 |
| 曾宪炳 | 曾昭珍 | 熊礼明 | 杨运圣 |

西湖营

| 罗弟祥 | 王同富 | 刘泽带 | 钟裕全 |
| 赵忠元 | | | |

团部（包括宣传队、广播组）

| 吕仁柱 | 洪　涛 | 李先桃 | 胡正文 |
| 赵长清 | 邓中成 | 蔡传清 | 曾昭林 |
| 张民仆 | 郑冉科 | 洪纪堂 | 刘后全 |
| 王维先 | 杨从地 | 郑必安 | 程金元 |
| 郑必义 | 程千平 | 周武美 | 李克旺 |
| 孔凡桂 | 周昌诗 | 张绍祥 | 罗方元 |
| 彭从进 | | | |

古水营

| 李德生 | 杨真国 | 陈从海 | 陈先明 |
| 陈先坤 | 向家成 | 刘季华 | 周统华 |
| 杨尚元 | 蔡进才 | | |

洲阳营

| 潘祖益 | 姚昌元 | 易近付 | 夏昌政 |
| 彭吉华 | 李先明 | 曹光志 | 曹昌茂 |
| 陶吉全 | 杨大莫 | 刘国春 | 曹光益 |
| 刘兴富 | 向家胜 | 曹光新 | 姚明全 |

松华营

| 彭修生 | 张云新 | 赵绪武 | 彭立德 |
| 高永清 | 张远坤 | 王朝林 | 李绍清 |
| 李中年 | 龚云贵 | 力孔忠 | 高克文 |
| 刘学勤 | 曾宪雄 | 力孔付 | 陈忠政 |
| 刘兴贵 | | | |

**永安营**

李灰玉　　杨明元　　张代全　　匡万清

向常振　　王金寿　　孙万炳　　胡思太

邓成寿　　余靖清

**永丰营**

杨金成　　李祖松　　李明书　　袁定云

周代兴　　周帮权　　张远华　　王秀兰

胡家振　　郑年桂　　王圣国　　杨远清

姚远信　　杨治海　　兰良权　　柴清玉

裴锦贵　　姚永科　　姚永根　　李祖展

易发章　　杨泽清

**宣传队**

曾　恒　　杨宗英

**团机关**

石朝阳　　王安甲

## 二十六　第27期

### 简　报

1970年6月3日　第27期

四〇六三工程宜都民兵师编

**总结五月　乘胜前进　大战六月　再立新功**

战斗在枝城车站的枝城团广大指战员，在大战红五月中，高举毛泽东思想伟大红旗，突出无产阶级政治，活学活用毛泽东思想，以"一不怕苦，二不怕死"，革命加拼命，拼命干革命，早日修好枝城站，彻底埋葬帝修反的豪情壮志，抢晴天，斗雨天，日夜突击，顽强奋战，以思想革命化大大推动了工程进展，夺取了大战红五月的巨大胜利，完成了护坡浆砌7718平方，栽护坡草皮1295平方，砌筑站台

750方，开挖"三沟"828米（长），处理路基病害4065方，浆砌暗沟220米，勾缝3504平方。还完成了混凝土台帽300米（长），开挖站台、站房基础1310方，备道渣325方，上调运输工3092个。这是战无不胜的毛泽东思想又一光辉胜利！

总结前段战斗历程，他们共同体会是：

一、"大海航行靠舵手，干革命靠毛泽东思想"，在大战红五月中，始终高举了毛泽东思想伟大红旗，突出无产阶级政治，坚持了以革命统帅工程，用战无不胜的毛泽东思想指挥战斗。大战开始前，少数人有松劲情绪，认为"前段大会战吃了苦，现在常年施工应该歇口气"。针对上述活思想，全团于5月2日召开了大战红五月的誓师大会，提出了再接再厉，乘胜前进，革命加拼命，拼命干革命，大战红五月，创造更优异的成绩，为毛主席争光，迎接"七·一"全线通车的战斗口号。紧接着举办了各种不同类型的（干部、党团员、"五好"民兵、妇女等）毛泽东思想学习班，反复地学习了毛主席对三线建设"要抓紧，要准备打仗"等一系列英明指示，同时，狠抓形势教育、阶级教育、"三性"教育，狠批了无政府主义的倾向。请老民兵、老贫农讲家史、村史、上阶级教育课。坚持天天读"老三篇"，定期上辅导课，坚持连队讲用会，调动了广大指战员的阶级感情，激发了对毛主席的无限热爱，对帝、修、反的深仇大恨。先锋营全体战士发出了共同誓言："修好焦枝路，埋葬帝、修、反，拼死拼活干，死了也心甘。"5月13日，大风大雨，全营90多名指战员，冒雨战斗，一连干了6个小时，处理了罗家湾（路基）大填方100多公尺长的四道裂缝，保证了路基的安全。人小心红的17岁女民兵班长张绍香，发扬了不怕苦、不怕累的革命精神，和男同志一起抬大石头，下班以后还帮助同志们洗衣服，同志们都称她是毛泽东思想武装的好班长。

二、大借东风，大鼓干劲，落实战斗号令雷厉风行。大战红五月的战斗打响后，毛主席"对'七·一'全线通车很高兴"的特大喜讯，曾、刘首长的指示和总指"对当前工作的紧急指示"传到了工地，这喜讯和指示犹如一股强劲的东风，鼓舞着全团广大战士战天斗地的胜利决心。正到胜利的关键时刻又从红色电波里传来了伟大领袖毛主席"全世界人民团结起来，打败美国侵略者及其一切走狗"的庄严声明和四〇六三工程胜利通车的喜讯，广大指战员更是心潮澎湃，热血沸腾，立即组织欢庆游行，学习、讨论。层层举办学习班，学习毛主席的最新战斗号令。最新战斗号令和四〇六三工程胜利通车的喜讯，更加激励了全团指战员不怕牺牲，死打硬拼的革命精神。广大战士学习了最新战斗号令，干劲倍增，以工地作战场，以工具当刀枪，拼死拼活地战斗，负伤不下火线。白水营二连学习了毛主席的最新战斗号令后，浆砌护坡由原每人每天砌0.5平方上升到1.45平方，提高工效两倍。官垱营一连三排，原计划四天砌一条80米长的边沟，只有两天半就完成了。大堰营学习曾、刘首长"工程要保质量"的指示，提出了"百年大计，质量第一"，一连工程员彭家发，为了保证工程质量，天天坚守在工地参加劳动，婆婆死了也不回家。

三、学习解放军，坚持"四个第一"，大兴"三八作风"，加强连队建设，开展了以创"四好"、争"五好"为中心内容的社会主义革命竞赛运动。团营领导立足于基层，帮助基层抓"四好""五好"，抓革命竞赛运动，有力地促进了广大指战员的思想革命化、组织军事化、行动战斗化，造成了政治空气浓浓的，好人好事多多的。大战一开始，就开展了单位与单位，人与人的竞赛运动，有的提出"四赛"，有的提出"六比六看"的竞赛条件。大堰一连与二连开展对手赛，一连61人13号浆砌站台20米，二连62人只砌15米，连长陈先玉连夜组织全连战士总结经验教训，进一步学习了指示，鼓足了干劲，14日就砌25米，超过一连。一连又提出："拼命干，拼命赶，不赶上二连心不甘。"15日砌25米，赶上二连。二连又进一步发动群众搞好劳动组合17日砌30米。整个工地就是这样呈现出一片你追我赶、力争上游的竞赛高潮，高工效，高质量，好人好事层出不穷。全团除超额完成大战红五月的工程任务外，给驻地生产队栽秧33.6亩，送肥15亩，除水草7亩，整修房屋13栋。还给住户挑水扫地，打扫卫生，深受贫下中农欢迎。经过大战红五月，全团共评出了"四好"单位（连、排、班）62个，"五好"战士512人，占全团战士的55%。

四、抓典型，树样板，层层召开现场会。遵照伟大领袖毛主席"一定要抓好典型，面上的工作要先抓好三分之一""胸中有全局，手中有典型"的教导，各级领导都亲自作点，取得经验，推广全面。在大战红五月里，全团召开了各种不同现场会十多次，有力地加快了工程速度，确保了工程质量。

五、干部以身作则，深入现场，参加战斗，指挥战斗。团营干部都遵照了毛主席的教导，以一个普通者的姿态与广大战士一起劳动，一起学习。通过参加劳动，及时发现问题，解决问题。团长王卫东同志参加官垱一连劳动，发现砌护坡石头小，质量不好，就及时组织大家重新学习毛主席"精心设计，精心施工"的伟大教导，对不符合质量的坚决返了工。同时，发现该连战斗布局不当，兵力分散，立即集中优势兵力打歼灭战，突击抢砌护坡险段，提前完成了护坡任务，避免了暴雨垮方。

通过总结，大家一致认为：大战红五月的胜利，这只是常年施工战斗的新起点。六月份的任务还更大、更艰巨。在总结大战红五月的同时，提出了大战六月的战斗任务。六月份以站房建筑为中心，突击完成站台，护坡的煞尾工程。大家决心：更高地举起毛泽东思想伟大红旗，努力活学活用毛主席著作"老三篇"，做继续革命的先锋战士。更深入地贯彻落实毛主席亲自批示"照办"的中央"三个文件"和"全世界人民团结起来，打败美国侵略者及其一切走狗"的最新战斗号令，把最新战斗号令当作完成建站任务的强大动力。狠抓阶级斗争，狠抓革命大批判，不断提高阶级斗争和路线斗争的觉悟，提高继续革命的觉悟；继续深入开展创"四好"、争"五好"的群众运动，掀起一个轰轰烈烈而又扎扎实实的社会主义革命大竞赛的新高潮，学习人民解放军坚持"四个第一"，大兴"三八作风"，认真学习"九里山"英雄，发扬死打硬拼，敢打必胜，不怕苦，不怕死的革命精神，以最大的决心，最高的热情，最强的毅力，最足的干劲，大借东风，一鼓作气，大战六月，创造更大更新的成绩，向总指"双代会"和"七·一"献礼，迎接"七·一"全线胜利通车。为伟大领袖毛主席争光，为伟大的社会主义祖国争光。

## 二十七　第28期

简　报

1970年6月6日　第28期
四〇六三工程宜都民兵师

**再动员，再誓师，再鼓干劲，再立新功**
**以实际行动夺取大战六月的新胜利**

枝城、王畈两个团在伟大领袖毛主席"5·20"庄严声明的巨大鼓舞下，以"声明"为动力，以"讲话"为武器，深入贯彻落实曾、刘首长及总指、省指"关于确保'七·一'通车的紧急指示"，大借东风，大鼓干劲，以革命加拼命，拼命干革命，"一不怕苦，二不怕死"的彻底革命精神，夺得了大战红五月的巨大胜利。广大指战员满怀着胜利的喜悦，遵照伟大领袖毛主席"要认真总结经验""总结成绩，纠正错误，以利再战"的伟大教导，两个团的广大指战员在认真总结大战红五月已取得成绩的基础上，分别于六月初召开了大战、决战六月，夺取新胜利的动员誓师大会。

动员誓师大会上，红旗飞舞，战鼓雷鸣，挑战、应战如潮涌，会场上下热气腾腾，广大指战员豪情满怀，壮志凌云。他们决心更高地举起毛泽东思想伟大红旗，发扬成绩，乘胜前进，继续发扬死打硬拼、敢打必胜的硬骨头精神，以最大的决心，最高的热忱，最强的毅力，最足的干劲，大战、决战六月，以夺取更优异成绩的实际行动，坚决贯彻落实伟大领袖毛主席"全世界人民团结起来，打败美帝及其一切走狗"的最新战斗号令，迎接"七·一"全线胜利通车，迎接总指双代会的胜利召开，向党的生日献厚礼，为伟大领袖毛主席争光，为伟大的社会主义祖国争光。

奔腾急，万马战犹酣。死打硬拼，大战、决战六月的序幕拉开了。整个工地，迅速地掀起了一个活学活用毛泽东思想群众运动的新高潮，你追我赶的社会主义革命竞赛正在出现新局面，好人好事层出不穷。

### 冒雨抢修运输线

原通往枝城车站的一条公路运输便线，由于其他工程的需要不能通车了，大量的建站器材物资运不进来，将会影响工程进展，必须在尽快的时间内抢修一条运输便线，师部把这一光荣任务交给了枝城团。誓师大会后，该团900多名指战员发扬了"勇敢战斗，不怕牺牲，不怕疲劳和连续作战的作风"。大风大雨炼红心，越是艰难越向前，经过3个多小时与风雨的激烈搏斗，修通了250米公路便线，贯通了通往车站的运输线，确保了建站器材物资需要，加快了工程速度。

### 雨夜上坝抢险段

晚上已9点多钟了，雨越下越大，枝城团先锋营营长郑崇松、章光清同志考虑着大坝的险情，他们俩都争着要上大坝去检查处理险情，这一切，战士们都看在眼里，没等干部出门，以一连连长杨光汉、战士王世元、王世云、江光辉、郑联成、杨明兰等13名"五好"战士组成了抢险夜战突击队，也随同而去。他们顶风冒雨、豪情满怀地表示："要在大风大雨中炼红心，战胜一切困难，坚决保住大坝。"历经3个多小时的战斗，挑出大坝积水16处，处理了两条1.5米长的裂缝。

### 奋战六月日夜忙

枝城团先锋营的全体指战员遵照伟大领袖毛主席"三线建设要抢在战争的前面……即使是提前一个小时也是好的"的伟大教导，他们"白天拼命干，晚上突击战，争分夺秒抢时间，保质保量再提前"的实际行动落实毛主席的最新战斗号令。6月2日夜空漆黑，广大指战员凭着一颗无限忠于毛主席的红心,打响了夜晚突击战,经过两个多小时的顽强战斗,完成了高 1.2 米、深 1.2 米、长 30 米站台边沟抽糟任务;还备足了可砌 10 米站台的石料和转运道渣 10 多方。

## 你追我赶掀高潮

王畈团的松华营和崭新营在大战红五月的战斗中就结成了对手赛,经过红五月的战斗考验都被评为"四好"单位,成为全团的一对红。决战六月的战斗一打响,又结下了战斗的友谊,并共同表示要在三板湖大桥回填的战斗中为人民再立新功,他们共同的决心是:使上全身劲,流干浑身汗,洒尽全身血,拼死拼活干,不拿下回填任务心不甘。互相之间都拼命干、拼命赶,互不示弱,出现了一个你追我赶的生动局面。6 月 3 日松华营的全体指战员清早 4 点钟就上了工地,一个早工就完成了 63 方,后勤人员也上了工地,事务长刘新泉同志病了两天没有吃饭,还在为工地送开水并参加工地挑土,他说:"为桥头多挑一担土,就是为毛主席多献一份忠心。"该营抽调的配属专业队伍里的 20 名指战员生怕速度跟不上兄弟的崭新营,他们起早摸黑除完成本职工作外,还参加工地劳动 4 个多小时,全营实际出勤 72 人,日进土方达 180 方,平均每人日进达 2.5 方。

崭新营的广大指战员也不示弱,他们苦干拼命干,6 月 4 日全营 87 人日进土方达 230 方,平均每人日进 2.6 方。

枝城团纸坊营组与组之间也掀起你追我赶的竞赛热潮,誓师大会后,二组发起了向一组的挑战,通过竞赛大大调动广大指战员的劳动热情,有力地促进了工程速度,该营二组浆砌护坡 114 平方,原订三天完成开展竞赛后,两天就完成了。一组见二组提前完成了任务,他们并不甘落后,决心穷追猛打冲上去,直到达到并超过二组的水平才收兵回营。

## 二十八　第29期

### 简　报

1970年6月13日　第29期
四〇六三工程宜都民兵师编

**大借东风大鼓干劲　大战六月获全胜**
贯彻总指挥部六月十日紧急指示的情况

　　师部于6月10日晚11时接到分指电话传达"总指紧急指示"后，闻风而动，雷厉风行，连夜分别传达到各团及前线战地指挥所，并通过工地广播组和宣传队，连夜向广大指战员进行了宣传贯彻。师部前线指挥所的同志们接到"指示"以后，立即组织了学习讨论，并分析了工程情况，分别到各工段加强薄弱环节的领导，参加战斗，指挥战斗。

　　11日的凌晨，各团以营、连为单位召开了民兵大会，认真地进行了贯彻讨论。通过讨论，广大指战员一致认为总指这一紧急指示是新的战斗"动员令"，是前进的"冲锋号"，要认真贯彻，坚决执行。并一致表示："要大借东风，大鼓干劲，大战六月，迎接全胜。苦干巧干拼命干，二十天任务半月完，迎接总指'双代会'，迎接'七·一'火车鸣，向党的生日献厚礼，向毛主席献忠心。"

　　王畈民兵团接到紧急指示立即宣传贯彻，学习讨论，对照"紧急指示"总结前段工作，找差距，广大指战员自觉地进行了"斗私批修"，批判了"七·一"通车与己无关的错误思想，认识了确保"七·一"通车的重大政治意义，能否确保"七·一"通车是对伟大领袖毛主席忠不忠的态度问题。从而进一步激发了广大指战员的革命热情，个个精神抖擞，意气风发，豪情满怀地表示："要把自己摆进'七·一'通车的战斗行列，以确保'七·一'通车的要求，用死打硬拼革命精神完成任务，迎接'七·一'全线胜利通车，为伟大领

第一章 《简报》

袖毛主席争光。"战斗在三板湖大桥回填的350多名指战员更是朝气蓬勃，干劲冲天，互相竞赛，你追我赶，战斗之中互不示弱，吹了收工号都不自己先下工地，一直干到天黑才收工。11日一天完成回填土方648方，比10日完成403方提高工效55%。崭新营83人完成土方164方，比10日完成80方提高工效一倍。松华营81人完成土方159方，比10日完成80方提高一倍。该营木工杨世展听了"紧急指示"，11日把木匠家具带到工地，没事就和民兵一起推土，有事就整修工具。

枝城团接到"紧急指示"以后，闻风而动，雷厉风行，连夜组织宣传队、广播组宣传贯彻，11日清晨就以营、连为单位组织广大指战员进一步地学习讨论，提出了"鼓足全身劲，拼出一条命，抓晴天日夜干，抢阴天游击战，苦干实干加巧干，迎接'七·一'通车把礼献"战斗口号。

先锋营学习了"紧急指示"，广大指战员个个豪情满怀，人人表决心，个个献忠心，以无限忠于毛主席，为伟大领袖毛主席争光的战争精神，11日6点钟上工地，一直干到天黑8点钟，连续干了14个小时（中间只吃了一顿午饭）没有休息，完成浆砌暗沟120米，处理路基病害100多公尺长的一条裂口，填土130多方。

白水营学习了"紧急指示"，提出了"借东风鼓干劲，苦干实干拼命干，脱下一层皮，流干全身汗，要为'七·一'把礼献，十天任务七天完"。原计划20日修起一栋平房，现计划17日（提前三天）完成。三连二排副排长李家文因病10日两顿没吃饭，听了"指示"，第二天清早起床，捆着头和同志们一起参加劳动，挑砂浆，抬石头，别人要他休息，他说："提前建成站房为毛主席争光，我也要为毛主席争光。"

纸坊营学习了"紧急指示"提出："为了确保'七·一'通车让毛主席睡好觉，我们宁可不睡觉，早上工，迟收工，一天多干两点钟，拼死拼活干，死了心也甘。"一、二两组开展竞赛，11日一组完成砌站台54方，二组完成60方。工效都比前几天提高50%以上。

# 二十九　第 30 期

## 简　报

1970 年 6 月 18 日　第 30 期

四〇六三工程宜都民兵师编

**凯歌阵阵传四方，千里焦枝起宏图**
**贯彻"总指及孔、林副司令员指示"的情况**

东风劲吹展红旗，遍地英雄下夕烟。

正当我师广大指战员满怀着对伟大领袖毛主席无限忠诚的心情，拼死拼活，日夜奋战，迎接总指"双代会"，迎接"七·一"全线胜利通车，大战六月，突击抢修站房、站台为中心的各项工程任务的关键时刻，连续传来了"总指紧急指示"，孔、林副司令员在襄樊、荆州紧急会议上的指示，传达了分指"积代会"的精神，这些"指示""精神"，犹如一股股强劲的东风，吹进广大指战员的心窝，人人心潮澎湃，个个热血沸腾。广大指战员一致认为这些"指示""精神"是新的战斗号令，来得及时。"七·一"全线通车是以毛主席为首的党中央的既定方针，是落实毛主席"备战、备荒、为人民""提高警惕，保卫祖国"的伟大战略方针的重大决策，对我国和世界革命都有极其重大的意义。能否确保"七·一"全线通车，这是检验我们对伟大领袖毛主席忠不忠、亲不亲、紧不紧跟的根本立场和态度问题。广大指战员说："这些指示我们要一千个照办，一万个执行。"各级领导闻风而动，雷厉风行，有的团、营深夜传达贯彻，开了誓师大会，开展了大宣传、大贯彻、大学习、大动员、大讨论、大落实、大借东风、大鼓干劲，大大地促进了工地施工大好形势的发展。

枝城民兵团贯彻"指示"后，大鼓了革命干劲，该团纸坊营，原是全团的后进单位，贯彻学习了"六月十日总指紧急指示"以后，营长陈忠良同志带病上工地，领导全营 119 名指战员参加战斗，指挥

# 第一章 《简报》

战斗，早上工晚收工，每天战斗 12 小时以上，苦战了两天。13 日凌晨传来了孔、林副司令员在襄樊、荆州紧急会议上的指示，立即组织全营战士在毛主席像前开誓师大会，向毛主席宣誓："革命加拼命，拼命干革命，提前建成枝城站，让毛主席早放心。"会议结束，又领着全体战士继续奋战了两昼夜，完成站房基脚抽槽还填（浆砌块石）200 方，比原工效提高一倍。陈忠良同志有病，眼睛熬红了，嗓子也嘶了，一天只能吃一两顿饭，还带头参加劳动。16 日本应休息，这天下午听了出席分指"积代会"代表回来传达了"积代会"精神，心情更是万分激动，又不休息，并提出"连续苦战三昼夜完成基础混凝土，向党的生日献礼，向毛主席献忠心"。散会后又带领全体指战员继续参加战斗了。直到 17 日下午还没休息。白水营担任修建桥隧领工区 315 平方的房屋建筑，原计划 20 日完成，学习了"总指紧急指示"，提出："十天任务七天完"（即 17 日完成），正在激战中又传来了孔、林副司令员的两次指示，广大战士心情激动地提出："乘东风，再鼓干劲，狠抓一个'争'字（争时间），突出一个'快'字（快速度），提倡一个'好'字（好质量），加上一个'拼'字（拼命干）"的战斗口号。全体指战员干劲冲天，连续苦战两昼夜，提前 4 天，于 16 日下午 5 时胜利竣工，喜迎出席分指"积代会"的代表胜利归来。誉获四〇六三工程先进的先锋营的广大指战员，接到孔副司令员指示，立即举办了战地学习班，反复学习、反复贯彻，战士们听了心情激动，人人表决心，献忠心，要为伟大领袖毛主席争光，要拼死拼活干，迎接"七·一"全线胜利通车。一连一排排长王应元同志家庭困难爱人害病，三次来信要他回去看一下，没有回去，他说："个人的事困难再大也是小事，修焦枝铁路是国家的大事，是为毛主席争光。我要听毛主席的话，个人利益要服从党的利益。"领导全排战士每天 4 点多钟起床上工地，一直干到天黑下工地，干劲十足。该营出席分指"积代会"代表、营长郑崇松和"五好"民兵"铁姑娘"张绍香同志一回工地就向全体指战员贯彻了会议精神，提出了："大搞东风鼓干劲，拼死拼活干革命，昼夜苦战整路基（处理病害），迎'七·一'火车鸣。"一散会就带头参加战斗，一直战斗到天黑,吃了饭又上工地连续激战5个小时,完成110方,工效比原来提高一倍多。

战斗在三板湖大桥回填的王畈团松华营接到"孔、林副司令员指示"后,立即贯彻行动,12日凌晨3点半钟战斗就开始了,工地上下红旗飘扬,银锄飞舞,车来人往如穿梭,广播口号响彻夜空,个个干劲冲天,斗志昂扬。全营80名指战员经过一个早晨3小时的激战,完成55个土方。该营配属大桥专业队施工的21名战士,学习了"指示",以排长李忠连同志为首每天早上3点多钟就起床上工地和营的其他战士一起干一早晨,吃过早饭去大桥上班(专业队7点上班),下班后又回到工地一直干到天黑,有时战斗到深夜。他们没有车子推就用扁担挑,有的没得扁担就用双手提,没有锄头上土就用手刨。一连干了4天,完成土方49.9方。炊事员高祖明同志送饭到工地,趁战士们吃饭的时候,他就推土。一排战士李绍清4人一个小组,在"指示"的鼓舞下,干劲倍增,由原来每车推土5担增加到七八担。

洲阳营的广大指战员学习了"指示"后,总结检查了前段工作,增添了措施,加强了领导,营长姚明全同志带病上阵指挥战斗,参加劳动,战士们干劲更高,全营日进工效由原30多方上升到180多方。

担任修建客运站的枝城团官垱营的全体战士,在总指及孔、林副司令员指示的鼓舞下,为毛主席争光干劲越来越大,个个干劲冲天,日夜奋战,连续三天完成基础抽槽(土方)和浆砌还填(石方)370方,每人平均工效2.2方,工效倍增。妇女连长江大秀,听了孔、林副司令员的指示后,带头参加劳动,抢重活干,战士们都称她"女英雄"。基建连连长江书义同志听了"指示",学习了毛主席"三线建设要抢在战争的前面……即使是提前一个小时也是好的"的伟大教导,领导30多个技工,突击牵梁装模板、扎钢筋,连续战斗三天两夜,提前完成任务。

## 三十　第31期

## 简　报

1970年6月20日　第31期
四〇六三工程宜都民兵师编

### 雨夜鏖战谱新曲
——先锋营一连和黎坪营暴风雨夜抢护国家财产

在奋战六月、迎接"七·一"全线胜利通车的战鼓声中，在总指挥部和孔、林副司令员6月10日"紧急指示"的鞭策、鼓舞下，枝城团先锋营一连和黎坪营200多名指战员，乘分指"积代会"的强劲东风，以大无畏的革命英雄主义气概，战胜暴风雨，抢护住60多包露天水泥和刚灌注混凝土160平方米的客站站房基脚，用死打硬拼的战斗行动，谱写了一曲战无不胜的毛泽东思想的胜利凯歌。

6月17日晚9点，先锋营一连和黎坪营全体指战员正在进行紧张的夜战。突然，狂风骤起，暴雨陡降，暴风雨夹着卷起的砂粒，迎面扑来，使战士们睁眼也感困难。施工场上，几大堆露天水泥和刚刚灌注混凝土的站房基脚正受着暴雨的冲击，眼看国家财产将要受到严重损失。在这关键时刻，出席分指第二次积代会代表、先锋营营长郑崇松和黎坪营营长向隆煊同志，手捧红宝书，一边冲向水泥和站房基脚，一边高声呼喊："共产党员们，'五好'战士们，向毛主席献忠心、用实际行动落实总指'紧急指示'的时候到了，冲上去，战胜暴风雨，抢护住国家财产！"霎时，200多名指战员奋不顾身顶风冒雨前进，一场抢护水泥和站房基脚的恶战打响了！

在郑崇松、向隆煊同志带领下，一支支抢护国家财产的战斗队首先奔向露天水泥，在"下定决心，不怕牺牲，排除万难，去争取胜利"的雄伟整齐的朗读声中，指战员们迎着风雨，踏着尖石，把一包包水泥背进了三四十公尺距离的工棚内。当转移20多包水泥以后，暴雨越来越猛，水泥四周积水四五寸深，水泥一经浸泡，就将成为废料，郑崇松同志、先锋营一连连长宁光荣同志和两个营的战士毛百柱、何先元、毛百寿、李先成等同志心急如火，他们不顾个人安危，毫不犹豫地从身上取下挡雨的薄膜，光身淋着雨将薄膜层层盖在水泥堆上，张张薄膜，表达了铁道民兵无限忠于伟大领袖毛主席的一片丹心。四周的积水必须迅及排出，但工地既无铁锹，又无锄头，怎么办？郑崇松、李先成同志用手挥去满脸雨水，坚定地说："愚公能搬走两座山，我们就不能用双手挖开一条沟吗？"话音未落，他们就用双手刨起土石来。紧接着，何先元、毛百柱、薛永福飞奔而上，石坚土硬，有的手挖破了，有的手挖疼了，但人人不怕苦，不怕难，豪迈地表示："为革命，挖烂十指也心甘。"凭着坚强的意志和不怕伤痛的铁手，终于挖出了一条3寸多深的疏水沟，排除了积水，保证了40多包转运不及的水泥的安全。

瓢泼大雨，对刚灌注混凝土的客站站房基脚是一个严重的威胁，必须盖上挡雨设备。但是，可作挡雨用的油毛毡还在200多米外的保管室内。需要就是战斗令，抢住时间就是胜利，黎坪营营长向隆煊、二连连长卞忠义奋勇当先，直奔保管室，李先成、余德旺、黎孔强、龙绍瑞等接踵而上。当他们扛来油毛毡，一层一层盖好基脚时，已是浑身透湿。同志们劝他们回去换换衣服，休息一下，他们却精神振奋地说："只要保住基脚，莫说湿透全身，就是泡在水里也心甜。"说罢就跑步进入了战斗的行列，继续投入了紧张的战斗。

铁道民兵谱"忠"曲，风雨鏖战炼红心。先锋营一连和黎坪营200多名指战员奋战暴风雨，抢护住露天水泥和站房基脚，使国家财产免受损失的战斗行动，受到了师、团领导和全师指战员的高度赞扬，并纷纷表示向他们学习，活学活用毛泽东思想，完全、彻底干革命，死打硬拼，夺取大战六月全胜，迎接车头早到江南，为伟大领袖毛主席争光！为伟大的社会主义祖国争光！

## 三十一　第 32 期

### 简　报

1970 年 7 月 15 日　第 32 期
四〇六三工程宜都民兵师编

**连续苦战　日夜兼程**
——先锋营在新的征途上奋勇前进

钢铁线上奏凯歌，胜利起点传捷报。

有"死打硬拼过得硬"之称的枝城团先锋营广大指战员，满怀战斗的豪情和胜利的喜悦，在热烈欢庆伟大、光荣、正确的中国共产党诞生四十九周年和焦枝铁路会战任务胜利完成通车，深入开展学习李全洲同志活动的热潮中，迎回了出席总指"双代会"凯旋归来的代表。在总指"双代会"精神的巨大鼓舞下，全营指战员精神振奋，干劲倍增，风雨施工不停，日夜兼程突进，在新的征途上，绘出了新图景，夺取了新胜利。

出席总指"双代会"的代表 7 月 6 日胜利归来后，先锋营指战员立即办起各种不同类型的毛泽东思想学习班，反复学习，讨论总指"双代会"精神。代表们传达了伟大领袖毛主席和以毛主席为首的党中央对参加焦枝会战全体铁道民兵的亲切关怀，使全营指战员热血沸腾，喜泪盈眶，纷纷发出了永远忠于毛主席，洒尽热血为革命的钢铁誓言。大家以河南、襄樊、九里山等先进单位和鲍发志、方文英等英雄人物为榜样，高标准，严要求，总结检查工作，找出差距。一连副连长、共产党员杨光汉、二连副连长杨先觉、一连战士张绍春等同志自觉检查批判了"南北转战吃了大苦，现在应该图点舒服""烈日当空，缓点施工"等错误思想和自满松劲情绪。在 7 月 8 日召开的决战七月，夺取建站全胜的誓师大会上，120 名指战员口头、书面表示决心，在新的征途上，誓以加倍战斗，创造新的优异成绩，向毛主席敬献忠心。

团里下达了决战七月的战斗任务,要求先锋营在7月15日以前的7天中,完成货站站台大坝病害处理,需填土1400方。由于土源缺乏,选定的土场距大坝达到170公尺至300多公尺,按高工效计算,需工日1400个。而先锋营连炊事员在内,总共只160人,7天内满勤只能完成1100个工日,还差工日300个。困难摆在眼前,怎么办?豪情满怀钢铁志,甘为革命打先锋的先锋营指战员,不怕任务艰巨,最喜欢挑重担,他们说:"毛泽东思想武装起来的英雄铁道民兵,能把天大困难踢一边,鼓足一身劲,日夜开双班,'巧'字上做文章,一人要顶两人干,这个任务不算重,还算轻了!"指战员们经过热烈讨论,决定在完成团领导交给的大坝病害处理的任务外,还正工、加班并用,修起一间14个平方面积,需工日170个的石料板道房;利用休息时间,大打人民战争,完成2吨制作渡槽、浆砌护坡面上巨幅标语之用的透明凡石。并力争提前完成计划,向团领导请求新的战斗任务。

7月10日晚,各连队、班组各自研究了自己的作战方案。熄灯号后,出席总指"双代会"代表、营长郑崇松同志催促大家休息,可是指战员们求战心切,都不肯就寝。出席总指"双代会"代表、铁姑娘战斗队副队长张绍香,一连副连长、铁姑娘战斗队队长曾宪春,从傍晚到午夜12点半几次向营长请求出战,都未获准。共产党员、一连双桥排排长王玉元见请战不顶事,便与战士们商议了一个下半夜趁大家熟睡后自动出战的计划。11日凌晨3点,双桥排20多名战士在副连长、共产党员杨光汉和共产党员、排长王玉元带领下,轻手轻脚推着手车疾速奔向工地。铁姑娘战斗队被车轮的转动声惊动,立即跟踪而上。不一会儿,一连二排30多名战士也赶到了工地。居住分散的二连,观察到一连月光下晃动的人影,午夜3点半钟也把60多名指战员拉上了站台大坝。月光下,120多名健儿挖土的挖土,装车的装车,40多张手车从300米左右运距内来往装卸。在紧张的战斗中,指战员们发现营长郑崇松也在土场大干。双桥排王玉元、黄应发、王世荣和铁姑娘战斗队曾宪春、张绍香、周绍芬等几个推车能手,干劲冲天,暗下开展了对手赛,从凌晨3点到上午9点,连续战斗6个小时,汗水湿透全身,顺着衣襟直往下滴,在312公尺的运距里,工效高达1.8方,保持了冬凤岭作业的高纪录。二连副连长、共产党员黄先志，头天晚上因公挤出休息时间回队，离工地17里，也在清晨5点半钟赶回投入了战斗。这一天，大家干到上午9点未停手，休息号音刚响，指战员立即奔向各个山坳，寻找和采集透明凡石，在上、下午一个钟头的休息时间内，就完成了1吨。晚上收工后，铁姑娘战斗队和一连一、二排战士又连续作战，运土填土，备扳道房料石，直干到晚10点落大雨时才被劝回营房。全天连续苦战18个小时，而战士们精神越战越振奋，没一个人叫苦叫累。

  铁道民兵斗志高，战天斗地逞英豪。先锋营指战员怀着无限忠于伟大领袖毛主席的深厚无产阶级感情，振奋大无畏的革命精神，风雨当晴天，黑夜当白天，一天当两天，经过四天艰苦奋战，完成了大坝病患处理填土1500方，采集透明凡石2.3吨，挤出时间完成了修建扳道房80多个工日，即建房的半数工程任务。在提前完成任务后，7月12日又接受了团领导交给的供给站房、X道和公路桥所需石料的采石任务。全营指战员接受任务后坚决表示，拼死拼活超额完成任务，把需要当作战斗令，主动打无命令之仗，为夺取决战七月建站全胜作出最大贡献，不获全胜，决不收兵。

## 三十二　第33期

### 简　　报

1970年7月15日　第33期
四〇六三工程宜都民兵师编

**决战七月建新功　继续革命永向前**
——纸坊营以实际行动落实总指"双代会"精神

  总指"指示"传下来，铁道民兵喜心怀，决战七月建新功，凯歌高奏云天外。

  在热烈庆祝伟大、光荣、正确的中国共产党诞生四十九周年的大喜日子里，在总指"双代会"精神的鼓舞推动下，枝城团纸坊营广大指战员意气风发，斗志高昂，连日来，他们抢干艰苦活，争把重担挑，正在为夺取决战七月全胜而加倍战斗。

在团召开排以上干部会议贯彻总指"双代会"精神后，纸坊营立即举办各种类型的毛泽东思想学习班进行了传达。7月9日，全营指战员举行了决战七月誓师大会，各连、排、班及战士代表踊跃在大会上表示决心，纷纷表示要继续发扬"一不怕苦，二不怕死"的彻底革命精神，苦干实干拼命干，决战七月建成枝城站。会议刚结束，出席分指"双代会"代表，一连连长杨国良同志向全连战士发出了战斗命令："打一个突击战，把工地站房基脚上的一堆灰砂搬走，便于明天施工。"全连指战员挥舞工具，冲向黑夜，奔赴战场，展开了一场搬走砂石，加速站房建设，与帝修反争时间的激烈战斗。二连指导员章光甲同志闻讯，也立即带上一个排飞奔站房协同作战。指战员们挥汗如雨，干劲冲天，直到胜利完成任务，才愉快地撤回营房。

7月10日胜利完成全天战斗任务后，团领导给了纸坊营一个突击任务，拿出一个连连夜浇灌混凝土以保证站房施工需要。两个连队得知消息，立即主动请战，争着承担这一艰巨任务。营领导把任务交给了二连，二连战士们兴高采烈，不畏疲劳，迅速投入战斗，一担担的砂石，一包包的水泥源源不断地运到砂浆盘边，一盘盘的混凝土快速灌满着模板。战士们披星戴月，汗透衣衫，经过6个小时的连续苦战，保质保量完成了分配的混凝土浇灌任务。随后又振奋精神，鼓足干劲，主动支援兄弟营两个连队浇灌混凝土的战斗，坚持到全胜。这一天，二连指战员连续施工达到15个小时。

一连指战员没有把任务争到手，立即商议打一场无命令之仗，在二连战士酣战的同时，他们自动地展开了另一场紧张的战斗。站房的基脚上有两堆灰砂，头天晚上已搬走一堆，还有一堆未转，有碍施工。战士们主动向连长、指导员请战，连夜突击，赢得时间。星夜，指战员们又自动战斗两个小时，搬走灰砂，完成了原安排一个排一天才能完成的任务。战士们满怀喜悦回转营房，胜利的歌声回荡在夜空。

纸坊营在斗争中不断前进，越战越强。广大指战员决心乘总指"双代会"的强劲东风，更进一步掀起活学活用毛泽东思想群众运动和抓革命，促工程的新高潮，身在枝城望北京，一片丹心修车站，鼓足更大的革命干劲，夺取决战七月全胜，苦战二十天，完成枝城站全部工程任务，为伟大领袖毛主席争光！为伟大的社会主义祖国争光！

# 三十三　第 34 期

## 简　报

1970 年 8 月 24 日　第 34 期

四〇六三工程宜都民兵师编

### 注意阶级斗争新动向，念念不忘阶级斗争

当前，全师广大指战员以两个"决议"和新党章为武器，活学活用毛主席建党、建军的光辉思想，部队的革命化、战斗化建设大大加强。狠抓革命，猛促工程，高速优质，完全彻底完成尾续工程任务，形势大好。

但是，在红旗飘飘的大好形势下，"阶级和阶级斗争的存在是一个事实"，据两团和部分营、连反映摸底，在全面加强部队政治思想工作，开展"四好""五好"总评活动中，结合继续贯彻"三个文件"精神，抓住阶级斗争这个纲，揭发了不少坏人、坏事、坏现象，提出了许多值得注意的阶级斗争新动向。

### 无政府主义抬头

反映在个别单位少数人中的流寇思想、自由主义，甚为严重，主要表现：有的纪律松弛，不服从组织，自行其是；有的打人、骂人；有的邀集少数人，公开对抗领导；有的搞破坏活动。

黎坪营一连三排民兵林 XX 4 月份上路以来，一贯不服从领导，回家不请假，经常逛枝城，还骂人、训人。排里抓学习，他说："天天学，学伤了，没有学头。"在他的煽动下，所在班 9 人，7 月下旬集体没有组织过一次学习。

纸坊营一连一排民兵曹XX（其父是历史反革命，现管制生产）为首纠集7个民兵，公开对抗领导。8月2日，排干部安排打晚工卸煤，他们抓住说了一句错话的干部，抵制不出工，相反把排干部围攻了一顿。

洲阳营以民兵曹XX为首，同寝室民兵XXX、XXX、XXX一起，散布流言蜚语，不服从组织，对抗班、排干部，说："他们要我们快点搞，我们偏要慢点搞。请假不准，我走我的。"还打击班干部说："你们抓这样紧，就是拍马屁。"还扬言要选个组长，掌握斗争的主动权。

7月份以来，仅永丰、古水、崭新三个营，即发生打人5起。永安营民兵曹XX与李XX本月11日，因开玩笑打了起来，李的眼睛被打肿，15日还未出工。

白水营三连有6人不请假而归。民兵黎XX回家不请假，来工地后又睡懒觉，消极怠工。别人上工时喊他起床，他还有意见。

8月4日，松华营民兵郑XX，用5寸长的木桩，将自来水管塞死了，断水半天，直接影响了两个营炊事房的用水和三板湖护坡工程200多民兵的开水供给。

## 经济领域里的阶级斗争

据反映和重点调查情况表明，经济领域里的阶级斗争反映出不少问题。贪污盗窃、投机倒把、假公济私、侵占公物、虚报冒领等现象都有所发生，在个别单位和少数人中揭露出来的问题，比较严重。

纸坊营事务长曾XX，将生活费挪用了18元，经委会查账发觉后，本人才承认是挪用了，补上了账。

永安营事务长王XX，四次重报单据，从中贪污现金28.29元。

松华营事务长刘XX，群众揭发他游手好闲，不务正业（玩狮子、踩桥子），是历次搞建设老办事务的，有一套手腕。今春贯彻落实"三个文件"时，他滑过了。从他来铁路后，吃、喝、呼都是高标准，用钱不挡手，家里经济情况反映也不正常，这里面一定有问题。营部根据群众意见，以副营长为首组织了五人专门清理班子，以营事务室为重点，发动群众，开展"四大"，查死账与查活账相结合，以查活账为主，初步查证落实，刘XX以收入不记账，以少记多、重报单据、盗卖实物等手段，贪污现金193.19元，粮食334.8斤。还将事务室板面35斤，除自己带回家15斤外，20斤拿出去送了人情。

除此，对刘在粮食、现金和其他物质方面还揭发了不少疑点，目前正在继续深入追查。

大堰营二连事务长黎XX将家里带来的30斤稻谷，高价（两角一斤）出售给排长李XX，破坏党和政府的粮食政策，从中投机。

虚报冒领工日，假公济私情况也有发生。据王畈两个营调查摸底，自5月份以来，3个月时间，虚报工日65人，122.5个工日，领取粮食61.3斤，现金147元。

永安营副营长胡XX，7月份以拿粮食支拨为名，回家半月，只划来了300斤粮食支拨，在家搞私事，结果工日、补助照样。

白水营一连，用"三个文件"精神对照检查阶级斗争在连队的反映，在占公家便宜这个问题上，存在一些问题。通过办学习班，干部带头"斗私批修"，发动民兵自报，认真检查，全连占用公家木板92件，用公家木料做小板凳39个，铁、木质衣架和帐钩49对，铁丝29斤，其他实物18件。现已都自觉交出来了，并一致认识到"小事情"里面有阶级斗争，对"太小气""不值一谈"论，进行了严肃的批判。这个问题值得引起普遍注意，认真检查。

洲阳营7月份以来，发生被盗三起，币41元。古水营政工员陈XX 7月份在三板湖桥头乘无人之机，将公安民兵师一张胶独轮车盗回，打算完工后带回家搞副业。

**值得注意的苗头**

1. 要加强对民兵的共产主义品德教育，注意男女民兵之间不正常关系的发展。据反映X营X连就有6人之间的关系，表现极不正常。

2. 在某些尾期施工中，注意节约不够，浪费现象亦有所发生，各级要认真注意抓一下这方面工作。

3. 少数单位的领导对抓经济领域里的阶级斗争决心不大。摸其底，原因是"怕"字当头。初评是"四好""五好"单位和个人，怕损荣誉，自己占了一些小便宜或与有经济问题的人有牵连，怕打屁带出屎，连累自己等错误思想倾向，应引起各级领导重视，加予克服。

上述表现种种，都是阶级斗争在民兵队伍中的反映。前段，各级领导是重视的，抓住了阶级斗争这个纲，对出现的不良倾向和坏人坏事，大部分都做到了及时发现，及时开展革命大批判，及时进行批评教育或处理，但我们"切不可书生气十足，把复杂的阶级斗争看得太简单了"。要念念不忘阶级斗争，继续贯彻落实"三个文件"精神，一抓到底。特别是尾期工程中在经济领域里的阶级斗争要抓紧、抓狠。发动群众，开展"四大"，认真做好财务、财物的清理和回收工作。同时，要把最大最坏的一小撮贪污、盗窃分子揭露出来。

（本期发至排）共印 120 份

## 三十四　第 35 期

## 简　报

1970 年 9 月 29 日　第 35 期
焦枝铁路会战宜都民兵师编

**紧跟毛主席的伟大战略部署**
**把经济领域里阶级斗争进行到底**

王畈团松华营广大指战员在党的九届二中全会公报的巨大鼓舞下，在总结前段贯彻中央"三个文件"的基础上，进一步放手发动群众，深入开展大检举、大揭发、大清理、大批判，他们在指导思想上以"公报"为动力、以"三个文件"为武器，深入发动群众，通过举办各种类型的毛泽东思想学习班，不断提高广大指战员的阶级觉悟，不断加深对贯彻"三个文件"的重大意义的认识，不停顿地向

# 第一章 《简报》

贪污盗窃、投机倒把等坏人坏事进行斗争，在组织上对重点部门加派力量，一面发动群众，一面内查外调，在方法上坚持走群众路线，采取内外结合，前后方结合，边揭发，边查证，边落实。在师、团临时党委组织的毛泽东思想宣传队的具体指导和帮助下，全营指战员终于挖出了一贯贪污盗窃，但伪装得"十分巧妙"的营里事务长刘XX（全营一个伙食单位），把他的犯罪事实暴露在光天化日之下，通过这个反面教员，使大家再次受到了一次阶级斗争教育。

刘XX从去年上铁路以来，一直任事务长，由于他在外面一贯施用小恩小惠，拿公物送情，到处"拉关系"，在民兵和领导面前则献殷勤，装老实，骗取信任，一度被誉为"老实人""好管家"。贯彻"三个文件"运动中，他表面上装一副老实相，暗中继续进行贪污盗窃等犯罪活动。随着运动的深入发展，广大指战员提高了觉悟，擦亮了眼睛，撕开了这个"好管家"的画皮，查明他是一个一贯进行贪污盗窃的坏蛋，不仅在运动前，而且在运动中直到被揭出以前，他还一犯再犯，继续进行了大量的犯罪活动。现已查证落实他用盗卖粮食、盗卖实物、伪造单据、虚报冒领、投机倒把等多种手段，共贪污、盗窃民兵口粮 698.2 斤，贪污现金 547.4 元。

在团、营批判斗争会上，广大指战员对照毛主席的教导，大家坚定地表示："任何时候都要牢牢记住毛主席'千万不要忘记阶级斗争'的伟大教导，要进一步活学活用毛泽东思想，狠抓阶级斗争，决心把经济领域里阶级斗争进行到底，同时，在学习中要自觉'斗私批修'，不断提高阶级斗争和路线斗争觉悟，紧跟伟大领袖毛主席革命到底。"

师、团临时党委根据党的政策和群众意见，根据本人表现对问题严重、态度狡猾、退赔消极的刘XX交工地广大指战员批斗并彻底退赔后，交后方领导和贫下中农继续查清他过去搞副业，在其他工地搞事务长的问题，由有关部门严肃进行处理。对于在刘XX的拉拢下，伙同他进行贪污盗窃活动的营部出纳蔡XX和一个炊事员，由于他们能主动交代，积极参加揭发斗争，及时作了退赔，态度较好，经群众批判后，给予了从宽处理。

松华营的事实再次告诉我们：阶级斗争在任何单位都是客观存在的事实，我们必须按照伟大领袖毛主席"千万不要忘记阶级斗争"的教导，狠抓阶级斗争，以党的九届二中全会为动力，以中央"三个文件"为武器，进一步发动群众，继续深入贯彻、落实"三个文件"，把"一打三反"运动进行到底，不获全胜，决不收兵。

# 第二章 《战地小报》

## 一 第1期

### 战 地 小 报

四〇六三工程宜都民兵师编
1969年11月24日　第1期

**学先进　赶先进**

**认真总结经验　打好第一战役**

——宜都民兵师召开连以上干部会，动员打好第一战役

正当我师广大指战员热烈响应首钢革命竞赛的倡议，为伟大领袖毛主席争光，为社会主义祖国争光，日夜奋战的热潮中，师部为了进一步贯彻落实伟大领袖毛主席关于"三线建设要抓紧""即使是提前一个小时也是好的"战略部署，执行中央首长和曾、刘首长，孔副司令员"焦枝铁路要再加快速度"的指示，于11月23日在现场召开了经验交流会。参加会议的有全师的团长、营长、连长和部分工程技术人员。

会前，组织参观、学习了枝城民兵团先锋营突出无产阶级政治，工具改革，合理安排劳力，落实一个"快"字的先进经验。

会议期间，先锋营营长郑崇松同志汇报和介绍了他们思想革命化，劳动组合合理化，工具改革化的情况和经验。各团团长也先后在

会上发了言。这次会议是一个活学活用毛泽东思想的大会，是进一步贯彻落实毛主席"三线建设要抓紧"和"焦枝铁路再加快"的经验交流大会，是一个互相学习鼓干劲的会，是一个以点带面，学先进、赶先进的大会，也是响应师部号召，开展第一个战役的动员大会和誓师大会。

到会的全体同志一致反映：开阔了眼界，解放了思想，提高了认识，增强了信心，表示要虚心向先锋营学习，学习他们高举毛泽东思想伟大红旗，突出无产阶级政治，学习他们狠抓民兵三落实，加强战备训练的经验，学习他们苦干、巧干的精神，大搞工具改革，提高工效的经验，学习他们领导班子革命化的好思想、好作风。要把他们的先进经验带回去，宣传推广，开花结果。各团负责同志坚决表示："要更加紧跟毛主席的伟大战略部署，发扬'一不怕苦，二不怕死'的彻底革命精神，高速优质地修建焦枝铁路，为毛主席争光，为社会主义祖国争光，向毛主席敬献忠心。"会上，各团分别提出了按时完成任务和提前完成任务的保证。枝城团并发起和姚店团提前完成任务的对手赛，姚店响亮地应了战。

最后，彭兆榜师长作了以"四好""五好"为纲，赛革命、赛团结、赛速度、赛质量为内容的第一战役动员报告。他首先肯定了先锋营基本经验，号召大家学习、推广。对前段作了总结，布置和安排了第一战役，讲明了打好第一战役对完成我们全工程任务的重要意义。报告反复强调，必须高举毛泽东思想伟大红旗，突出无产阶级政治，要求大家狠抓根本，活学活用毛泽东思想，坚定不移地走政治建路的道路，大打"人民战争"，一定要与帝、修、反争时间，狠抓"四好""五好"，大兴"三八作风"，合理安排劳力，改革工具，提高工效，关心群众生活，注意工作方法，加强保卫工作，严防阶级敌人破坏，要安全施工，避免工伤事故。

兴山团团长兼政委王天福同志也在会上讲了话。

会议结束后，各团、营迅速地传达贯彻这次会议精神。一场轰轰烈烈、气势磅礴的，以"四好""五好"为纲的赛革命、赛团结、赛速度、赛质量的社会主义革命竞赛高潮，在我工地即将到来，已经到来。

## 第二章 《战地小报》

### 赤胆忠心赛革命　先锋营里打先锋
### 千桥排 20 日出现每人平均挖土 4.34 方的高工效

"天连五岭银锄落，地动山河铁臂摇。"11 月 20 日千桥排 14 个战士以无限忠于毛主席的高昂革命斗志，把对帝、修、反的深仇大恨凝聚在锄头、推车上，通过一天的艰苦奋斗，挖土 60.04 方，像一支尖兵，跑在先锋营的最前面。

近日来，这个排的战士，反复学习了伟大领袖毛主席关于三线建设的 20 条指示，他们越学对毛主席越亲，越学对帝修反越恨，越学对修建焦枝铁路的意义认识越深，越学刀山敢上，火海敢闯的斗志越坚。一致表示："以怀一个'忠'字，突出一个'抢'字，落实一个'快'字，一定要把焦枝路'抢在战争的前面'。"

19 日晚上，排里开了诸葛亮会，根据战士的不同体力和特长，讨论决定了战斗部署。20 日清晨 5 点 10 分出发，到达工地后，立即进入战斗岗位，开始战斗，两人挖土，6 人将装满土的土筐按装车要求推在一块，4 个棒小伙子推车，车子一到，两人分站两旁，迅速将车装好，挖到快挖、快上、装满、快推、快卸。劳动组织合理以后，人的干劲就是决定因素，战士胡一祥、艾常敬在寒气逼人的气候条件下，打着赤膊，奋力挖土；战士周忠正成天抢推一辆大车，每车推上七八担土，把大土筐和车子都压坏了。14 个战士个个满头大汗，内衣都湿透了。他们说："多推一担土，就是多打一个苏修鬼子。""让毛主席睡好觉，为毛主席争光。"休息时，排长周正元，副排长杨泽丙，领导大家唱《三八作风》《三大纪律，八项注意》和毛主席语录歌曲，进行战地宣传鼓动，把政治空气搞得浓浓的，士气搞得高高的，干劲鼓得足足的。

这天战斗结束，回到营地吃晚饭已是 6 点多钟了，这个战斗集体夺得平均每人挖土 4.34 方的高工效后，牢记毛主席"发扬勇敢战斗，不怕牺牲，不怕疲劳和连续作战的作风"的教导，派出 6 人给连里夜间搬煤，两人回公社挑菜、挑米，当晚赶回工地，又参加了第二天的战斗。

转载枝城团《铁道尖兵》

## 决心书

四〇六三工程宜都民兵师首长：

我团全体指战员，遵循伟大领袖毛主席关于"三线建设要抓紧"的指示，按总指要求，决心再加快，特向师部表决心。

掏尽红心为革命，愿洒热血修焦枝，发扬"一不怕苦，二不怕死"的精神，以战斗的姿态，一不靠天，二不靠地，三不靠机器，就是靠毛泽东思想，以"只争朝夕"的革命精神高速度，高质量，低造价，早日建成焦枝铁路，为伟大领袖毛主席争光，为社会主义祖国争光，全体指战员保证12月10日前完成师部交给的任务。一致表示："鼓足一身劲，献出一分力，修好焦枝路，让毛主席他老人家早日放心。"

我们的措施：

一、高举毛泽东思想伟大红旗，突出无产阶级政治，紧跟毛主席的伟大战略部署，用毛泽东思想统帅一切，深入地开展活学活用毛主席著作的群众运动，把毛主席对三线建设的一系列指示化为广大民兵战士的灵魂，使之成为巨大的战斗力量，威力无比的精神原子弹，实现人的思想革命化。

二、深入开展社会主义革命竞赛，大力开展"四好""五好"运动，响应师部号召，月底前开展第一大战役，在此战役中开展声势浩大的"五大"活动：大学习、大宣传、大检查、大竞赛、大评比。团部分别对全团的政工、后勤、卫生、安全大检查，以达到总结经验、找出差距、促进工作的目的。采取有效措施，扎扎实实地开展社会主义革命大竞赛。

三、相信群众，依靠群众，大搞技术革新，打破洋框框，踢开洋教条，土洋结合，土法上马。

四、领导带头，层层武装，蹲好点，以点带面，在社会主义革命大竞赛中，充分发挥共产党员、共青团员、复员军人、民兵干部的骨干作用，领导要以身作则，身教重于言教，带头完成任务。

四〇六三工程潘湾民兵团全体指战员

## 第二章 《战地小报》

### 气象消息

24日至27日都是晴天到多云，最高温度13℃至15℃；最低温度3℃至5℃；有2至3级东南风。

### 加快再加快　开展大竞赛

我团通过贯彻"省指"师团长会议和政工会议精神，广大民兵进一步地认清了国际国内和焦枝铁路大会战的大好形势。在"毛主席对焦枝铁路很关心"和党中央对焦枝铁路修建"要再加快"的特大喜讯鼓舞下，全团民兵斗志昂扬，干劲倍增。

22日中午，全团在战场上又召开了"开展社会主义大竞赛的誓师动员大会"，团长邹顺钦同志代表团部提出了开展为伟大领袖毛主席争光，为社会主义祖国争光的四赛战斗任务，进行了三交底（任务、时间、质量），要求提前15天全部完成路基任务。会上各营、连、排、班民兵都纷纷表示了决心。

截至22日，全团下余挖填方58788方，其中，挖方42183方（填方是利用方），每天实出勤1240人，占88.4%（22日前实际工效划2方），现按提前15天完成任务，每人每天就要求完成2.3方（包括填方3.1方）。我们措施是：一、做到三个高举，高举毛泽东思想伟大红旗、革命大批判旗帜、政治建路旗帜。二、开展"四好"连队、"五好"战士评比运动，狠抓活思想，实现工地、食堂、宿地三红化。三、狠抓领导班子革命化，做好"四同"。发扬党、团员骨干作用。四、发动群众，依靠群众，开展社会主义革命大竞赛，计划15天内组织三个高潮。五、改善劳动组合，开展对手赛，改良工具，实现车子化。六、改善群众生活，搞好公共卫生。

目前一个"四赛"高潮已经形成，邓畈营刘胡兰战斗队日工效提高3方多，红山等营工效都有很大提高。

（聂河民兵团政工组）

### 到底哪个工效高？
### 战地黄花分外香

一场疾风暴雨似的"四赛"运动在工地开展以后，车子快还是扁担快的问题，在姚店景桥营开展了激烈的辩论。有的说："扁担机动灵活大，多装快跑不比车子差，千年历史挑扁担，何必丢掉它？"有的则认为："车子容量大，速度顶呱呱，一车顶三人，哪能不用它！"谁是谁非，只有让事实来作结论。于是，营领导决定组织一场车子和扁担的试验友谊赛。车子和扁担两组各10人，一声鼓响，同时上阵。

扁担组快马加鞭，发扬了冲天干劲，发挥了机动灵活的特点，工效比平时增加了很多。半天平均就完成了1方多，自信必获全胜。于是向车子组发起挑战，贴出了：

苦干再干，赛过推车汉，半天一方几，实在不简单。

车子组也不甘示弱，马上应战，贴出了：

为革命推车把劲鼓，多快好省修铁路，一人赛过两人挑，创造新纪录。

一场友谊试验赛当天结束，结果，每人平均工效，车子是6.15方，扁担是2.64方。车子赢了，赢远了！他们以喜悦的心情，又在工地贴出了：

苦干加巧干，车子赛扁担，大破迷信反保守，巧干5天灭扁担，不信你到工地看！

扁担组呢，只有服输，他们自叹道：

"千年历史靠扁担，而今迈步革新战，手扶车子丢扁担，车子省力又省工，工具改革立新功。"

在事实的面前，思想统一了，工具改革的决心更大了，团领导根据广大指战员的要求，决定派团政委夏明礼同志带领100多人，连夜赶回后方，赶做车子，支援前方。一场工具改革的人民战争在姚店全团打响了。

（根据姚店团汇报整理）

## 第二章 《战地小报》

### 啊！原来不是在打架

23日晚上，台钟已经指向10点，王畈团部的"四好""五好"初评动员会议刚刚结束，团部领导同志们正在聚精会神地研究和部署第二天的工作。突然，团部里两个木工同志从外面回来反映：崭新营和永安营在岔河口争沙打架。这是为啥？团长李传发同志随手拉了一个同志一道到现场，仔细一看，原来是崭新营第一连的88个民兵，为了明天的施工打开场面，正在争分夺秒地连夜抢运河沙。阵阵的劳动号子，川流不息的人群，互相挑战的呼唤，好一幅热气腾腾的场面！团长为这种"一不怕苦，二不怕死"的革命精神深深感动。他想到毛主席"群众干劲越大，越要关心群众生活"的教导，便找连长共同商量，一面鼓励他们这种精神的可贵，一面劝他们回去休息。话音未落，连长、副连长、民兵一个接一个地发言了。他们说："毛主席教导我们'三线建设要抓紧'，'即使是提前一个小时也是好的'。我们今天打点夜工，不仅可以把100多方河沙提前6小时运到工地，同时为明天打开了工作面。"连长、教导员和民兵同志们话刚说完，不等团长再开口，一声吆喝，挑起就跑。一时，劳动的歌声，震动了岔河口的两边，这天，他们一气干到深夜12点。

（王畈团政工组供稿）

### 消灭"拦路虎" 开辟前进路

兴山民兵团古夫营担任的涵洞工程，是我团整个工段中，任务艰巨，工种复杂的一项工程，又居于整个工段之中，如不抢在前面，势必成为"拦路虎"。这个工程难就难在基脚是硬石，砂石料要在几个地方远距采运，这样在人员分配上，据工种需要，也必须是兵分几路，分散作战。长水连和红白连的民兵战士接受采石、运石的艰巨任务后，遵照毛主席"担子拣重的挑"的伟大教导，发扬了"一不怕苦，二不怕死"的革命精神，打硬仗，打苦仗，打恶仗，在短短的十多天里，完成了1000多方的采石任务，运石任务正在日夜突击。

（兴山民兵团简报摘录）

### 为了迅速修成焦枝路

红花团双湖营四连民兵兰朝云接通知要去参加兵役体检，47岁的母亲刘光美，想到毛主席"三线建设要抓紧"的伟大战略部署，不致因儿子去参加体检，而使焦枝铁路修建少一个劳动力，特从家里赶来顶替儿子参加劳动。

### 一担煤

姚店团山河营二连三排七班班长吴泽东一天到枝城挑煤，因为人多煤少，使他打了空回。在返回营地的途中，看到沿路丢掉不少的煤，他想到毛主席指示我们修铁路，要同帝国主义争时间，同修正主义争时间，要多快好省。这多的煤丢在路旁，不是白白地浪费了吗？于是他沿路一块一块地、一小堆一小堆地捡起丢煤，等他到营地时，两筐已经装满了，这时他才愉快地把这挑煤交给了食堂。

（山河营供稿）

### 女民兵誓为毛主席争光

在"速度要再加快"的伟大号召下，邓畈营一连女民兵张厚珍同志主动约了7个女民兵组织了一个"刘胡兰战斗队"，投入了社会主义大竞赛的高潮。她们共同宣誓："要用实际行动来多快好省地修建铁路，做毛主席的好女民兵。"她们从肩担改手推车，互相学习，互相促进，互相鼓舞，互赛互帮，两天就学会了推车，从一次推1担提高到一次推5担，疲劳了就朗读："发扬勇敢战斗，不怕疲劳和连续作战的作风。"不时都可以听到她们的"战斗"声。这个组在81米运距内日平均工效3方多。她们还提出要赛过男子汉，要在战争中学习战争,创造更优异成绩向毛主席献忠心。

(邓畈营供稿)

### 豪言壮语

把时间抓紧再抓紧,把速度加快再加快,把质量搞好再搞好,把完成任务提前再提前。

打大仗,打硬仗,打恶仗,铁路不通车,誓不下战场。

### 语录牌　车上挂

语录牌,车上挂,胸怀壮志雄心大。焦枝线上大会战,政治建路开红花。

语录牌,车上挂,主席教导全记下。速度加快再加快,优质高速低造价。

语录牌,车上挂,一苦二死都不怕。"金钱""爬行""洋奴"狠狠批,定叫"私"字连根拔。

语录牌,车上挂,飞车快步向前跨。心中升起红太阳,刀山火海算个啥?!

语录牌,车上挂,革命竞赛掀起啦!苦干巧干争时间,一车就是一大坝。

语录牌,车上挂,"四好""五好"狠狠抓,修好焦枝战备路,世界革命有办法。

语录牌,车上挂,心怀朝阳冰霜化。反华小丑掀恶浪,迎头痛击全打垮。

语录牌,车上挂,铁道线上把根扎,决心修好反修路,任务不完不回家。

语录牌,车上挂,革命事业全靠她。毛泽东思想代代传,定叫红旗全球插。

(红花团政工组、云池营一连通讯组)

## 二 第 2 期

## 战 地 小 报

四〇六三工程宜都民兵师编
1969 年 11 月 26 日　第 2 期

**宜都县革委会、人武部**
**魏凤举、郭德民等负责同志莅临工地视察指导**

　　正当全师广大指战员，响应师部号召，以"四好""五好"为纲，掀起赛革命、赛团结、赛速度、赛质量的社会主义革命竞赛高潮中，全面贯彻落实伟大领袖毛主席"即使是提前一个小时"和"加快再加快""提前再提前"，日夜奋战的紧张关键时刻，宜都县革委会、宜都县人武部负责同志魏凤举政委、郭德民副主任百忙中抽出时间来到工地视察和慰问。同他们一起来的还有卞兆武同志和其他同志。

　　县革委会、人武部负责同志的亲切关怀，对我们广大指战员是很大的鼓舞、很大的鞭策，无疑给我们带来了很大的精神力量。

　　视察工地以后，魏政委、郭德民等同志并同师部一些负责同志进行了座谈，从各方面作了许多指示。魏政委讲："要很好地开展'四好''五好'运动，用'四好''五好'要求做好各方面工作，先锋营的先进事迹我听了很感动。军事训练好，我们这里就是要施工好，要狠抓作风，要艰苦朴素，'四好''五好'，首先是政治思想好，是个方向问题。当大家劲头鼓起来以后，就要很好地组织，要进行施工技术的指导，生活管理是很重要的，现在天气冷了，做到不要生病，生活管理重要的是用毛泽东思想来管理。物质器械不够，弄到工地的都要让其发挥作用。工地要开展大批判，工程中容易产生单纯技术观点、任务观点，要批判，要防止。要抓好评比，评比主要是连队，上面主要是抓经验，搞经验交流。领导头脑要清醒，事情再多，也不要乱。"又讲："同志们反映的一些人、物质问题，我们回去研究，尽量解决。明天县里召开区、社负责同志会，号召大家搞好支援。"郭德民同志接着讲："工地政治空气很浓厚，先进单位、先进人物不少，师部抓政治工作，抓典型是很好的。魏政委都讲了，没有别的意见。希望更好地突出政治，工地本身就是一个大学校，要注意培养骨干，如整党建党的骨干、民兵骨干。现在已经出现的先进典型要总结。要他们排练新剧。要抓工具改革，要注意安全。"

最后，魏政委、郭德民等同志一致表示："向全体指战员问好。"

### 借现场会东风　大鼓革命干劲
### 各团积极采取措施争夺第一战役开门红

东风劲吹，凯歌阵阵。先锋营现场会后出现了一个热气腾腾的局面，各团借东风，鼓干劲，迅速掀起了一个学先进、赶先进，为毛主席争光，为社会主义祖国争光的热潮，一个赛革命、赛团结、赛速度、赛质量的群众运动，正在蓬勃开展。

兴山团　兴山团于现场会后，掀起了一个对照先进找差距，查问题增措施，鼓干劲，加快速度的群众运动。他们决定：（一）高举毛泽东思想伟大红旗，活学活用毛主席著作，迅速掀起一个大宣传，大落实毛主席关于三线建设的指示，狠抓"四好""五好"的落实，月底把初评搞完。通过评比，树样板，大鼓干劲。（二）搞好劳动管理，压缩非生产人员。现在出工2700人，争取出工2850人，提高工效10%。（三）苦干加巧干，发挥现有工具的作用，将用于生活的20部板车全部用于生产。（四）培训技术人员，加强技术指导。（五）加强薄弱环节的领导，涵洞备料，5个营每营轮流搞夜战。他们提出的口号是：总结经验，苦干加巧干，月底完成146米试验段，任务达5万（方）。

聂河团　聂河团在现场会后，各连队都以只争朝夕的精神，连夜进行贯彻，全团干群表示："学先进，赶先进，开展社会主义大竞赛，多快好省地修建焦枝铁路，为毛主席争光，为社会主义祖国争光。"

他们狠抓了四条：①搞好工地政治鼓动工作，狠抓活思想，营、连普及土广播14个，现场表扬好人好事。②组织战斗队攻难关，创高速。全团计划组织30个战斗队，邓畈营组织7个战斗队后，工效分别提高到5—7方。③召开现场会，开展对手赛。团部在工地上召开"高速优质"现场会，组织对手赛，各营推选2部红旗车，进行现场比武，现场总结，全面推广。④领导带头，现场指挥，团、营、连干部在工地上抓人头，做思想工作，以身作则，参加劳动，各营营长都深入工地，和民兵一起进行战斗。

红花团 红花团现场会后，于24日上午利用休息时间召开了全团指战员大会，团长刘永品同志在会上传达了现场会精神，作了打好第一战役的动员报告。广大指战员意气风发，斗志昂扬。青林营各连干部和民兵，共106人在营长金胜义和教导员杨家池带领下，晚饭后，不休息，发扬连续作战作风，抢修道路40米，为准备打大仗、打硬仗、打夜仗、打恶仗作好了准备。云池营一组13人（包括双湖营1人）在营长王圣东带领下，连夜奋战，抢搭天桥，共挖1米深的洞7个，开辟新的土场，为高速优质建路创造条件。另一组51人在教导员段明柱带领下，齐声高呼"为毛主席争光，为社会主义祖国争光"的口号投入战斗，每人推完20车土后，还发扬协作精神，帮助青林营运土。

枝城团 枝城团于现场会后，抓了：①迅速传达先锋现场会精神，掀起了一个学先锋、赶先锋的热潮。白水、先锋、官垱均召开了全体指战员誓师大会，进行传达。25日，团部又在先锋营召开了排长以上干部参加的现场会，进一步推广先锋营的经验。②苦干加巧干，大搞工具改革，全部实现车子化。白水营各大队连夜抽人回队搞车子，在后方的大力支援下，车子很快由53张，上升到105张。③干部深入基层，狠抓典型，猛突薄弱环节。团里干部实行分段管理，团长王卫东在先锋营蹲点，政委刘全志和副团长马正格突击解决运输问题。其他干部除留个别人在团部值班外，全部分到基层。通过上述措施，工效节节上升，每人每天平均工效达3方的已有3个营。

王畈团　王畈团现场会后，立即在火线上召开了班长以上干部115人会议进行了传达，他们决心以更大的干劲、更快的速度来迎接第一个战役，保证做到"路基上什么时候要石头，就什么时候供应"。在工地上提倡三会：①批判会，下河捞沙拣石；②现场会，抓住典型就推广；③献计会，群策群力。他们为了做到快速度、高质量，在碎石上采取先拣（石头）、后挖、再炸，既节约炸药，又可争取时间，保证质量。

姚店团　姚店团参加先锋营现场会回来以后，以连为单位，连夜进行了传达讨论，看别人，比自己，他们检查有5个方面不如先锋：突出政治不如；技术革新不如；革命干劲不如；领导方法不如；劳动组合不如。他们决心加强政治思想工作，发挥冲天干劲，在"巧"字上做文章，大搞车子化，在原有164部车子的基础上再增加655部，同时实行五改：木轮改胶轮、双轮改单轮、小轮改大轮、小粪筐改大粪筐、木盒子改粪筐。来迎头赶上先进。

潘湾团　潘湾团在现场会后，分别举办了政工人员、团、营、连三级干部、施工人员、妇女、卫生工作等部门学习班，落实师部提出"四赛"，在第一战役的任务和措施。学习班后，一个你追我赶的竞赛高潮很快兴起。

团、营干部在竞赛中带头活学活用毛泽东思想，坚持"四同"。团部全体干部除白天跟班劳动外，还在夜晚组织推车组参加突击，昨天团部6人，经过两小时夜战，完成了7个土方，每人划1.17方。广大民兵战士也不示弱，有的干脆脱下棉衣打着赤膊干，栗树脑营44名战士，完成土方44.4个，平均每人1.04方。干部现场指导，参加竞赛，促进了"四赛"运动的深入发展。

（据各团来稿综合）

**开展"四好""五好"是最重要的战备**
**王畈团开展"四好""五好"初评的体会**
王畈团遵循伟大领袖毛主席搞好民兵"三落实"的教导，向人民解放军学习，加强民兵建设，大力开展"四好""五好"运动，普遍进行了一次初评。

这次初评是在工地形势一片大好，三个基本：即活学活用毛主席著作的群众运动；为伟大领袖毛主席争光，为社会主义祖国争光的社会主义竞赛高潮；民兵组织形成的前提下开展的。首先广泛深入地学习了关于开展"四好""五好"的指示和总指挥部《关于积极开展"四好""五好"运动的意见》，提高对开展"四好""五好"运动的认识。在此基础上从总结入手，召开讲用会，个人对照自己评，集体补充帮助评。参加评比的单位163个（13个连，37个排，113个班），1206人初步评出一批"四好""五好"单位和个人。

通过评比，进一步提高了广大民兵的阶级觉悟和两条路线斗争的觉悟，增强了战备观念，加强了"三性"，推动了活学活用毛主席著作的群众运动。一个学先进、赶先进、超先进的创"四好"，争"五好"的运动已开始形成高潮。

洲阳营第三连在初评中，未评上"四好"连的，感到对不起伟大领袖毛主席，他们决心：更高地举起毛泽东思想伟大红旗，努力活学活用毛主席著作，坚持天天读，晚点名，最高指示战前学，战中用，战后对照、讲用。执行任务不叫苦，不怕难。22日在河里淘沙，天气十分寒冷，光着脚在河里捞，冰冷的河水冻得两腿发抖，他们没有被困难吓倒，高声朗读"一不怕苦，二不怕死"，坚持在水中劳动了一天，并超额完成了战斗任务。他们说："水再冷，冷不了我们无限忠于毛主席的一颗红心。"

伟大领袖毛主席教导我们说："要认真总结经验。"通过这次评比认识到：

一、用毛泽东思想统帅创"四好""五好"是搞好评比的根本。评比一开始，就遇到两种意见：一种议论，头绪多，工作忙，还不顺手，等一段时期后再评；一种议论，头绪越多，工作越忙，越要抓紧。初评，是等还是评？大家认为：开展"四好""五好"运动，是毛主席的建军思想在新的历史时期的运用和体现，是加强基层建设，全面提高战斗力，做好反侵略战争准备的战略措施，是多快好省地修建焦枝铁路的强大动力，是战备的需要，是加强民兵建设搞好民兵三落实的需要，因而，"评"与"等"不是一个简单的方法问题，而是两种思想斗争，必须抓紧做好初评，借以进一步推动"四好""五好"运动的深入发展。

二、用战备观念观察一切，检查一切，落实一切，是当前"四好""五好"的指导思想。在评比中，狠抓以阶级斗争为纲，加强形势战备教育，阶级教育、两条路线斗争的教育。用毛主席关于在无产阶级专政下继续革命的学说武装头脑，坚持把"政治思想好"放在首位，用一好带三好。大家认为"一不怕苦，二不怕死"是继续革命的重要标志，有了"一不怕苦，二不怕死"的革命精神，就能在阶级斗争风浪中经起任何挫折和考验。妖风刮不倒，糖弹击不中，就能在完成任务中，毛主席指向哪里，就战斗到哪里，就能"明知征途有艰险，越是艰险越向前"；就能在保卫祖国，粉碎帝、修、反的侵略挑衅中，勇敢战斗，无所畏惧，勇往直前，永远立于不败之地。

三、召开讲用会，坚持自我教育，认识对号，是搞好评比的一种好方法。

在评比中，以"斗私批修"为纲，搞好讲用会，个人讲，互相讲，层层讲，一人讲用大家议，一个经验大家取，一人教育大家吸。

四、订措施，鼓干劲，开展一帮一，一对红的社会主义的大竞赛，是推动"四好""五好"不断深入向前发展的好形式。

评比后，对照先进找差距，制订创"四好""五好"的具体措施，造成一个人人讲"四好"，个个争"五好"的群众运动。

初评结束后，王畈团召开了各营政工干部会议，对如何进一步开展"四好""五好"运动进行了研究。决定在评比的基础上，召开一次"四好"单位、"五好"民兵代表会议，坚持个人周评，十天单位一评，半月一检查，总评按规定执行。

（据王畈团政工组来稿整理）

## 锤锤猛击帝修反
——古水营二连民兵高方超锤石头的经验

思想红，骨头硬，

掌稳落实作犟劲，

定方定位又看筋，

一锤不动翻个身，

锤锤猛击帝、修、反！

三快再加一认真。

（三快：快拿、快锤、快放）

## 亲切的关怀 巨大的鼓舞

宜昌分指挥部在昨天得悉官垱营民兵曾宪荣同志，因公负重伤，急需抢救生命的电讯后，非常关心，非常重视，除及时派出医护人员4人和政工干部1人，赶来急救外，军分区负责同志又亲自与武汉联系，在武汉军区首长的亲切关怀和重视下，为及时挽救病人，从武汉医学院抽调了一名外科主任和两个外科医生，专门派出飞机送到宜昌，赶来急救。专机到达宜昌后，分指挥部又立即派出专车，在政工组长王安仁同志的带领下，已于凌晨3点40分赶到701工地医院抢救，在上级的亲切关怀和医务人员的精心护理下，伤员已转危为安。这是对我们全体民兵亲切的关怀、巨大的鼓舞，让我们千遍万遍地高呼："毛主席万岁！万岁！毛主席万万岁！"

同志们，我们要更高地举起毛泽东思想伟大红旗，将武汉军区首长的亲切关怀化为我们的力量，用我们的实际行动，优质高速地完成任务，为毛主席争光，为社会主义祖国争光。

## 好医生

鄢沱营的医生郭成元同志，来到焦枝铁路战场，一直遵照毛主席的教导，对工作极端的负责任，对同志对人民极端热忱。你看他：每天天不亮，他就背着医药包，同战士们一起奔向工地。包一放，拿起扁担就挑，拿起锄头就挖，如果哪位同志不舒服，生了病，他便马上去给别人治疗，然后又投入紧张的战斗。休息号响了，别的同志都在休息，郭成元同志却又挂起药包沿排去给同志们看病。到了晚上他还不顾休息，到同志们驻地去问寒问暖，送医上门。同志们一致赞扬他是战地的赤脚医生。

（鄢沱营）

## 铁姑娘　昼夜练推车

姚店团五一营的女民兵，在竞赛运动中，斗志更旺，决心更强。她们借团部在景桥召开的"铁道姑娘"现场会的东风，24日连夜将由16人组成的"铁姑娘"小组送到景桥二连向"铁道姑娘突击队"学习推车技术。铁道姑娘虚心学，突击队耐心教。为了保护和表扬这种积极性，团长张传万同志亲自给她们详细讲解了技术革新的重大意义和推车上坡、下坡、转弯、防倒、注意安全等技术要领，并现场示范，给了"铁姑娘"小组极大的鼓舞。曹诗英、李帮群等同志虽然有病，仍然坚持练车，王代群同志腿上长疮也不叫苦，坚持学习，景桥营民兵为之深受感动，自动借车，派出民兵到现场指导。通过两小时的苦练，16人中已有12人初步掌握了基本要领。知识青年项国兰深有体会地说："毛主席对三线建设这样关心，要求我们把速度再加快，我们苦练推车技术，就是苦练杀敌本领，是加快建成焦枝铁路的重要措施，提前完成任务，让毛主席他老人家睡好觉。"在"铁姑娘"的要求下，景桥营突击队热烈欢迎五一营民兵明天中午到工地互教互学，打一场技术革新的人民战争。

（据姚店团供稿整理）

## 杀出威风驱豺狼

刀出鞘，枪上膛，
战鼓阵阵号角响。

　　　　铁道民兵上战场,
　　　　个个英姿本领强。

　　　　心最红,志如钢,
　　　　锄头就是刀和枪。
　　　　黄土就是帝修蒋,
　　　　修好焦枝把它葬。

　　　　战场上,红旗扬,
　　　　战士号子更响亮。
　　　　旗红映面心更红,
　　　　满面汗水映红光。

　　　　精神抖,斗志昂,
　　　　声声誓言响当当。
　　　　反帝反修干革命,
　　　　杀出威风驱豺狼。

## 气象消息

今晚至 28 日晴天。
有时多云,有 2 至 3 级东南风。最高温度 12℃至 14℃。
最低温度 1℃至 3℃,预计 29 日至 30 日多云。

## 我们战斗在石崖巅上

——献给兴山民兵团的同志们
　　　　我们战斗在石崖巅上,
　　　　白云朵朵围绕在我们身旁;
　　　　雄鹰频频向我们招手,
　　　　朔风吹打着我们的胸膛。

## 第二章 《战地小报》

我们战斗在石崖巅上，
祖国的美景眼底收藏，
秀丽如画，沸腾景象，
欢悦的心花在石崖上怒放！

我们战斗在石崖巅上，
铁钎响处红旗飘扬，
我们满怀建设者的豪情，
使祖国一天一个模样。

我们战斗在石崖巅上，
铁钎是钢枪，石头是帝修蒋，
狠狠地砸下去
叮叮！当当！！

我们战斗在石崖巅上，
革命意志更加坚强，
霜打青松青更青，
光照红心心更亮。

我们战斗在石崖巅上，
雄文四卷紧偎身旁，
叮叮！当当！！
革命在响声中前进，
美帝苏修在响声中灭亡。

（红花青林政宣组供稿）

## 狠抓思想革命化　技术革新跨骏马
### 枝城先锋营突出政治大搞技术革新的经验

编者：先锋营的经验很好，我们略加修改之后，在此刊出，供大家参考。

在伟大领袖毛主席"三线建设要抓紧，就是同帝国主义争时间，同修正主义争时间"的伟大教导下，全体指战员满怀无限忠于毛主席的革命豪情，坚决执行曾、刘首长和孔副司令员"速度要再加快"的指示，以"只争朝夕"的革命精神，大搞工具改革和技术革新，最先在全团实现了车子化，夺得了每人每日平均挖运土4.5方的高工效。全营是一支拉得出、用得上，能打硬仗、打恶仗、打大仗的英雄队伍。

### 突出政治抓根本　颗颗红心为革命

"大海航行靠舵手，干革命靠毛泽东思想。"先锋营高举毛泽东思想伟大红旗，始终把活学活用毛泽东思想摆在一切工作的首位，带着问题学，活学活用。全营官兵采用"一读、二议、三对照、四行动"的办法，坚持天天读，全营战士能认字写字的都在自己的小本子上写了毛主席关于三线建设的指示，不会写字的也请别人代抄了这些指示，绝大多数战士基本上能背诵这些指示。上工地以来，针对各个不同阶段的任务和出现的具体问题，营连先后共举办各种类型的毛泽东思想学习班19期，参加学习的指战员共达1098人次，其中包括党员学习班、连排干部学习班、女民兵学习班等。通过办学习班，解决带有倾向性的突出问题，把全营战士引到毛泽东思想的正确光辉航道。例如营连中青年女民兵比较多，来到工地时，大都带有针线活，开会和休息，一股劲儿地纳鞋底，劳动起来拖拖拉拉。营长郑崇松同志敏锐地觉察到这是战备观点不强而在女民兵中的反映，立即组织女民兵学习班，进行思想练兵，提高了她们的认识，自觉地全部地把针线活托人送回家去。同时，营连根据战士出现的思想倾向,还多次组织对反革命修正主义黑货的大批判,深入开展两条道路、两条路线的斗争。如民兵中有的开始上路时,热情很高,认为铁路是国家办的,有推土机,有生活补贴,吃得好,活路轻,还有钱的不正确思想。因而纪律涣散。抓住这个活思想,营部及时召开批判大会。二连一排女民兵杨世玉激动地说:"队里批准我上铁路,我很高兴。以为在家很辛苦,到了工地吃得好,有钱用,还有时间做鞋子,是想来讨好的,不是来准备吃苦的。现在我觉悟了,一定要从思想上树立全心全意为革命的信念。"批判会上,大家一致表示:"一定要以刀山敢上,火海敢闯的革命精神,狠抓一个'快'字。"在工地上,营部还组织连排政工员大力表扬新人新事新思想,宣传鼓动,发现典型,树立榜样。如营部卫生员王宏佑,除了搞好防病治病以外,在营地帮助战士搭高铺、叠被子,打扫卫生,参加挖土、推车、打硪,一心多干工作,为毛主席争光。营里便树他为榜样,号召全营战士向他学习。

## 三八作风好　行动军事化

"'三八作风'是毛主席军事思想的重要组成部分,是人民军队本质的集中表现,是我军训练、作战和一切行动的准则。"先锋营遵照毛主席"加强纪律性,革命无不胜"的教导,以培养"三八作风"为主要内容,在经常性的政治练兵中,进行了两次集中的练兵活动。由营连负责同志反复宣讲焦枝铁路大会战宣传动员提纲,使指战员认识到铁道民兵是不穿军装的军队,工具就是刀枪,土石方就是帝修蒋,没有过硬的"三八作风"和严格的军事纪律,就不可能战胜敌人,在短时间内完成艰巨的战斗任务。大学解放军,养成习惯,形成风气。其次是领导带头,以身作则。一连关坪排排长杨世新带领战士由安桥水库开来工地,头顶大雨不停步,路过家门不进屋。干部能下海,战士能擒龙。在干部的带动下,自由散漫比较严重的关坪排也变得紧张严肃了。双桥排副排长余大生参加团部开工誓师大会,看到地下很湿,折树枝垫坐,违犯了纪律,主动向战士检讨错误,战士们也便自觉地检查自己的缺点。这个营很重视平时的培养和通过实际行动来训练战士的作风。每天出队收工坚持过连队生活，在集体活动中听从指挥，在战斗间隙和集合中，组织战士唱《三八作风歌》《三大纪律，八项注意》振奋士气，活跃连队生活。现在各连排都能做到：执行命令，雷厉风行，接受任务，坚决完成。每个战士都明确自己是民兵，不是民工。要在政治思想上过得硬，也要在"三八作风"上过得硬。双桥排女民兵周顺秀在社里表现很差，在工地上受到"三八作风"的培养，转变很大，不但积极参加劳动，休息时还主动帮助男同志洗衣服。

## 技术革新开红花　全营实现车子化

毛主席关于三线建设的伟大教导，武装了全营指战员的头脑。"三线建设要抓紧""要抢在战争的前面"的最高指示，他们认识到就是要突出一个"快"字，要加快，要提前，不但要有"一不怕苦，二不怕死"的彻底革命精神，还要在"巧"字上下功夫，在工具改革、技术革新上下功夫。先锋营的战斗任务主要是挖土和运土，关键是加快运土速度，运土是用扁担快还是用车子快，围绕扁担和车子，快和慢的问题展开了一场群众性的大辩论。反对车子化赞成扁担化的战士说："扁担多得多，挑起很利索，车子化，最烦琐，爬坡又要人来推，有力的人常推也奈不何，力小的一推不断耳子就断脚，一推一断就走不过，粪筐木料一用几大坨。"主张车子化的战士说："车子化，高又妙，又不常用多人推，体力大大来减少，工效大大能提高，车子一推呱呱叫，小伙子越推劲越高。"经过总结，对比，找差距，一致认为扁担是比较原始的落后的工具，扁担挑得再多再重，总赶不上车子的载重量，运土多半是下坡，就速度来说，车子也不会比扁担慢，主张依靠扁担的人批判了自己的错误想法，也主张用车子。全营的车子化就这样在一场大辩论大批判中搞起来了。在全团最早实现了车子化，现在全营280名战士，共有车子135张，除开后勤人员外，实现了两人一车的要求，每天95张车子运土，40张备用，坏了随换随修，劳动组合上，他们在毛主席"人民战争"光辉思想的指引下，充分调动和发挥每个战士的不同体质和特长，按 1、2、3、4、5、6 的比例组织车子运土，即 1 张车子，3 人挖土装运，每人每日 4 方土，每车装土 5 担，一车配备 6 担粪筐。一连双桥排总结出了运土五字要诀和三推三不推的要领，五字诀是好（劳动车子组合好）、快（装运速度快）、多（装得满）、安（不出事故）、稳（不坏车子）。三推三不推的要领是土量未按照装车要求的不推，土块个子太大的不推，车子有毛病的不推；推快车，推满载车，推安全车。11月20日，这个排出勤 44 人，出车 20 张，运用他们自己总结出来的经验，平均每人挖运土 5.09 方，其中第三班平均每人 6.06 方。全工段出现了上车一大片（分片分点上土），推车一条线（不互相碰撞），车到土进筐（上得快），路远加几张（距离近少发车，距离远，多发车）等紧张而有秩序的战斗场面。做到了物尽其用，人尽其力，发挥了人的主观能动作用，战士们高兴地说："苦干巧干拼命干，扁担靠边站，车子转两转，泥土几百担。"

### 干部带头　思想先行

"政治路线确定之后，干部就是决定的因素。"每当团部下达战斗任务时，营长兼教导员郑崇松同志经常这样教育战士，也严格要求自己："接受上级交下的任务不能讲价钱，不能打折扣，一定要照办，一定要办好。"为了加快建路速度，让毛主席他老人家放下心睡好觉。有时一连几夜不睡觉，学文件，找干部，研究布置全营里的工作。最近，他的母亲病得很厉害，下半身已经冰凉得麻木了，家里几次打电话，派人来，要他回去料理一下，他仍然顽强工作，在师、团首长动员下，打夜工回去看了一下马上又赶回到工地。他说："母亲害病是个人小事，修铁路是革命的大事，我怎么能因为个人的小事而耽误革命的大事呢？"每天晚上，他坚持查寝室，给战士盖被子，从生活上体贴关心战士。以郑崇松同志为首的营部领导班子，牢记毛主席"政治工作是一切经济工作的生命线"的指示，突出无产阶级政治，狠抓思想工作，处处身教言传。坚持战斗在第一线副营长张光清，既是指挥员，又是一个普通民兵，哪里艰苦就往哪里跑，干起活来赛过青年人，战士们说："副营长，顶呱呱，不管什么困难都怕他，工作样样他都抓，我们青年人也赛不过他。"营部领导同志的革命化带出了连排干部的革命化，一连连长易光荣在会战中耐大苦，吃大劳，他走到哪里，哪里完成任务就快就好，他蹲点的关坪排，是个落后排，通过他的工作，现在已经成为跃进突击队了。

### 胜利面前不停步　　不断革命永向前

大会战的序幕刚揭开，万里长征仅仅迈开了第一步，用毛主席无产阶级专政下继续革命的伟大理论武装起来的先锋营指战员，正满怀信心由下而上地总结初战中的经验教训，寻找差距，制订措施，轰轰烈烈而又扎扎实实地开展以"四好""五好"为纲，"四赛"为内容的社会主义革命大竞赛运动，决心在第一战役的时间，拿下全部战斗任务，向毛主席敬献忠心，他们的战斗口号是：

毛泽东思想作指导，铁道健儿逞英豪。
立下雄心愚公志，　战天斗地志气高。
苦干巧干拼命干，　十天拿下一万三。
为了党和毛主席，　粉身碎骨也心甘。

### 豪言壮语

工地当战场，锄头扁担当刀枪，土方石方当作苏美蒋，不完成任务决不下战场。

提前建成焦枝路，彻底埋葬帝修反！

## 三 第3期

### 战 地 小 报

四〇六三工程宜都民兵师编

1969年11月29日　第3期

**速度要再加快　质量要再提高**
**省指挥部副指挥长邓祥、分指挥部指挥长**
**军分区副司令员粟侠辉等领导同志来工地视察**

粟副司令员指示我们：你们速度很快，质量要搞好，涵洞要很快地抢起来。

正当我师全体指战员进一步贯彻落实伟大领袖毛主席"三线建设要抓紧"的指示和襄樊会议精神，曾、刘首长，孔副司令员"指示"，以"四好""五好"为纲，掀起赛革命、赛团结、赛速度、赛质量，争夺第一战役胜利的时刻，省指挥部副指挥长邓祥同志、宜昌分指挥部指挥长、军分区副司令员粟侠辉同志和"省指""分指"的政工、工程、办事等组一部分工作人员来工地视察。在听取了师部负责同志的汇报之后，粟副司令员作了重要指示。他说："你们干劲很大，进程是快的。车子化搞得好，要推广。但要注意质量。采层有点厚，深填方那个地方坡脚可以砌点石头。涵洞要很快地抢起来，质量要搞好。要特别注意施工中的安全。前段放炮没有出事故，但不能麻痹。其他方面也要注意安全。"

邓祥同志和粟侠辉同志一致表示向全体指战员问好。

**亲切的关怀　巨大的鼓舞**
**宜都县革委会、人武部慰问团来工地慰问**

正当我师全体指战员遵照毛主席"三线建设要抓紧""即使是提

前一个小时也是好的"的教导，为使工程任务"加快再加快""提前再提前"而紧张战斗的关键时刻，在以"四好""五好"为纲的群众运动中，宜都县革委会、人武部慰问团于今天上午来到工地，对我师广大指导员进行亲切的慰问。这是县革委会、人武部对我们铁道民兵的亲切关怀、巨大鼓舞、有力促进。让我们表示最热烈的欢迎、最衷心的感谢。

县慰问团给我们带来了战无不胜的毛泽东思想，带来了全县32万人民的深情厚谊，带来了宣传毛泽东思想的文艺节目。慰问期间，慰问团的负责同志将到各团对广大民兵指战员进行慰问，县宣传站、楚剧团、电影队将分别为广大民兵演出文艺节目和放映电影。

慰问团的到来，对我们将是有力地促进，让我师广大指战员，借慰问团到来的强劲东风，更高地举起毛泽东思想伟大红旗，突出无产阶级政治，活学活用毛主席著作；狠抓民兵"三落实"，深入开展"四好""五好"运动，抓好革命大批判，抓好阶级教育、战备教育；发扬"一不怕苦，二不怕死"的彻底革命精神，英勇顽强，艰苦奋斗，以最大的决心，最快的速度，最高的质量，最低的造价，提前完成焦枝铁路的修建任务，为伟大领袖毛主席争光，为社会主义祖国争光。

向慰问团的同志们学习！

向慰问团的同志们致敬！

## 慰问信

参加四〇六三工程建设的宜都民兵师全体指战员同志们：

你们遵照伟大领袖毛主席"要准备打仗"的教导，满怀无限忠于伟大领袖毛主席的一颗红心和对帝、修、反的深仇大恨，以临战的姿态，积极投入了四〇六三工程建设，特别是兴山民兵团的全体同志，不远千里，来到宜都，积极投入这一伟大的战斗，目前已进入紧张施工阶段，旗开得胜，我们代表全县32万军民向你们表示最热烈的祝贺和亲切的慰问！

同志们！你们高举毛泽东思想伟大红旗，突出无产阶级政治，紧跟毛主席的伟大战略部署，用毛泽东思想统帅一切，发扬"一不怕苦，二不怕死"的革命精神，把毛主席的一系列光辉指示和党中央的战斗号令化为自己的灵魂，刀山敢上，火海敢闯，胜利一个连一个，喜讯飞向四面八方，这是毛泽东思想的伟大胜利！是全体指战员活学活用毛泽东思想的丰硕成果！

同志们！为了让毛主席早放心，为了彻底埋葬帝、修、反，希望你们继续高举"九大"团结、胜利的旗帜，以革命加拼命的战斗姿态，把为毛主席争光，为社会主义祖国争光的革命竞赛活动推向更高潮，争取提前再提前、好上加好地完成任务。

同志们！我们决心高举毛泽东思想伟大红旗，进一步落实党中央一系列最新战斗号令，以最高的政治热情，抓革命，促生产，促工作，促战备，尽一切力量，主动、及时、优先地支援四〇六三工程建设，以更优异的成绩为毛主席争光，为社会主义祖国争光！

宜都县革命委员会<br>宜都县人民武装部<br>1969 年 12 月 28 日

### 你追我赶争上游　争分夺秒抢时间
### 三阳营初评"四好""五好"革命竞赛起高潮

编者：兴山团三阳营初评"四好"连队、"五好"民兵的经验很好，对全师即将开展的初评运动很有参考价值，本报特此刊载。

经过近半月的施工战斗，三阳民兵营于 11 月 19 日至 24 日开展了"四好"单位、"五好"战士的初评运动，进一步掀起了一个为毛主席争光，为社会主义祖国争光的社会主义革命竞赛高潮，先进单位越来越多，好人好事层出不穷，工程进度大大加快提前。

## 由下而上讲用　　上下结合评比

评比"四好""五好"的过程，实际上是群众性的活学活用毛泽东思想、落实毛主席三线建设指示、"斗私批修"、搞好思想革命化的过程。在方法步骤上采用了自下而上、上下结合和先务虚后务实、先学习后评比、先个人后单位、先战士后干部四先四后的评比方法。首先以班、排为单位组织全体民兵反复学习毛主席三线建设指示，学习"四好""五好"的条件和要求，提高认识，端正态度。紧接着层层召开讲用会，人人总结，个个讲用，摆思想，摆进步，摆表现。在大讲大摆的基础上，对照"四好""五好"条件挂钩，从战士到班排连逐级评比，树立标兵，比学赶帮。在评比中，一般是别人摆长处，自己说短处，别人摆进步，自己说不足。这样，评中增强了团结，比中提高了觉悟，越评觉悟越高，越比劲头越大。三合连三排58岁的老贫农王显举人老心红，从出发到工地，哪里困难哪里去，学习毛主席三线建设指示如饥似渴，特别专心，不会写，请人抄，记性差急得吃不好、睡不着，早晚打着电筒读，铭刻心中，用在劲上，学习了毛主席"提前一个小时也是好的"伟大指示，就在"提前"两个字上狠下功夫，遇到难关他先上。炊事员烧煤不燃，影响按时出工，他通宵不睡帮助改灶烧煤；天雨路滑，他早晚挑煤渣面路；感冒头痛，从不叫病，坚持上工，抢干重活。在评比中，大家对他摆了一条又一条，都说他是人老心红的硬骨头。他却再三谦让说："毛主席日夜操劳，把国家大事交给我们，修这条战备路、幸福路，我跟得不紧，做得不够，对不起毛主席他老人家，我决心只有一条，多挖一锄土，就是多消灭一个帝、修、反，提前一分钟也是对毛主席的一片忠心，拼起命也要提前完成修路任务。"就这样，各连共评出186名"五好"民兵、10个"四好"单位。营部从中选拔了城关模范排等3个"四好"单位和7个"五好"民兵，在全营树立旗帜，采用工地广播、现场参观讲用、战地快报、诗歌快板等形式，广泛宣传，旗帜抓得高高的，空气搞得浓浓的。

## 第二章 《战地小报》

### 抓好活思想　开展革命大批判

评出了"四好"单位、"五好"民兵并不等于评比运动的完结，必须狠抓"纲"上、"线"上的活思想，深入地组织革命大竞赛的高潮。评比后，碰到的最大问题是有极少数人，不仅不好好向先进学习，反而讲怪话、泼冷水，对先进打击中伤，成为前进中的思想障碍。说什么"你扒你的功，我干我的活，'五好'不'五好'，都是一样搞"。这种思想一露头，营、连干部很快认识到，这是阶级斗争、路线斗争的反映。要保证运动的深入开展，必须开展革命大批判，不破不立，歪风不批倒，正气难树立，便抓住论点，对事不对人地在全营展开了是为毛主席争光，还是什么个人扒功的大批判、大讨论。城关排王礼志在全营工地批判会上说："这是一场严肃的阶级斗争、路线斗争，有个别人自己不紧跟毛主席伟大战略部署，反而说怪话，拉后腿，搞破坏，想搞少慢差费，这办不到！我们来修路是为全中国、全世界革命造福的，是为毛主席争光的，不是来捞油水、来扒功的，修路是打仗，打仗就得评战功，为毛主席争光，这个光我们就是要争，争定了！谁要破坏，我们坚决不答应，一千个不答应，一万个不答应。"通过革命大批判，大树了革命正气，精神面貌大为改观，你追我赶创先进气氛更浓。

### 取长补短互相帮　你追我赶同前进

民兵的劲头起来了，革命竞赛搞得火热，先进更先进，后进赶先进，人人争上游，工效提高，工程加速。城关民兵排在评得"四好"单位后，立即召开全排民兵会议，学习毛主席"戒骄戒躁、不断革命"的指示，群策群力，又创造了新的取土法，工效达3.1方。谭国朗打眼放炮尖兵组为保住先进，总结了打眼的7条经验，打眼工效由1.1丈达到1.4丈。三合9个打眼放炮组积极向老谭学习，平均工效猛增1.3倍。龙头连为了加快速度，学赶先进，采取4项措施，整个工段的土石方面路工程于11月25日比原计划提前3天完成，向团部报喜。"五好"民兵的开展、好人好事日益增多，仅龙头连初步摸底，近三天内就涌现新的积极分子20多个。女民兵胡风运右手患浓性指头炎，22日开了刀，干部要她休息，她说："毛主席日夜为我们操劳，我怎么闲得住！就是累死也要向毛主席敬献忠心。"第二天坚持出工，右手不能动，就用左手提土。有些小青年没有评上"五好"，感到自己辜负了党的培养和贫下中农的期望，竟内疚得痛哭流涕，连夜赶写决心书要坚决赶上去。群众的劲头起来了，领导就特别注意爱护群众的积极性，为了取长补短，共同提高，大搞"一帮一""一对红"的活动。龙头连王全兴以前很调皮，来工地转变很大，被评为积极分子，便与原来在初中的同班同学邓勇，结成了对子，两人互相帮助，邓勇现在在工地上抢重活干，他不会打锤，就请人教，苦练硬功夫。

时间就是胜利，各连各排快马加鞭往前赶。四连工段因设计改变，有段清基工程需要重新进行，一排15名战士为了加快进度，不影响工程正常施工，第二天清晨3点钟就打着电筒赶上工地，经过3个多小时的奋战，终于在民兵上工前完成了任务。一排的模范行动，激发了全连战士，出工一天比一天早，有天清晨5点钟，连长打着电筒在工地点名，全连124名战士就有106名战士赶到，他们说："争不能争在嘴上，要使在劲上，我们宁可日夜不眠，也要为毛主席争光，让毛主席他老人家睡好觉。"

## 加强通讯报道　及时传播经验
### 师部政工组召开通讯报道工作会议

为了更好地指导当前以"四好""五好"为纲的"四赛"运动，及时传播竞赛中的先进典型和好人好事，师部政工组于本月27日下午召开了各团办报工作人员会议，具体研究了当前通讯报道工作中的指导思想和报道内容。

会议认为，当前在通讯报道工作上，要继续高举毛泽东思想伟大红旗，用毛泽东思想统帅办报，把报纸办成活学活用毛泽东思想的阵地，宣传毛泽东思想，传播毛泽东思想武装起来的先进单位和个人的先进经验，交流各级指挥机关在贯彻执行毛主席指示、中央首长的指示和各级指挥机关在各个时期的措施。在报道内容上，应遵照毛主席"综合宜少，典型宜多"的教导，要重点报道组织"四赛"的行动、措施；"四好""五好"先进集体和先进个人的事迹和经验，特别要报道"四好""五好"连队的事迹；活学活用毛泽东思想的典型。

会议还研究了有关通讯报道的一些具体问题。

### 一根小稻草
#### 掏尽红心为革命　　愿将热血洒焦枝

古水营保证道渣"优质量"的动人事迹，已遍地皆闻，众所周知。这个"优质量"的"优"必须从一根小稻草谈起。

锤石头的民兵，手里都拿着一根小稻草，稻草只有三分长，这是标准石头大小的尺子，若石头的长度和宽度超过了稻草，就要返工，这样坚持了一段时间，确实保证了质量的"优"字。后来，个别同志抱着埋怨地说："拿稻草麻烦人，哪怕就是有几块不合格的一点石头，问题也不大。"当干部发觉了这种轻视质量的错误思想后，认真组织大家学习毛主席"对工作极端的负责任""精益求精"的伟大教导，深入检查，认真对照，使要丢掉稻草的同志认识到："稻草虽小，但问题却大，这不仅是量石头的尺子，而是量'忠'字纯度和深度的尺子，是量对三线建设态度的尺子，小稻草丢不得，直到高速优质地完成任务为止。"

古水营的全体指战员，就是这样的保证了质量的优秀。

（王畈团供稿）

### 革新之花

聂河团邓畈营二连，在"四赛"运动中，高举毛泽东思想伟大红旗，大搞技术革新，创造板车活动木盒自动卸土，使工效提高一倍多。

"四赛"运动开展起来以后，如何充分发挥现有板车的作用？邓畈二连的领导同志和技术革新小组一起，认真学习了毛主席"三线建设要抓紧,就是同帝国主义争时间,同修正主义争时间""要准备打仗"的伟大教导,决定对板车进行改革,经过反复试验,将板车安上了活动木盒,自动卸土。24日,二连战备战斗队首先试用,6人一天完成土方60.18方,平均每人10.03方。现在全连3部板车,均改成了活动木盒,大大加快了速度,提高了工效。

（邓畈营供稿）

## 抢修运输线　支前献忠心
### ——枝宜公路提前通车

为了加速支前物资运输,提前建成焦枝铁路,枝宜公路沿线的姚店、枝城两区和城关、枝城两镇的工人、贫下中农、革命干部、革命知识分子、红卫兵小将和革命居民共6000人,按照毛主席"三线建设要抢在战争前面"的教导,根据县革委会的统一部署,于本月19日全面投入了抢修枝宜运输线的战斗。

枝城区白水公社夜晚接到县革委会通知后,连夜进行动员,广大贫下中农和革命干部连夜进行准备,第二天清早就有2300人上了路,公社革委会主任杨先烈,副主任潘德恒以及大队、生产队的主要负责同志都一齐上阵,参加战斗,参加指挥。跃进、建设、团结等大队的贫下中农有的每天来回三四十里,他们坚持半夜起床,天不亮就赶到工地提前开工,他们说:"毛主席教导我们'即使是提前一个小时也是好的',我们更要争分夺秒,抢住时间,为毛主席争光。"公社广大革命干部和贫下中农还充分发挥了高度的共产主义风格,主动增加了1200公尺工段任务,让姚店区的贫下中农能在当天来回,不致增加在工地食宿的困难。

县直机关、厂矿、城关、枝城两镇各单位的工人、干部、革命师生和广大群众在抢修这条运输线的战斗中,活学活用毛泽东思想的好人好事不断涌现,他们以临战姿态日夜奋战,充分发扬了"一不怕苦,二不怕死"的彻底革命精神,比原计划提前三天完成了全部任务。

经过三天日夜奋战,全线在23日胜利通车。这是广大革命群众活学活用毛泽东思想的结果，是毛主席人民战争思想的又一胜利。

### 好榜样

第一战役的号角吹响了，担负修建涵洞任务的向阳营沉浸在一片赛革命、赛团结、赛速度、赛质量的热潮之中。师部工程组、武汉铁路局老工人白云山同志，更是干劲十足，不怕苦，不怕累，抬石头、搬河沙、拖水泥、打夯、挑土，样样都抢着干，不怕脏，不怕难，听毛主席的话"精心设计，精心施工"。他常常组织民兵同志学习，他说："抢涵洞，任务紧，拦路虎，虎拦路，不攻涵洞如养虎，坚决消灭拦路虎，早日建成焦枝路。"他上工在别人前头，收工在别人后头，不分白班、夜班，都要上工地来亲自动手砌样板石，他经常表示："我看到千千万万民兵为焦枝铁路流血流汗，男女老少为焦枝铁路尽力，为了毛主席，我即使是出意外事故死在涵洞里，也心甘情愿。"他的工人阶级高贵品质，对我们广大指战员感动很大，鼓舞很大，都一致表示：要向白云山同志学习，立下愚公移山志，条件自己创，越是困难越要上，决心20天完成涵洞，保质保量力争提前，用优质高速早日完成焦枝路，为毛主席争光。

### 人老心红

聂河团联合营二连的炊事员，有一个老民兵不声不响地守在灶旁，时而看看火苗，时而勤思苦想，他是谁？是我连的好炊事员谢远荣同志。谢老初来工地，面临的第一大困难是炉灶不听话，第一天烧饭花了400多斤煤，还是米、水两分家。谢老想起毛主席"备战、备荒、为人民"的教导，仔细观察灶膛、炉齿，决心从"改"字出发，改革灶膛，节约用煤，是灭火改膛还是不灭火改膛？不灭火吧，衣服可能燃烧，身体受不了。灭火吧，全连同志吃饭不能按时开饭怎么办？谢老想到毛主席"一不怕苦，二不怕死"的教导，毫不畏惧，钻进炉膛，衣服着了火，脱下继续干，一直坚持到把灶膛改革，经过多次反复试验，终于改革成功了。由原来每天400多斤用煤量下降到200斤左右。

谢老这种不怕苦、不怕死，大胆改革，节约用煤的精神，受到了领导和同志们的赞扬。

（摘自聂河《铁兵》）

### 豪言壮语

把工地变成活学活用毛泽东思想的课堂，当成"斗私批修"的战场，当作埋葬帝修反的阵地。

迎着困难上，条件自己创。

急毛主席之所急，想毛主席之所想，毛主席怎么说，我们就怎么干。

### 气象消息

今晚至明天阴天有间断小雨，明天有 4 至 5 级北风，最高温度 10℃ 至 12℃，最低 4℃ 至 6℃，30 日至 1 日多云。

11.28

## 四　第 4 期

### 战　地　小　报

四〇六三工程宜都民兵师编
1969 年 12 月 4 日　第 4 期

#### 武汉军区曾思玉司令员和张玉华副政委
#### 亲临四〇六三工程视察

指示我们：虚心向河南学习，高速度、高质量施工，注意安全，预防疾病，爱护好森林。

12 月 3 日，武汉军区司令员曾思玉同志和张玉华副政委亲临四〇六三工程，由当阳驻军 2680 部队负责人刘德瑞同志和六五四部队政委、当阳县革委会主任刘路通同志陪同，到当阳民兵师庙前、河溶两个民兵团工地视察。曾思玉同志和张玉华同志首先向参战的全体民兵问好，同时作了重要指示：虚心向河南学习，高速度，高质量，加快工程建设。还指示我们：要注意安全，防止各种事故发生，加强安全措施，确保工程质量。同时，要搞好卫生，预防疾病，保证民兵身体健康。最后，曾司令员还指示：要教育民兵爱护好森林。

粟副司令员指示："曾司令员和张副政委亲临工地视察，这是对我们全体指战员的关怀。我们要把首长的亲切关怀变成巨大的精神力量，以更加饱满的政治热情，冲天的革命干劲，最快的速度，最高的质量，最低的造价，多快好省地完成工程任务，用实际行动感谢首长的关怀。"

师部要求全体指战员认真学习，迅速落实曾司令员的重要指示，进一步掀起以"四好""五好"为纲，以"四赛"为内容的社会主义革命竞赛运动的第二战役新高潮，用实际行动，去夺取多快好省地建设工程的新胜利。

**认真总结经验　迎接第二战役**
**师部召开各团负责人会议**

遵照伟大领袖毛主席"要认真总结经验"的教导，在第一战役胜利结束，第二战役即将开始的时刻，师部于 11 月 30 日召开了各团负责人会议，分析了第一战役的大好形势，研究了搞好总结评比的一些问题，对如何打好第二个战役也作了初步安排。

会议首先分析了第一战役的大好形势。一致认为，在第一战役中，由于认真贯彻落实了毛主席关于三线建设的指示和中央首长一系列指示及襄樊、荆门会议精神，由于各级干部和广大民兵活学活用毛泽东思想，发扬了"一不怕苦，二不怕死"的彻底革命精神；由于后方的大力支持，第一战役的战果是辉煌的，成绩很大，基本上完成整个路基土石方任务的三分之一。同时，在战斗中涌现了大批的"四好"单位和"五好"民兵，好人好事层出不穷，整个工地形势一派大好。

对如何搞好第一个战役的总结评比，大家认为：根据毛主席"发扬成绩，纠正错误，以利再战"的教导，必须认真搞好总结评比，通过总结评比，肯定成绩，克服缺点，乘胜前进，使广大民兵受到一次深刻的毛泽东思想教育。在总结评比中，要以毛泽东思想作统帅，以"四好""五好"为纲，大力表扬好人好事，树立一批标兵。同时对干部也要发动群众进行一次评比，好的要表扬。

如何打好第二个战役？会上作了初步安排。以团为单位，在总结第一战役的基础上，开好誓师动员大会，第二战役战程定为10个工作日。要求通过这一战役，完成路基土石方任务的60%以上，完成全部涵洞工程。

为了夺取第二个战役的胜利，会议要求各级干部和广大民兵要继续高举毛泽东思想伟大红旗，突出无产阶级政治，狠抓根本不转向，用毛泽东思想统帅工地一切，继续深入地开展以"四好""五好"为纲，以"四赛"为内容的社会主义革命竞赛运动；狠抓工程质量；继续搞好工具改革，改进劳动组合，搞好施工的科学管理；关心群众生活，注意工作方法。

会议最后，对安全保卫问题进行了研究。

## 高举红旗擂战鼓　再接再厉建新功
——枝城先锋营决心夺取第二战役更大胜利

枝城团先锋营遵照伟大领袖毛主席"发扬成绩，纠正错误，以利再战"的教导，发动群众认真总结了第一战役的成绩和经验，初评了"四好"集体和"五好"民兵，找出了存在问题。广大指战员说："第一战役的胜利，突出政治是第一，突出政治搞初评，越评越有劲，有了成绩找差距，才能继续举红旗。"

全师全团学先锋，先锋营广大指战员表示："高举红旗擂战鼓，再接再厉夺取新胜利，发扬成绩，克服缺点，突出无产阶级政治，鼓足一身劲，苦干巧干拼命干，大战10天任务完，胜利完成第二战役，把工程建成在战争前。"全营举办了学习班，召开了夺取第二战役更大胜利的誓师大会。他们的打算是：

认真学习毛主席"政治是统帅，是灵魂"的伟大教导，举红旗，抓根本，进一步活学活用毛主席著作和毛主席关于三线建设的指示，化为灵魂，当作根本，放在首位。坚持工前学，工间学，上工用，一天一对照，三天搞讲用；办好各种类型的学习班，接受任务事前办，好人好事讲用办，发现苗头及时办；深入开展以"四好""五好"为纲，以"四赛"为内容的革命大竞赛；抓好典型，树立样板，结成对子，普遍开展"一帮一""一对红"活动，做到好人好事及时表扬，先进经验及时推广，发现问题及时解决。

狠抓阶级斗争，进一步开展革命大批判。要发扬敢想敢干和"一不怕苦，二不怕死"的革命精神，坚持政治建路的方向。

"工改"搞得好，效率能提高。根据人多土场小的特点，决定改为三班轮换作业，一天多推几十车。决定道较宽的地方，大力使用板车，充分发挥板车和独轮车的作用。

百年大计，质量第一，安全第一。抓不抓质量、抓不抓安全，是对毛主席忠不忠，对阶级兄弟的生命负不负责的态度问题，一定要抓得紧上加紧，丝毫不能大意。他们还分别就质量和安全问题作出了具体规定。

抓好带头人的思想革命化，学在前头，用在前头，带头讲用，带头战斗。当好指挥、战斗、宣传、安全检查"四大员"。抓好典型，取得经验，指导全面。成绩面前不自满，继续革命永向前。向先进单位学习，夺取新的胜利。

### 确保工程质量　注意安全生产

本月初，师部组织检查组对工程质量和安全工作逐个单位、逐个工段认真进行了第二次大检查。经过检查，大家一致认为，由于领导重视，采取了一定措施，因此，工程质量和安全工作取得了很大成绩，积累了不少经验。但也有部分单位，思想认识不足，存在麻痹情绪，因而工程质量和安全工作也还存在一些薄弱环节和急需解决的问题。例如工程质量上个别工段采层厚，填土有草渣甚至有树根，没有夯实，涵洞工程选石用料不严，有砌风化石和坐浆不实等现象。在安全生产上，曾经一度发生重大工伤事故。这些问题和教训，大家认为必须认真吸取，坚决改正。

对今后工程质量和安全工作，检查组提出了以下几点意见：

1. 各级领导必须从思想上充分认识抓好工程质量和安全工作的重要性，把抓不抓质量、抓不抓安全提高到对毛主席忠不忠的高度来认识。要以毛泽东思想武装广大指战员的头脑，深刻认识工程质量和安全工作的重大意义。做到人人重视质量，个个注意安全。各级三结合的技术指导小组，必须对质量及时指导，经常检查，凡不符合质量的要坚决返工。

2. 路基填土必须平衡进采。采层厚度不得超过3公寸，土块不得大于1公寸，不得填入草根树皮和其他杂物。碾压和打硪必须达到密实标准。涵洞和建筑物的选料必须从严掌握。坐浆一定要饱、稳、实，更不准用风化石浆砌。

3. 安全教育要经常化，天天讲，时时讲，防止麻痹思想抬头，要做到"十五要"和"十五不准"（另介绍）。团三天一检查，师五天一检查，表扬先进，及时推广先进经验，杜绝事故，高速度、高质量地完成工程任务。

（师办事组）

## 一曲精心施工的胜利凯歌

在聂河团朝阳营的工段上，一条长达45.36米的桥涵工程，正在越过原设计线，高质量地精心施工，参战的60多名指战员，在伟大的毛泽东思想哺育下，以"一不怕苦，二不怕死"的革命英雄主义气概，谱写了一曲精心施工，保证质量的胜利凯歌。

朝阳营施工的这个桥涵工程，可算一条名副其实的"拦路虎"，它正穿过一个堰塘，按照原设计，抽槽只需3米的深度。两端施工都很顺利，但抽到中心时却突然出现了泉水井，在16米长的地段内，不断翻出浸水和稀泥，来了挖，挖了又来，指战员们不畏艰难，精神大振，连续进行紧张战斗，设计线达到甚至超过了，情况仍未好转。严冬，水冷风寒，指战员的腿脚都冻裂了口，而老底还不知道距离多

## 第二章 《战地小报》

深。这时有人说:"下堰一身泥,上岸脱层皮,只有发深靴,才好挑稀泥。"有的同志信心不足,认为深度已挖过设计线,就可以填石头了。

面对这条凶恶的"拦路虎",怎么办?是保证工程高质量,还是向困难投降?营部在现场办起了毛泽东思想学习班,反复学习了毛主席关于"精心设计,精心施工"的伟大教导。民兵赵定国说:"毛主席教导我们干革命要'完全''彻底',百年大计,质量第一,我们一定要挖出老底,保证质量,让毛主席他老人家放心。"民兵们发出豪迈誓言:"把地球挖穿,也要保证高质量,为毛主席争光。"民兵周家云和营长张朝新同志卷起裤脚,高声朗读着:"越是困难的地方越是要去,这才是好同志。""扑通",连声跳进了稀泥坑,挥动双臂猛挖起来。霎时间,30多名健儿扑向了泉水井,自动组成"愚公移山"战斗队,争着接受了艰巨的抽槽任务,只见锄锹飞舞,挑担穿梭,一场鏖战开始了。经过4天战斗,粪筐坏了60多担,铁锹坏了上10把,稀泥还是不断涌来。特别是头天收干的堰底,到第二天上工时又成了一坑泥水浆。

根据战斗的新情况,战地又办起了学习班,指战员们认真学习了毛主席"发扬成绩,纠正错误,以利再战"的教导,总结出一班施工不仅拖延工时,而且浪费人力,拖下去,也必将影响工程质量。人人主张分班连续作业,停人不停施工,以赢得时间,保证质量。这个方案通过了,但加班就要加人,怎么办?营部3个干部,14个共产党员,23个共青团员争先恐后报名参加战斗,"愚公移山"战斗队扩大到了64人,分成二班,发扬连续战斗的作风。二连连长共产党员高祖英同志,高烧刚退就跳进了堰里。民兵曹辉涛,长了耳包风,医生要他休息,他也跑到水里干,劝也劝不下火线。小伙子张发友,脚在堰底划了两条大口,调他走,他偏偏不走。你一开口劝这些同志,他们就说:"为早日建成四〇六三工程出力,给毛主席争光。"粪筐坏了,他们从两个工地食堂拿出7条麻袋提泥巴;差工具,东风大队和青冲大队主动支援铁锹7把。大家只有一个共同心愿:精心施工,保证质量,让毛主席他老人家放心。

用毛泽东思想武装起来的广大民兵，就是以对三线建设极端负责的高度责任感，发扬"一不怕苦，二不怕死"的彻底革命精神，身披月光，头顶风霜，脚踩稀泥，英勇顽强，大战"拦路虎"。经过6个昼夜的卓绝战斗，终于在16米地段内越过设计线以外2.9米的深度，多挖出稀泥60多方，挖出了黄土老底，打好了高质量建成桥涵工程的坚实基础。

在"四好"初评中，"愚公移山"战斗队被评为全团先进集体，这个战斗队的指战员中，有27名被评为"五好"民兵。

### 安全生产"十五要"和"十五不准"

要严格遵守各项安全规定，不准违反安全制度；

超过1公尺的挖方要层层取土，不准深挖陡劈；

车子来往道路要岔开，不准交叉同道；

装载行车的距离要隔2公尺，不准头尾相接；

车子下坡要降速拿稳，不准架飞车；

空车要让重车，上坡要让下坡，不准抢道拥挤；

手车板车只能运物，不准载人；

道路要有养路员随时整修，不准有障碍物积存；

人多车多的地段要有安全员值班指挥，不准撞人；

各种车辆要随时检修，不准坏车上阵；

要遵守交通规则，不准扒车拦车；

要严格遵守放炮时间，服从统一指挥，不准各自为政；

爆炸的物品要专人领取，专人使用，分别存放，妥善保管，不准他人动手，混合存放；

工棚、驻地、仓库、食堂点灯要加罩，不准点无罩灯；

要随时提高革命警惕，严防敌人破坏，不准麻痹大意。

### 天气预报

6日至7日多云到阴天。

## 第二章　《战地小报》

### 在社会主义革命竞赛高潮中
### 人人称赞的好连长

在兴山民兵团古夫营长咸连提起陈学尧同志，民兵们都称赞地说："这是我们的好连长。"

到工地头一天，长咸连就接受了涵洞工程的采石备料任务。打眼放炮，最易出工伤事故，可不是一件平常的任务。这一夜，陈学尧同志翻来覆去睡不着，他想："100多名民兵，多数是年轻人，没有摆弄石头的经验，我作为一个连队干部，一定要带好头。"

第二天，他和指导员扛着钢钎铁锤，带着民兵来到采石场。这石场是一座三四十米高的悬岩陡壁，要采石，必须先在半空搞作业架。老陈见难而上，与几个民兵腰拴绳索，吊在半岩，挖坎子，搭跳板，搭起了5个作业架，为全连采石摆开了阵势。开工以来，他穿草鞋，打赤脚，打大锤，掌钢钎，一双手磨起了一个又一个血泡，结起了一层又一层老茧。在采石场周围，有5个石方作业区放炮，为保证安全，他和指导员总是亲自带人装药灌炮，指挥民兵先走，自己最后撤离，撤除警戒后，他又爬到岩上逐炮检查，撬掉松动的石头，直到完全放心了，才摸黑回到宿营地。

为了加快速度，他带领指战员连续突击三天三夜，指导员硬要他休息，可是他刚一合眼，想起毛主席"三线建设要抓紧"的伟大教导，浑身添了劲，一骨碌爬起来，又战斗在工地上了。他说："我是干部，战士都在战场，我怎能退下来？"在连续的艰苦奋战中，他眼睛熬红了，声音嘶哑了，但思想感情却和民兵们连得更紧了。民兵们说："陈连长冲锋在前，退却在后，有他在一起，我们干起来就有劲些。"

陈学尧同志不仅战斗处处带头，而且他关心民兵生活非常细心。一次天气突然变冷，青年民兵李开华没有被子、鞋子，冻得打哆嗦，老陈毫不犹豫，把自己的铺盖搬去和小李一起睡，又脱下自己的胶鞋，给小李穿，自己却穿着草鞋，泥里踩，水里走，霜风吹，脚后跟冻裂了口，战士见了都心疼。民兵陈学林因家庭负担重，有些思家，老陈同志就和他一起学习毛主席有关三线建设的指示，又亲自给陈学林所在大队革委会写信，帮助陈学林家作好安排，陈学林深受感动，立志修好革命路，为毛主席争光。

在"四好""五好"初评中，全连民兵异口同声地说："陈连长是我们学习的好榜样，是毛主席的好战士。"

## 我是人民的子弟兵

一天早晨，在王畈团古水营的战士中，突然增添一个解放军战士。他一到工地，捡起扁担就干起来，一担比一担挑得满，一挑比一挑跑得快。军帽取下了，棉衣脱光了，后来干脆打起赤脚，裤子卷过膝盖，一个劲儿地干得汗水遍身湿透，还不肯休息。

这个解放军的模范行动，立即引起了工地全体民兵的注意：他是谁？后来，经多方打听，还未完全弄清，只知道他是一个回家探亲的解放军战士。离家数年，刚刚一脚踏上久别的故乡，就为伟大社会主义建设的壮丽景色所吸引。走到永丰水库，看到水利工地一片火热的景象，来不及回家，放下背包就投入了战斗。他一气干了十来天，看看假期快满，想到备战任务的紧急，于是干脆放弃了回家的念头，带个口信，要父亲和哥哥到工地来见了一面就要赶回部队。一到枝城，当天轮船已过，他想到毛主席"三线建设要抓紧"的教导，就这一天也不能白白浪费，于是又赶到工地紧张地战斗了一天。当别人再三问他是哪个部队，叫什么名字，他满带风趣地回答："我是中国人民解放军，我叫人民的子弟兵。"

## 模范遵守纪律的女民兵——王继珍

枝城直属连女民兵王继珍，一切行动听指挥，是自觉遵守革命纪律的模范。

王继珍家住枝城镇，今年48岁，家里几个孩子，家务负担重，开始，爱人不同意她上工地，她就和爱人一起学习毛主席关于三线建设的指示，宣传修建四〇六三工程的意义，取得了爱人的支持。到工地后，坚持不请假，一颗红心为革命，她说："经常挂住家庭，就会涣散斗志。"有一天,镇上几个孩子到工地附近玩,把王继珍的一个5岁的孩子带到了工地,为了不影响工程建设,她克服劳累,抽工余的夜晚把孩子送回家去,一分一秒也未影响战斗。民兵们说:"王继珍模范遵守纪律,真值得我们学习。"

**修好铁路埋葬帝修反**

熊声元真能干,
推车运土是好汉。
步伐稳,装得满,
满面红光满身汗。
参加焦枝大会战,
他越干心里越喜欢,
一车泥土一车弹,
来来往往如梭穿,
别人问他为的啥,
他的回答多简单:
"为毛主席争光!
修好铁路埋葬帝修反。"

## 五 第5期

**战 地 小 报**

四〇六三工程宜都民兵师编
1969年12月7日 第5期

**师部召开各团负责人紧急会议**

**贯彻分指挥部关于确保工程质量和安全施工的紧急通令**

分指挥部关于确保工程质量和安全施工的紧急通令下达后,师部立即于7日召开团长、政委紧急会议进行传达贯彻。会议认真学习了伟大领袖毛主席"要多快好省地修建铁路""精心设计，精心施工""你们千万要注意安全"等教导。对照通令总结检查了前段工作，研究了贯彻执行紧急通令的具体措施。

会议认为，分指下达的紧急通令，非常正确、非常及时。全体指战员必须认真学习，坚决贯彻执行。

会议认为，工程施工以来，由于高举毛泽东思想伟大红旗，突出无产阶级政治，贯彻政治建路方针，大打人民战争，工程质量和安全施工方面取得了很大成绩，涌现了很多讲究质量和安全施工的先进单位。但是，部分单位因领导认识不足，教育群众不够，有的已在工程质量和安全施工方面出了问题，有的存在事故苗头，必须引起高度注意。

会议认为，为认真贯彻执行分指紧急通令，必须首先解决好各级领导的认识问题，武装骨干，使他们以高度的责任感去作好确保质量和安全施工的工作。特别要放手发动群众，造成人人讲究质量，个个注意安全的浓烈气氛。打一场保质量讲安全的人民战争。

师负责人彭兆榜同志作了总结，要求各级领导和全体指战员认真学习毛主席关于三线建设的各项指示，认真领会确保质量和安全施工的重要意义，把抓不抓质量提到是否忠于毛主席的高度来认识，各级干部要把抓安全提到对人民生命财产是否负责的高度来认识，自觉、认真地执行通令。要大搞群众运动，充分发动群众，把质量、安全交给群众自己讨论，自己掌握，不能少数人包办。要认真学习、深刻领会、坚决执行毛主席"要多快好省地修建铁路"的伟大教导，把四者看成统一的整体，不可偏废。通过贯彻通令，迅速掀起"保质量，防事故"的群众运动，夺取第二战役的新胜利。

会议还就召开全师首次活学活用毛泽东思想积极分子和先进单位代表会议问题进行了研究，决定这次代表会议将在12月中旬举行。

## 以实际行动落实曾司令员指示
## 鼓足干劲夺得第二战役开门红
### 潘湾民兵团革命竞赛运动热浪滚滚

曾司令员视察当阳民兵师工地的喜讯和视察时的重要指示，传到了正以战斗姿态迎接第二战役新高潮的潘湾民兵团，顿时，工地一片欢腾，指战员们激动地说："首长亲临工地视察，这是对我们的巨大关怀、鞭策和鼓舞。"表示要鼓足一身劲，以高速优质完成工程任务的行动，执行毛主席和党中央的最新战斗号令，落实曾司令员的重要指示。

指战员们办起了战地学习班，学习重要指示，制订落实首长指示的计划。全福营二连二排战士们精神抖擞地说："首长关怀喜人心，铁道民兵增干劲。"15名战士打着赤膊干。一连在连长带领下，忘了休息，团政委说服他们休息，他们却回答："争分夺秒落实首长指示。"有12名战士休息时间内从山上刮下3方多土。

"奔腾急，万马战犹酣。"工地上热气腾腾，战鼓声声，在一片"掏尽红心为革命，甘洒热血修三线"的口号声中，没安排夜班的栗树脑营战士，整队跑步上阵，早班的星火营指战员凌晨3点多钟就进入工地。这一晚，有5个营的500多名指战员参加夜班。他们用苦干巧干拼命干的战斗行动，打响了第二战役的头一炮。

现在，潘湾团第二战役社会主义革命竞赛，正向纵深发展。

## 三板湖上一片红
### 松华营活学活用毛泽东思想的先进事迹

三板湖上战鼓急，松华营里尽朝晖。战斗在三板湖大桥工地的王畈民兵团松华营300多名指战员，高举毛泽东思想伟大红旗，"一不怕苦，二不怕死"，不畏风寒水冷，乐于吃苦耐劳，以加快再加快的速度，推进着工程施工。

## 服从需要顾全局

松华营开赴工地后,曾几次变换工种,开始担任土石方工程,紧张战斗了两天,刚刚打开局面,便接到新任务,转移到三板湖。工地的变换、工具的准备、几百人的食住安排,一度忙得营连干部团团转。事务繁重,放松了政治工作。于是短暂出现了少数青年翻筋头(玩)、妇女拿线头(做鞋)的纪律松弛现象,个别不愿变换工种的人还有着"远田不富,只顾跑路"的议论。在团领导的帮助下,营连干部带着问题学习了毛主席"政治工作是一切经济工作的生命线"的伟大教导,认识到前段忙乱,却没忙在点子上,"不抓根本,一事无成"。为了武装指战员思想,鼓舞斗志,迅速举办了240多人参加的毛泽东思想学习班,反复学习毛主席关于三线建设的一系列指示,狠抓学先进,带动一片红。一连一排排长张明礼,颈部长有鸡蛋大一个肉结,医生判断为恶性肿瘤,对他的生命有很大威胁,但是,他为了参加三线建设,瞒着疾病上了工地,他说:"毛主席为中国人民和世界革命人民操心,为内地建设操心得睡不好觉,我们如果不为三线建设出力,不服从革命需要,讨价钱,讲条件,怎么对得起毛主席呢?"在施工中,他的脚又因公负伤,但不管怎样劝说,他都不退出战斗。张明礼的模范行动,给大家很大教育,指战员们在学习班里斗私心,表决心,向毛主席献忠心,雪片一样的决心书把营部、连部铺成一片红,都表示要服从需要,顾全大局,指向哪里,打向哪里,革命需要去哪里,就在哪里扎根,一言一行让毛主席满意,一举一动让毛主席放心。

## 苦干巧干拼命干

松华营全体指战员,发扬"一不怕苦,二不怕死"的革命精神,为了早日建设好三线,让毛主席他老人家睡好觉,早放心,他们顶风冒雨,不怕疲劳,苦干巧干拼命干,晴干雨干昼夜干。在三板桥,他们接受的是需要1400多人才能干开的艰巨任务,而他们营全打上只310多人,旁边有人说他们人少了,"做花椒不麻,做胡椒不辣",他们豪迈地说："毛主席教导我们'中国人死都不怕，还怕困难么'，在无限忠于毛主席的铁道民兵面前，没有克服不了的困难。"他们拼上一条命，鼓上一身劲，要求5天完成的1070米的一条公路，一天半通了车，要求两天修完的一条600米的板车道，一天就建成了，质量都很好。他们干劲冲天，使人赞叹不已。

施工障碍扫清了，但工程设计还要等两天才能定位。民兵们着急了，他们想到，毛主席教导我们，三线建设"即使是提前一个小时也是好的"。要我们等四五十个小时，这怎么与帝、修、反争时间呢？于是，他们自己商议，用土办法测量，设计，解放思想，敢想敢干，经过四五次反复，终于依靠"独立自主，自力更生"的力量，自己设计成功，快速施工了。

一次，为了在不影响施工的前提下搭好高铺，一连连长彭秀兴带领一支20人组成的小分队，深夜往返松木坪突击运回1300多斤木料。为了与帝修反争时间，民兵们都路过家门而不入。归途中又遇雨，天黑路滑，汗雨交织而下，大家都豪情地唱着："红军不怕远征难，万水千山只等闲……"6小时急行军74华里，运回了木料，搭起了高铺。

**执行纪律的模范**

松华营在实践中，对指战员从难从严要求，苦练"三八作风"。转战三板湖以来，虽然身居街旁，却一直保持着严格的纪律。一次，有个民兵不经请假上了街，营里抓住这个苗头，进行了纪律教育，增强了遵守纪律的自觉性。广大民兵表示："由农村转到街旁，条件变了，但贫下中农艰苦朴素的本色不能变。"

他们严格执行"三大纪律，八项注意"。转移时，对18个住户里外扫得干干净净，水缸挑满。营连主要负责人逐户座谈访问，征求意见。当发现有一户的木器上楔松了时，也看作是军纪问题，进行了修理。贫下中农深受感动，大军转移时，扶老携幼来送行，3个老婆婆流出了热泪，称赞他们是毛主席的好民兵。

毛泽东思想育英雄，三板湖上一片红。松华营里，革命竞赛热火朝天，好人好事层出不穷，指战员中，有150人被初评为"五好"民兵。现在，这支精悍的民兵队伍，正在毛主席"全党都要注重战争，学习军事，准备打仗"的光辉指示指引下，向人民解放军学习，朝着非常无产阶级化，非常战斗化的方向，健步迈进！

（王畈团供稿）

## 领导重视　措施得力
## 先锋营安全保卫工作抓得好

枝城团先锋营遵照伟大领袖毛主席"你们千万要注意安全""保卫工作十分重要，必须尽力加强之"的教导，在施工过程中，认真注意了安全保卫工作。在最近全师安全保卫检查评比中，受到了好评。

开工以来，这个营领导同志组织各级干部和广大民兵认真学习了毛主席关于安全保卫工作方面的指示，坚持政治建路，注意安全，发动群众，掀起一个人人讲安全、处处防事故的群众运动。在竞赛中，第一排有一个青年民兵，因推车不慎飞车撞人，营领导发现后，认为这是安全规则和安全生产在民兵思想上还不够落实的表现。抓住这件事，立即在火线上举办了学习班，通过学习，这个民兵认识到，这不是撞一张鸡公车的问题，而是对待毛主席关于安全工作指示的态度问题。通过学习、宣传，提高了认识，工地上出现了人人注意安全的生动局面。

在解决认识问题的同时，他们还狠抓了安全措施，注意了薄弱环节。规定推车：装土不超载，不抢道，不搞飞车，不撞车，空车不走载车路，不同拖拉机赛跑，坏车不运土，行车听指挥。挖土：不挖神仙土，不深挖陡劈，采取分层取土。干部带班推车，现场指挥，劳力来不及的，随时注意调换。

为了抓好工地安全，他们经常对广大民兵进行阶级斗争教育，树立敌情观念。放假期间，坚持专人保卫，防止敌人破坏；工棚中，一律点安全灯（马灯），不准坐在被内吸烟，烟头当时熄灭。

现在，先锋营正在借全师安全保卫工作检查评比的东风，将安全保卫工作做得好上加好。

## 第二章 《战地小报》

### 草医草药用处大　自力更生开红花

姚店团全体卫生战士遵循毛主席"自力更生""预防为主"的教导，为了把卫生工作抢在发病的前面，使广大民兵不生病或少生病，加快三线建设，按照当前季节和民兵居住地条件，集中医护人员统一分工，统一安排。在坚持日常医疗工作的同时，抽出一部分人员到洋溪背后采回了一批"桑叶""荆芥""威灵仙"等草药，用于预防伤风感冒和关节炎。这些草药不花钱，疗效高，深受广大民兵欢迎。

采药队外出采药期间，各营医疗任务由团卫生队统一安排，打破营、连界线，民兵看病随到随看，哪里有病人，哪里有医生，采药队采回的药材，由团卫生队统一分配，统一使用。在家看病和外出采药的医生轮流上山，这样既炼红了思想，又学会了采药本领。

团部卫生员李素芳同志还根据毛主席"勤俭建国"的教导，把外科用过的纱布和可用的棉球回收洗净消毒后再用。这个方法在全团很快得到了推广。

（姚店团）

### 安全施工口诀

工地"四赛"掀高潮，  
注意安全很重要。  
爆破实行"五统一"，  
现场必须有领导。  
车子去来分开走，  
危险地方要站哨。  
陡坡防滑慢慢走，  
平路不准赛抢道。  
来往不准放飞车，  
一出事故不得了。

单车只能把物运，
切记不可把人捎。

道路经常有人修，
沿途障碍要除掉。
车辆检修要及时，
不准坏车上阵跑。
行车要隔两公尺，
不要相撞开玩笑。
莫看拖拉机行驶慢，
千万不要去赛跑。
深挖陡劈容易倒，
坚决制止不能搞。

机械碾压工效高，
过往同志要让道。
乱扒汽车危险大，
切切不可瞎胡闹。
加强革命警惕性，
严防敌人把乱捣。
安全施工记得牢，
工伤事故就减少。
努力修好革命路，
政治建路红旗飘！

（姚店团）

## 土法制器械　自己找药材

枝城团白水营卫生员黎孔迪同志，遵照伟大领袖毛主席的教导，自力更生，艰苦奋斗，破除迷信，解放思想，在勤俭办卫生的道路上，迈开了可贵的第一步。

白水营刚来工地时，器械非常不足，黎孔迪同志带领5个连卫生员利用晚上时间，用搭工棚锯下来的废竹头，做了大批的软膏刀、压舌板、镊子、棉球签等常用器械。还发动卫生员自找药瓶，很快在各连建起了保健箱。

为了搞好季节性流行病的预防，黎孔迪和各连卫生员走遍西湖公社各大队，宣传毛主席关于三线建设和卫生工作的指示，调查当地疾病流行情况和药物来源，得到了当地贫下中农的大力支援，东风八队75岁的老贫农汪东远，热情协助卫生员上山采药，并把家里收藏的"陈皮"等药物送给白水营。在当地贫下中农的大力帮助下，他们采集了白茅根、紫苏、车前草、陈皮、冬桑叶、野菊花等很多野生药材。这些药材能治头痛、牙痛、扁桃腺炎等常见病和多发病，在工地发挥了巨大作用。

（枝城团）

## 高举红旗擂战鼓　争分夺秒逞英豪
### 分秒必争抢涵洞

经过紧张战斗，胜利结束了第一战役。姚店民兵团做出决定：休假一天。命令一传出，立即引起了指战员们的热烈议论："好啊，战友们，按我们的心愿，过个有意义的假日吧！"

正在修筑涵洞工程的向阳营500名指战员，接到休假命令就自动讨论起来，三连二排排长李友成激动地说："毛主席对四〇〇一工程很关心，号召我们'速度加快再加快''即使是提前一个小时也是好的'，我们不拿下涵洞，怎能安心休息！"炸石组民兵杜正章坚决表示："毛主席为三线建设操心，觉也睡不好，我们一定要拼命抢住时间，早日完成工程任务，让毛主席他老人家睡好觉。"你一言，我一语，没一个愿意停住手脚的。于是，大家决定：制服"挡路虎"，然后度假日。在规定的假日里。

### 战鼓声中度假日

向阳营工地上热气腾腾，采石组挥汗如雨，浆砌组精心施工，运输组往来穿梭，爆破组长江诗成带病上阵；民兵陈代珍打炮眼手肿了也不下战场。X战员用分秒必争的战斗行动度过了假日，"拦路虎"指日可破。

### 抓住战机修便道

第二战役紧张战斗马上就要开始，而运土的车路还没补修好。景桥营部施工员鲁振益和一连连长带着20名自告奋勇参加战斗的战士，抓住休假这个战机，到工地挖的挖，挑的挑，激战两小时，把一条50米长的车道修补完善，为加快施工速度创造了条件。

### 修整工具争朝夕

假日里，红星营二连三排木工刘泽富、曹文荣同志商量要为工程任务加快再加快出力，吃罢早饭就合作起来投入了紧张的修车战斗，一天辛勤劳动，6部缺腿少臂的鸡公车都恢复了健康。两位战士检验这些车辆完全有把握使用了，才乐呵呵地收拾工具，愉快地到工地参观文艺演出。

### 收工号后

聂河团联合营二连的指战员们，决心以实际行动去执行党中央的战斗号令，把速度加快再加快，与帝修反争时间。他们自己充分讨论后，掀起了一个收工号后3车土的群众运动。收工号响了，他们干劲倍增，把收工号当冲锋号，兴高采烈地投入到再推3车土的战斗，有的同志还推到4车、5车，直到领导再三催促，才撤出工地。

### 不畏疲劳　连续战斗

朝阳营涵洞工程急需河沙，一连民兵邓绍全、高昌民，二连民兵周新良、熊永海等11名战士，坚决请战突击河沙，获准后，他们决心不误施工，保证工程需要，拼命地干，完全忘却了疲劳，从早晨6点一直干到深夜3点，连续战斗21个小时，把87吨砂全部运到了工地，保证了涵洞工程加速施工。

### 父女俩

崭新营周志珍同志，一天接到父亲的家信，要她马上回去做衣服。本来严寒逼近，衣服单薄，但想到与帝、修、反争时间的战斗还很艰巨，果断决定："就是衣服单薄点，也不能离开战场。"又过了一段时间，父亲找到工地来了，她便向父亲宣传毛主席"三线建设要抓紧"的教导，使父亲很受感动，决心代替女儿战斗两天，让她回去做棉衣。

### 离收工还有五分钟

离收工只五分钟了，有的同志在收土坑，共产党员李叙和看后说："时间没到，我们再挖一阵吧！"但是有人却说："刚把土坑收好了，马上要吹号，算了吧。"女共产党员陈昌贵抢着说："我们现在是在同帝国主义争时间，毛主席教导我们说，'即使是提前一个小时也是好的'，我们应该争分夺秒，不能搞无政府主义，不到时间，决不收工。"统一了思想，全排战士又继续奋战。

（红花云池二连新建排）

### 共产党员的心愿

红花团双湖三连二排副排长、共产党员曾令财，推车子时脚被石头踢破了，血流满地，他一声不吭，还是继续地干，好心的同志劝他休息休息，他豪迈地说："不要紧，修四〇〇一工程是毛主席的战略决策，就是把我的10个指头都踢破了，我也心甘情愿。"

（红花双湖三连）

**这是我应该做的**

松华营民兵向光全同志,一心为革命修路,他一个3个月的头胎小孩从病危到死亡,都毅然没回去。营里知道后,要他回去两天,他到家安排一下立即返回工地。别人问他,怎么这样快?他说:"争分夺秒战斗是我应该做的。"

# 六 第6期

## 战 地 小 报

四〇六三工程宜都民兵师编
1969年12月17日 第6期
大会专辑

**进一步把工地办成红彤彤的毛泽东思想大学校**
**我师活学活用毛泽东思想积极分子代表大会隆重开幕**

四〇六〇工程指挥部、四〇六三工程指挥部、兴山县革委会、人武部,宜都县革委会、人武部,宜都县革委会扩大会议全体代表给大会发来了贺信、贺电。

红日照寰宇,凯歌震山河。在全国革命、生产一片大好形势下,在广大指战员夺取第一、二两个战役,正乘胜前进打响新的战斗的时刻,我师活学活用毛泽东思想积极分子代表大会于12月16日在枝城镇隆重开幕。

出席大会的有:宜都民兵师第一政委王天福、政委廖亚远、师长彭兆榜、副政委贺砚堂、副师长彭先铭和各团政委及其他领导同志,还有枝城区、镇革委会、铁路沿线社队的负责同志。

来自战斗前线的574名代表,怀着对伟大领袖毛主席的深厚的无产阶级感情,佩戴着金光闪闪的毛主席像章,朝气蓬勃地整队进入会

## 第二章 《战地小报》

场。他们中间有高举毛泽东思想伟大红旗，走政治建路的道路，发扬艰苦奋斗、自力更生的先进集体；有苦干加巧干，大搞技术革新的先进单位；有活学活用毛泽东思想，发扬"一不怕苦，二不怕死"，吃大苦，耐大劳的"五好"民兵代表；有以工地为课堂，认真接受工农兵再教育的知识青年代表；有全心全意为人民服务的医务人员；有赤胆忠心，认真负责的安全员的代表；有突出政治，财务民主，生活管理好的"五好"食堂的代表；有全心全意为人民服务，既当指挥员又当战斗员的好干部等。

大会于上午9时，在庄严的《东方红》歌声中开幕。

大会主席团主席、民兵师第一政委王天福同志首先致开幕词（全文另发）。

民兵师师长彭兆榜同志向大会作了报告。他说："这次会议，是大赞大颂毛泽东思想光辉胜利的大会，是检阅全师活学活用毛泽东思想成果的大会，是把活学活用毛泽东思想群众运动推向新高潮，进一步落实毛主席关于三线建设指示和党中央最新战斗号令，多快好省地建成四〇〇一工程的誓师动员大会，是一个团结的大会，胜利的大会。"

彭师长在报告中，总结了全师前段活学活用毛泽东思想的成绩和经验。他说："在前段会战中，由于我们高举了毛泽东思想伟大红旗，突出了无产阶级政治，深入地开展了活学活用毛泽东思想的群众运动，坚持了政治建路的道路，狠抓了阶级斗争和两条路线斗争，开展了革命大批判，坚持'四个第一'，大兴'三八作风'，大兴'四好''五好'运动，因而取得了很大成绩，涌现了大批的先进集体和先进个人，思想革命化，大大促进了工程进展，保证了质量。"他在表彰了一批先进单位和个人以后，强调指出："这些成绩的取得应该归功于伟大领袖毛主席，归功于党。这是毛泽东思想的伟大胜利，是上级正确领导的结果，是后方革命人民积极支援的结果，也是广大指战员活学活用毛泽东思想的结果。"

彭师长在报告中还指出："我们在总结成绩、经验时也应看到在前进中也还存在有些问题，应当发扬成绩，找出差距，克服缺点，乘胜前进。"

彭师长在报告的最后部分，要求广大指战员，更高地举起毛泽东思想伟大红旗，突出无产阶级政治，深入开展活学活用毛泽东思想的群众运动，用毛泽东思想武装头脑，促进思想革命化；大借中央铁道部、昆明、安徽参观团来我们工地检查指导工作的东风，再鼓干劲，搞好工作，进一步搞好工程质量，搞好安全生产。他还要求到会全体代表，认真总结前段活学活用毛泽东思想的经验，开好讲用会，虚心学习，互相交流，取长补短，共同提高。把人家的经验学到手，带回去，推广开。通过这次大学习，进一步在我们整个工地掀起一个活学活用毛泽东思想群众运动的新高潮，学出新水平，用出新水平，努力实现思想革命化，多快好省地完成建路任务，为毛主席争光，为社会主义祖国争光。

接着在会上宣读了四〇六〇工程指挥部、四〇六三工程指挥部、兴山县革命委员会、人武部，宜都县革委会、人武部，宜都县革委会扩大会议全体代表为大会发来的贺电、贺信。代表们怀着对伟大领袖毛主席无限热爱、无限信仰、无限崇拜、无限忠诚的激动心情一遍又一遍地高呼："毛主席万岁！毛主席万万岁！""敬祝毛主席万寿无疆！"大会还收到了枝城区、镇革委会等46个单位送来的贺信。

## 第一政委王天福同志的开幕词

同志们：

在全国革命和生产的一片大好形势下，在四〇〇一工程大会战的大好形势下，我们宜都民兵师活学活用毛泽东思想积极分子代表大会今天胜利开幕了！首先向同志们问好。今天全师活学活用毛泽东思想积极分子代表大会的胜利召开，是我全师民兵政治生活中的一件大喜事。这是毛泽东思想的伟大胜利！是毛主席革命路线的伟大胜利！是向毛主席汇报的大会，是活学活用毛主席著作的大会。

我们宜都民兵师全体指战员，从11月14日正式开工，全师广大民兵指战员高举毛泽东思想伟大红旗，活学活用毛泽东思想，走政治

## 第二章 《战地小报》

建路的道路,又在各级革委会和人民群众的积极支援下,在上级指挥部的正确领导下,经过1个月激烈战斗,不仅取得了显著的成绩,而且涌现出了大批活学活用毛泽东思想的积极分子。这就是忠于毛主席的具体表现。今天参加大会的代表:有高举毛泽东思想伟大红旗,走政治建路,艰苦奋斗,自力更生的先进集体;有苦干加巧干,大搞技术革新的先进单位;有活学活用毛泽东思想,发扬"一不怕苦,二不怕死",吃大苦,耐大劳的"五好"民兵代表;有全心全意为人民服务的医务人员;有赤胆忠心,认真负责的安全员的代表;有突出政治,财务民主,生活管理好的"五好"食堂的代表;有全心全意为人民服务,既当指挥员又当战斗员的好干部,等等。今天参加大会的同志,是我们全师13000名民兵指战员的优秀代表,你们经过1个月的艰苦奋战,今天会聚在一起,来互相交流活学活用毛泽东思想的先进经验,在这次代表会上,人人讲,个个讲,把活学活用毛泽东思想的好经验都讲出来,要讲出风格来,讲出团结的气氛来,讲出干劲来,我们通过讲用,达到互相交流经验,互相学习,取长补短。通过这次会议,将把我师活学活用毛泽东思想的群众运动推向一个新阶段。

  我们搞建设必须用毛泽东思想作指导,走政治建路的道路,我们在工地就是要突出毛泽东思想,就是要狠抓活学活用毛泽东思想,狠抓对毛主席的无限忠诚,我们要时时、事事用主席的思想统帅我们的思想,活学活用"老三篇",发扬"一不怕苦,二不怕死"的彻底革命精神,要无限忠于伟大领袖毛主席。我们全体民兵参加这次大会,实际上就是一次战备演习,我们要把工地当作战场,做到既修路又炼思想,又炼作风,炼出战时需要的好作风来。要抓突出政治,抓住"四好"不放,坚持"四个第一",大兴"三八作风",把"四好""五好"的群众运动推向新高潮。我们在抓"四好"时,必须狠抓政治思想好。政治思想好是带头的,这一环抓好了,就能带动其他"三好"。我们现在工地人多,思想复杂,任务重,时间紧,要求高,要想按时保质完成任务,必须狠抓人的思想革命化,因此,通过这次代表大会将会对我们全师活学活用毛泽东思想的群众运动有很大的推动。通过这次会战，把我们的民兵锤炼得成为无限忠于伟大领袖毛主席的坚强战士。我们这次代表大会是在初评的基础上产生出来的。我希望到会的代表同志们，要保持光荣，发扬光荣，要用战备的观点来观察一切，分析、对待一切，在总评中将会涌现更多的活学活用毛泽东思想积极分子，我们要大借东风，大战十二月，将会有更多的人参加大会，向中央和各地派来的检查团汇报我们的成绩。讲用我们活学活用毛主席著作的好经验，向伟大领袖毛主席敬献忠心。

最后，预祝代表大会胜利成功！

## 四〇六〇工程指挥部
## 贺　信

宜都民兵师活学活用毛泽东思想积极分子代表大会全体代表同志们：

在全国革命、生产一片大好形势下，经伟大领袖毛主席亲自批准修建的四〇〇一工程大会战进入紧张战斗的关键时刻，你们隆重举行了活学活用毛泽东思想积极分子代表大会，这是你们政治生活中的一件大喜事，这是战无不胜的毛泽东思想的胜利！我们代表全线广大指战员向大会表示热烈的祝贺，并致以战斗的敬礼！

你们满怀无限忠于伟大领袖毛主席的赤胆忠心，立下为伟大领袖毛主席争光、为社会主义祖国争光的雄心壮志，开赴四〇〇一工程大会战的战场，投入了紧张的战斗。你们在大会战中，高举毛泽东思想伟大红旗，突出无产阶级政治，紧跟毛主席的伟大战略部署，用毛泽东思想统帅一切，坚持奋发图强、自力更生、勤俭建国的方针，大打人民战争，旗开得胜，初战告捷，创造出可歌可泣的英雄事迹，涌现出大批的先进模范人物和先进集体，为我们树立了光辉的榜样，这是你们的胜利，这是你们的光荣。

"雄关漫道真如铁，而今迈步从头越。"我们伟大领袖毛主席对四〇〇一工程很关心，党中央又向我们发出新的战斗号令，希望你们高举"九大"团结、胜利的旗帜，遵照毛主席"发扬革命传统，争取更大光荣"的伟大教导，认真总结经验，表彰先进，再接再厉，深入开展活学活用毛泽东思想的群众运动，紧跟毛主席的伟大战略部署，用战备的观点观察一切、检查一切、落实一切；认真贯彻毛主席"抓革命，促生产，促工作，促战备"的伟大方针，大力开展"四好""五好"运动和社会主义革命竞赛运动；不断地用毛主席关于无产阶级专政下继续革命的理论武装头脑，发扬"一不怕苦，二不怕死"的革命精神，鼓足干劲，力争上游，多快好省地提前完成四〇〇一工程任务，为伟大领袖毛主席争光，为伟大的社会主义祖国争光。

伟大领袖毛主席万岁！万岁！万万岁！

四〇六〇工程指挥部<br>
1969 年 12 月 14 日于荆门

## 四〇六三工程指挥部
### 贺　电

宜都民兵师活学活用毛泽东思想积极分子全体代表同志们：

敬悉你们召开首届活学活用毛泽东思想积极分子代表大会，这是你们政治生活中的一件大喜事，是战无不胜的毛泽东思想的伟大胜利！特来电向你们表示热烈的祝贺。你们高举毛泽东思想伟大红旗，活学活用毛泽东思想，发扬"一不怕苦，二不怕死"的彻底革命精神，在大会战中创造出许多可歌可泣的英雄事迹，涌现出大批先进人物和先进集体，为广大三线战士树立了光辉榜样，望通过大会认真总结经验，更高地举起毛泽东思想伟大红旗，鼓足更大的革命干劲，再接再厉，谦虚谨慎，进一步掀起活学活用毛泽东思想新高潮，高速优质地提前完成四〇〇一工程任务，为毛主席争光！为社会主义祖国争光！

敬祝毛主席万寿无疆！

1969 年 12 月 15 日

## 宜都县革委会、人武部
### 贺　电

四〇六三工程宜都民兵师并出席活学活用毛泽东思想积极分子代表大会：

　　在举国上下一片大好形势下，战斗在四〇六三工程宜都民兵师的广大指战员，满怀对伟大领袖毛主席的深厚无产阶级感情，和对帝、修、反的深仇大恨，干劲冲天，斗志昂扬，捷报频传，形势喜人，活学活用毛泽东思想积极分子代表大会在胜利的凯歌声中开幕了，这是毛泽东思想的伟大胜利，是广大民兵活学活用毛泽东思想的丰硕成果，宜都县革命委员会、宜都县人武部特致以热烈的祝贺！

　　希望到会全体代表，更高地举起毛泽东思想伟大红旗，高举"九大"团结、胜利的旗帜，紧跟毛主席的伟大战略部署，认真落实毛主席一系列最新指示和新的战斗号令，发扬"一不怕苦，二不怕死"的彻底革命精神，把毛主席的一系列光辉指示和党的各项战斗号令，化为广大民兵的灵魂，以实际行动夺取四〇六三工程的更大胜利，让毛主席他老人家早日放心。

　　同志们！我们一定要乘当前的大好形势，鼓足更大的干劲，把活学活用毛泽东思想的群众运动，开展得更加广泛、深入，夺取革命和建设的更大胜利，以跃进的步伐跨入更加光辉的20世纪70年代！

　　最后，祝大会圆满成功！

1969 年 12 月 15 日

### 贺　电

四〇六三工程宜都民兵师活学活用毛泽东思想积极分子代表大会并全体代表同志们：

　　你们活学活用毛泽东思想积极分子代表大会的召开，是毛泽东思想的伟大胜利，是你们以无限忠于伟大领袖毛主席的红心，认真落实毛主席"备战、备荒，为人民"的伟大战略方针的结果，是你们落实毛主席"提高警惕，保卫祖国""要准备打仗"的最新指示的结果，也是你们以实际行动落实以毛主席为首的无产阶级司令部一系列最新战斗号令的结果。你们大会的召开，是我们共同的大喜事。特致电向你们表示热烈的祝贺！

你们和全体民兵指战员，发扬了"一不怕苦，二不怕死"的彻底革命精神，为祖国的三线建设立下丰功伟绩，作出了巨大的贡献，取得了很大的成绩，我们以无限忠于毛主席的红心，向你们学习！向你们致敬！

让我们在毛主席"团结起来，争取更大的胜利"的庄严号召下，以"只争朝夕"的精神，把三线建设的任务，从时间上提前再提前，在速度上加快再加快，在质量上提高再提高，为毛主席争光！为社会主义祖国争光！

敬祝毛主席万寿无疆！

宜都县革命委员会扩大会议<br>
全　体　代　表<br>
1969 年 12 月 14 日

## 兴山县革委会、人武部
## 贺　信

四〇六三工程宜都民兵师：

在四〇〇一工程大会战的一片大好形势下，欣闻你师首届活学活用毛泽东思想积极分子代表大会胜利召开，这是毛泽东思想的伟大胜利，在此，特向你们表示最热烈的祝贺，并希望全体指战员更高地举起毛泽东思想伟大红旗，坚持走政治建路的道路，再接再厉，乘胜前进，夺取新的更大胜利，为伟大领袖毛主席争光，为社会主义祖国争光。最后预祝大会成功。

1969 年 12 月 15 日

## 庆祝师活学活用毛泽东思想积极分子代表大会胜利召开
### 罗家湾大会战　施工进度翻一番

聂河团部分指战员再接再厉，在转战罗家湾新的战斗中，广大指战员，为了庆祝师活学活用毛泽东思想积极分子代表大会的召开，进一步掀起了活学活用毛泽东思想群众运动的新高潮，学出新水平，用出新水平，做出新贡献，天寒地冻人心暖，土硬路远意志坚，700多人16日一天填方两采40米，工效翻一番。

### 奋战样板段

枝城团西湖营广大指战员，为了庆祝代表大会的召开，正在争分夺秒，奋战样板段。为了抢时间，他们每天提早上班，晚上搞夜战，没有照明，指战员们就把住宿的罩子灯拿到工地作照明用，碰到困难时，他们就歌唱："下定决心，不怕牺牲，排除万难，去争取胜利。"在战斗中迎着困难上，条件自己创，为了迅速备足样板段中的底渣，还组织了"小老虎"突击队，晚上进行突击运输，他们决心提前完成120公尺样板段任务，向代表大会献礼，向毛主席敬献忠心。

### 借东风鼓干劲　向大会献礼

红花团各营，大借大会东风，大战十二月，速度再加快，质量再提高。广大指战员心怀朝阳，不畏严寒，为革命乐于吃苦，大风大浪不迷航，泰山压顶不弯腰，群策群力，争分夺秒，全团557人，利用休整日，修理推土车216张，粪筐292担，修整车路190米，云池营出动40多人通夜抢搭天桥，决心提前完成任务。

### 大战三天完成任务

枝城团先锋营广大指战员，为了庆祝师部召开的活学活用毛泽东思想积极分子代表大会，决心大战三天，争分夺秒，完成全部土石方任务，向大会献礼。

他们在毛主席像前表决心：进一步掀起活学活用毛泽东思想群众运动新高潮，为毛主席争光，为社会主义祖国争光，再鼓干劲，再添措施，大战三天，保证质量，完成全部土石方任务。当这个消息传到后方以后，后方人民纷纷连夜赶来支援。双桥四队队长余万发和战士彭先朗，连夜砍竹子打了9担粪筐送来。他说："多支援一担粪筐，就多一分力量。"还送来了14部推土车。七队队长杨光德，对党和毛主席无限忠诚，爱人生了小孩，一夜没有睡觉，第二天清早又跑到九道河，将两部车子修好后送来支援。家里社员也日夜苦战，完成了大队茶厂修建任务。在毛泽东思想红旗下，互相支援，互相促进，前方后方团结一致，支援先锋打胜利，他们满怀胜利豪情，大战3天完成任务，迎接新的战斗，革命路上不停步。

## 七　第7期

### 战　地　小　报

四〇六三工程宜都民兵师编

1969年12月19日　第7期

**高举毛泽东思想伟大红旗奋勇前进**

**我师活学活用毛泽东思想积极分子代表大会胜利闭幕**

**大会评选了出席分指的代表，通过了大会倡议书**

东风浩荡，红旗漫卷。我师活学活用毛泽东思想积极分子代表大会，自16日开始，历时3天，于18日胜利闭幕。

这次大会，是一个团结的大会，是一个夺取更大胜利的誓师大会。大会期间，来自战斗前线的602名代表，畅谈了国内外一片大好形势，通过大会、小会讲用，总结交流了活学活用毛泽东思想的经验，大赞大颂了毛泽东思想的光辉胜利。会议期间，还听取了出席宜昌军分区活学活用毛泽东思想积极分子代表张传万同志的传达报告。到会代表怀着无限喜悦幸福的心情，激动地说："天大地大不如毛主席的恩情大，爹亲娘亲不如毛主席亲。""我们修的是幸福路，开的是光荣会，这是伟大领袖毛主席对我们政治上的最大关怀、最大鼓舞，也是我们的最大幸福。"一致表示："活着就要拼命干，一生献给毛主席，一定把这次大会的精神和兄弟单位的宝贵经验带回去。"

各团代表和到会的女代表以及师部所属工程、后勤、办事、政工的代表，都向大会献了决心书。

师政委廖亚远同志为大会作了总结，首先对这次代表大会进行了估价。他说："这次代表大会，高举了毛泽东思想伟大红旗，突出了无产阶级政治，大会开得很好，开得很成功，是一个团结的大会、胜利的大会，这次大会将对我们全工地产生深远的作用。"

廖政委在分析了国内外一片大好形势以后，深刻地阐明了活学活用毛泽东思想的重大意义。他说："毛泽东思想是我们时代的旗帜，是我们的命根子，历史经验证明，有了毛泽东思想作指导，我们的革命就胜利，事业就兴旺；离开了毛泽东思想，革命就受挫折，就失败。把毛泽东思想学到手，这是革命的需要，战备的需要，是时代赋予我们的光荣战斗任务。"他在总结了前段经验的基础上指出："为了把毛泽东思想真正学到手，必须进一步加深广大指战员对毛主席的深厚无产阶级感情，经常联系实际，'斗私批修'，自觉在灵魂深处爆发革命，在斗争中学，在斗争中用，要像'无限忠于毛主席的好党员'李全洲同志那样，活学活用毛泽东思想，在'用'字上狠下功夫，用毛主席关于在无产阶级专政条件下继续革命的理论武装头脑，在思想革命化的道路上，永不自满，永不停息，永远前进。"他要求各级领导同志，一定要在活学活用毛泽东思想，认真改造世界观上带好头，做好样板，做"三忠于"的带头人，做紧跟毛主席的带头人，做"三不脱离"的带头人（不脱离群众，不脱离劳动，不脱离实际）。

最后，他要求广大指战员，更高地举起毛泽东思想伟大红旗，发扬连续作战的作风，发扬"一不怕苦，二不怕死"的彻底革命精神，大借各级参观团的东风，大鼓干劲，大战十二月，加快速度，保证质量,注意安全,力争早日完成路基土石方,迎接更加光辉的七〇(1970)年。他还要求到会代表"把这次大会的经验带回去,广泛传播,把活学活用毛泽东思想群众运动推向一个新阶段,学出新水平,用出新水平,出现一个新局面。进一步掀起一个学先进、赶先进、超先进的社会主义革命竞赛新高潮,多快好省地完成建路任务,为毛主席争光,为社会主义祖国争光"。

大会还给到会代表发了奖状,表扬了一批活学活用毛泽东思想的先进集体和个人。评选出了出席分指挥部活学活用毛泽东思想积极分子代表大会代表。

一致通过了给全师广大指战员的倡议书,大会在"大海航行靠舵手"的歌声中胜利结束。

## 四〇〇一工程总指挥部
### 发出第一号战报

一、河南省指挥部所属15个民兵团:博爱、封丘、长垣、巩县、荥阳、宁陵、商丘、柘城、睢县、民权、浙洲、南阳、新野、镇平、邓县民兵团,高举毛泽东思想伟大红旗,突出无产阶级政治,坚持"独立自主、自力更生"的方针,发扬"一不怕苦,二不怕死"的彻底革命精神,在12月5日前,高速优质地提前完成了正线路基土石方任务。其中博爱县民兵团的正线已铺好轨。

二、河南省已铺轨13.6公里:北端已铺轨1.5公里,洛阳南北已铺轨5.5公里,平宝联络线已铺轨6.6公里。

## 四〇六三工程宜都民兵师活学活用毛泽东思想
### 积极分子代表大会
### 倡议书

全师广大民兵指战员同志们:

凯歌高奏,红旗漫卷。在全国革命、生产和工地一片大好形势下,我们光荣地参加了师召开的活学活用毛泽东思想积极分子代表大会,我们能够荣幸地出席这次大会,是毛泽东思想哺育的结果,是全师广大指战员对我们的信任和光荣委托,是对我们的鼓励和鞭策。这次大会大赞大颂了毛泽东思想伟大胜利,检阅了全师活学活用毛泽东思想的光辉成果,交流了活学活用毛泽东思想的宝贵经验,受到了一次最深刻的毛泽东思想教育。为了把活学活用毛泽东思想的群众运动和"四好""五好"运动推向新高潮,进一步把会战工地办成红彤彤的毛泽东思想大学校,认真落实党中央的最新战斗号令,曾、刘首长和孔副司令员"速度再加快"的指示,高速度、高质量、低造价地提前完成四〇〇一工程的光荣任务,我们特此倡议:

一、更高地举起毛泽东思想伟大红旗,突出无产阶级政治,深入持久地开展活学活用毛泽东思想的群众运动。我们要把活学活用毛泽东思想放在一切工作的首位,学出新水平,用出新水平。以"老三篇"为座右铭,以"斗私、批修"为纲,用毛主席关于在无产阶级专政条件下继续革命的理论,武装头脑,进一步提高不断革命、继续革命的自觉性,认真学习毛主席关于"备战、备荒、为人民"和三线建设的一系列指示,把对帝修反的仇恨搞得深深的,把战备观念树得牢牢的,把战士的士气鼓得足足的,锤炼一颗无限忠于毛主席的红心。

二、坚持政治建路的道路,狠抓阶级斗争和两条路线斗争,深入开展革命大批判,大立毛主席政治挂帅、群众路线、人民战争、独立自主、艰苦奋斗、多快好省地建设社会主义的光辉思想。

三、进一步开展"四好""五好"运动,更深入地掀起赛革命、赛团结、赛进步的社会主义革命竞赛高潮。大学解放军,坚持"四个第一",大兴"三八作风",狠抓民兵"三落实",加强连队建设,搞好生活管理,以李全洲、孙玉国、杨水才、金训华、秦世向同志为光辉榜样,发扬"一不怕苦,二不怕死"的彻底革命精神,在会战中,炼人、炼思想、炼作风,锤炼一颗无限忠于毛主席,无限忠于毛泽东思想,无限忠于毛主席革命路线的红心,建立一支能够打大仗、打硬仗、打恶仗,战无不胜、攻无不克、无坚不摧的革命化的战斗队伍。

四、进一步实现领导班子的革命化。各级领导干部要带头活学活用毛泽东思想,参加劳动,指挥战斗,"既当官,又当老百姓",密切联系群众,关心群众生活,注意工作方法。

五、遵照伟大领袖毛主席"精心设计,精心施工"的指示,认真贯彻分指挥部的紧急通令,用毛泽东思想统帅施工,确保工程质量。同时,要注意搞好安全,防止事故发生。

讲究卫生,办好生活,保证指战员身体健康。

同志们:让我们更高地举起"九大"团结胜利的旗帜,借中央铁道部、昆明、安徽、福建前线等参观团来我师参观的东风,大战十二月,多快好省地提前完成工程任务,迎接新的更加光辉的一年,为伟大领袖毛主席争光,为社会主义祖国争光!

敬祝毛主席万寿无疆!

1969 年 12 月 18 日

### 赞"松华营"

东风浩荡展红旗,松华民兵功勋奇。
三板湖上钢铁汉,昼夜三日战稀泥。
横扫稀泥如卷席,全歼顽泥"五百余"。
湖心今朝见基底,勇士挥戈来报喜。

### 喜 报

祖国江山红烂漫,焦枝线上尽朝晖。在一片大好的革命形势下,师部召开了活学活用毛泽东思想积极分子代表大会,我营全体指战员,怀着对伟大领袖毛主席深厚的无产阶级感情,在代表大会强劲东风的鼓舞下,不畏寒风,脚踩稀泥,经过三天的苦战,完成了三号墩的艰巨任务,这是毛泽东思想的伟大胜利!这是毛主席革命路线的伟大胜利!

王畈团松华营全体指战员

## 出席分指挥部活学活用毛泽东思想积极分子代表大会先进单位和先进个人代表

**先进单位：**

| | |
|---|---|
| 枝城团 | 先锋营 |
| 兴山团古夫营 | 长水连 |
| 王畈团 | 松华营 |
| 红花团 | 蔡冲营 |
| 姚店团 | 团部卫生队 |
| 聂河团邓畈营 | 第一连 |
| 潘湾团全福营 | 第一连 |
| 枝城团大堰营 | 第三连 |
| 聂河团朝阳营 | 愚公移山战斗队 |
| 枝城团西湖营二连一排 | 第二班 |
| 兴山团三阳营三合连 | 谭国朗小组 |

**先进个人：**

| | | | |
|---|---|---|---|
| 枝城民兵团 | 郑崇松 | 陈先玉 | 杨世英（女） |
| | 吴辉信 | 周泽民 | 杨真瑞 |
| 兴山民兵团 | 刘祖尧 | 杨言斌 | 黄先让 |
| | 雷永久 | 陈兴苏 | 韩国良 |
| | 谭国朗 | | |
| 姚店民兵团 | 龙祖进 | 李友毅 | 高登华 |
| | 何毓祥 | 周海兰（女） | |
| 红花民兵团 | 黄传富 | 丁万香 | 廖敏远（女） |
| 王畈民兵团 | 刘兴贵 | 曹启冲 | 李远甲 |
| 聂河民兵团 | 谢家贵 | 张朝新 | 任文成 |
| 潘湾民兵团 | 冉永全 | 刘维芳（女） | |

## 第二章 《战地小报》

### 是"压力"还是"动力"

王畈团松华营一连,是出席师活学活用毛泽东思想的先进单位,但最近一个平时表现比较好的战士在和其他兄弟连队共同战斗中,却发生了几件不好的事情:这个战士未经请假,送姐姐过江。在一次装车时,又打破车上一块玻璃。另一个战士用抓钉勾着铁桶底倒稀泥,把桶搞穿了,还有一个战士吃饭选三挑四。兄弟连队对此提出了意见,也有个别民兵说风凉话。一连战士知道后,部分战士认为:"成了先进以后,压力很大。"针对这个思想,连的领导立即组织全连广大战士学习"老三篇"和毛主席的有关教导,提出了一个问题让大家讨论:"对我们存在的问题提出批评,到底是'压力',还是'动力'?"通过学习和讨论,最后大家一致认识到:如果我们缺乏不断革命的精神,看不到我们还有很多不足的地方,还需要努力,缺乏自觉性,陷入盲目性,就会把别人的意见看作是"压力"。如果我们按照毛主席谦虚谨慎,戒骄戒躁的教导,在成绩面前找不足,在先进面前找差距,我们就会把别人给我们提的意见,看作宝贵的"礼物",别人给我们提意见正说明了我们还存在问题,还有很多不足的地方,还需要我们继续努力。我们的战士,在连里表现比较好,之所以一离开连队就出问题,正说明了我们的作风还不过硬,还缺乏自觉性,"三八作风""四个第一"在思想上还没有牢牢地扎根,所以我们应该把"意见"看作是我们继续革命的"动力",而不是"压力"。

是"压力"还是"动力",是两种世界观的反映。因此,我们要以"老三篇"为武器,以"斗私批修"为纲,做继续革命的先锋战士。

### 气吞山河雄心壮

战地黑夜灯光闪,铁道民兵大会战。
银锄挥舞天地动,车来人往干得欢。
胸有朝阳浑身暖,不畏冬夜天气寒。

气吞山河雄心壮，挥戈挖平两座山。
昔日愚公能移山，今日雄兵战宇寰。
双手擎起回天力，双肩能挑千斤担。
填平罗家湾，日月换新天。
誓把焦枝早建成，彻底埋葬帝修反。

## 革命小将心潮激

下乡知识青年曾恒，在自己日记中写道："以'俯首甘为孺子牛'之真诚，认真接受贫下中农再教育。"小曾以"老黄牛的革命精神"，刻苦磨炼，反复锤打，在焦枝铁路的会战战场上，迎着困难上，向着困难冲，作出了成绩，大家称他是"贫下中农和民兵的知心人"，这次推选他光荣出席了师首次活学活用毛泽东思想积极分子代表大会。小曾热血沸腾，心潮逐浪，一遍又一遍地激情高呼："毛主席万岁！毛主席万万岁！"

小曾含着热泪激动地说："这是党和人民给我的最大荣誉，这是我政治生活中的一件大喜事。我的进步，步步是毛主席指引的，我一点点成绩，全靠贫下中农对我的教育，我决不辜负毛主席和贫下中农对我的教育和培养，不辜负广大民兵对我的期望，决心虚心向同志们学习，在焦枝铁路大会战中，炼人、炼思想，改造世界观，发扬'一不怕苦，二不怕死'的彻底革命精神，以金训华为光辉榜样，在三大革命的红炉里，锤炼一颗无限忠于毛主席的红心。"

## 借东风鼓干劲　一片丹心为人民
### 最好的礼物

代表大会刚结束，王畈团的60名代表没有回营房，就直接投入了罗家湾战斗。

代表们在战场上，一个个斗志昂扬，干劲冲天，民兵们说："代表们硬干、实干，事事带头的精神，是给我们带回的最好礼物。"代表们还抓住时机，热情地宣传了大会精神，还报告了《中央铁道部参观》的喜讯，顿时战场上一片沸腾，指战员们纷纷表示，这是毛主席对我们的最大鞭策、最大鼓舞,决心用提前完成工程任务的实际行动来迎接参观团。

### 继续革命永向前

聂河团邓畈营"刘胡兰突击队"的代表张厚珍、王明惠回到驻地以后,向战友们传达了大会精神。她们决心不辜负毛主席对他们政治上的关心,再创新成绩向毛主席献厚礼。6位女战士根据土场变化特点,把独轮车改成板车,一车可以装土10担,在19日一天的战斗中,运距120米,挖运土方22.14方,平均每人3.7方。

红山营代表袁世昆回来后,心情十分激动,他说:"这次参加修建幸福路,又参加了光荣会,这是毛主席给的光荣和幸福。"当天晚上,夜晚3点钟就起了床,帮炊事房挑了两个钟头水,又把洗脸水送到民兵住的地方。

(聂河团政工组)

### 借东风　鼓干劲

姚店团的代表一回到团里,就受到了广大指战员的热烈欢迎。团部专门召开了"热烈欢迎出席宜都民兵师活学活用毛泽东思想积极分子代表胜利归来的大会",会上,团长张传万同志讲了话,他高度赞扬了代表们在一、二两个战役中作出的成绩,号召广大指战员向代表们学习,借代表大会的东风,进一步掀起活学活用毛泽东思想群众运动的新高潮。代表们在会上汇报了代表大会精神,会场情绪极为热烈,"苦干、实干、拼命干,迎接中央参观团,喜讯带给毛主席,要让毛主席把心安""大战二十天,喜迎七〇(1970)年,任务不完成,决不回姚店"的口号声,响彻云霄。欢迎大会结束后,各营敲锣打鼓将代表迎回营部。

(姚店团政工组)

**革命竞赛掀高潮**

潘湾民兵团出席师部活学活用毛泽东思想积极分子代表大会的代表，满怀战斗的革命豪情向全团广大指战员传达了大会的精神和兄弟单位的宝贵经验，广大指战员受到极大的鼓舞，一致表示："要借东风，举红旗，掀起革命竞赛的新高潮。"出席师部代表大会的代表，更是心潮澎湃，干劲倍增。全伏一连副连长冉永全同志回来后，放下背包就奔向战场。战士向家明回来后立即参加了罗家湾夜战，夜深严寒无有惧，上穿单衣下穿短裤，用革命加拼命的实际行动，再创新功。民兵熊长城人小心红干劲大，打着赤膊也干得满头大汗。年已半百的老民兵邓开云和邓开新，为了向毛主席多献忠心，一肩挑土两担。一连车子排和二连车子组开展了对手赛，每天都平均日进4个多方土。

目前，潘湾团已掀起了以"四赛"为内容的营与营、连与连、排与排、班与班、人与人的革命竞赛高潮。

**代表大会后**
**传达大会精神是大事**

黎坪营的代表三连连长周士全同志刚回到营部就得信爱人害病，5个孩子无人照顾，营长要他回去安排一下，他说："家里困难是小事，传达代表大会精神是大事。"他坚持不回去。

**赶制语录牌**

先锋营的代表回营部后，当天晚上就在营部召开的60余人的班长会上传达了代表大会的精神。他们为了将工地上的政治空气搞得更浓，连夜赶制了30多个毛主席语录牌。

第二章 《战地小报》

## 八 第8期

### 战 地 小 报

四〇六三工程宜都民兵师编
1969年12月26日 第8期

**亲切的关怀 巨大的鼓舞**
**热烈欢迎中央铁道部参观团**
**师部在工地举行了欢迎大会**

　　长江畔上红烂漫,战斗工地尽朝晖。中央铁道部参观团,于24日凌晨,在省指挥部张副政委,分指挥部粟指挥长,县革委会主任、人武部部长贺进祥等同志的陪同下,亲临我师工地参观检查。

　　东风浩荡舞红旗,万众欢腾迎亲人。我师全体指战员激情满怀地在工地举行了热烈欢迎大会。全师13000多人,在15分钟内,从四面八方列队来到工地会场,会场上红旗似海,锣鼓喧天,欢迎中央铁道部参观团亲临工地检查指导!向参观团同志学习!致敬!"敬祝毛主席万寿无疆!"的欢呼声,响彻山谷工地上空。在师政委廖亚远同志致欢迎词后,参观团领导同志和省指挥部张副政委在热烈的掌声中,先后在欢迎大会上讲了话。铁道部参观团的领导同志代表参观团全体同志首先向全体指战员问好,他接着说:"我们在这里亲眼看到了你们无限忠于伟大领袖毛主席的红心,你们担负的这个车站,是全线最艰巨的一个车站,在短短的一个多月时间里,取得了很大的成绩,我们一定把你们冲天的革命干劲和经验带回北京向中央首长汇报。"接着张副政委在讲话中说:"中央铁道部参观团,亲临工地视察,给了我们很大的鼓舞,我们一定要以加快建路速度的实际行动,为毛主席争光!为社会主义祖国争光!今后的任务还很大、很艰巨,希望你们再接再厉,夺取新的更大胜利。"讲话结束后,各团向参观团献了决心书,要把"忠"心带给毛主席。大会于8点钟,在"毛主席万岁！毛主席万万岁！敬祝毛主席万寿无疆！"的一片欢呼声中结束。

一轮红日从东方升起，战士们沐浴在灿烂的阳光下，满怀战斗的豪情，又投入了如火如荼的紧张战斗，广大指战员一致表示："要更高地举起毛泽东思想伟大红旗，进一步发扬'一不怕苦，二不怕死'的彻底革命精神，大借东风，大鼓干劲，大战十二月，以战备的观点、临战的姿态，把施工速度加快再加快，把完工时间提前再提前，把工程质量提高再提高，把这条铁路建成一条摧不毁、打不烂的钢铁运输线，为毛主席争光！为伟大的社会主义祖国争光！迎接更加光辉的七〇（1970）年。"

### 群众干劲越大，越要关心群众生活
### 师部组织"生活管理检查组"到各团进行检查

遵照毛主席"关心群众生活"的教导，为了迎接新的更艰巨的战斗任务，师部组织了有各团负责同志参加的检查组，采取边检查、边总结，一听、二问、三看、四评议的方法，深入到7个团，20个营，29个食堂，58个民兵营房，进行了三天的检查和总结。

检查的结果说明：工地后勤工作，由于高举了毛泽东思想伟大红旗，突出了无产阶级政治，用毛泽东思想统帅了后勤工作，政治到了食堂，促进了后勤炊事人员思想革命化，因而，在生活管理工作中取得了很大成绩。姚店翠峰营、兴山三合营、枝城先锋营、潘湾全福营、红花双湖营三连等单位，由于领导重视，在突出政治、用毛泽东思想统帅后勤工作、搞好生活管理方面，取得了显著成绩，创造了很多经验，为全师树立了好榜样。兴山团领导重视，副团长田荣玉同志，亲自带领41人到黄冈学习张兴华节约用煤经验，使原来用煤量由每天每人三斤多下降到一斤半。姚店翠峰营领导很重视，建立了生活管理委员会和后勤炊事人员学习制度，促进了后勤炊事人员思想革命化，做到了经济民主，张榜公布，一顿3个菜，小菜多样化，吃得饱，吃得好，又降低了用粮水平，平均每天每人只用粮1斤半。

但也有的单位个别领导同志，对全面抓"四好"认识不足，对生活管理工作不够重视，对后勤炊事人员思想革命化抓得不紧，财务不公开，有的食堂还不能保证四热（饭、菜、水、睡），特别是潘湾团星火营等个别食堂，出现贪污盗窃粮食的现象。

针对上述情况，彭副师长在检查总结会上对今后后勤工作提出了具体要求，他强调指出：（1）各级领导必须以高度政治责任感，加强生活管理，用毛泽东思想统帅后勤工作，用毛泽东思想武装后勤人员头脑，狠抓思想革命化；（2）建立健全连队生活管理委员会，经济民主，财务公开，既要注意节约用粮、用煤，又要保证吃饱吃好。未公布账目的，一定要清理公布；（3）抓住经济领域的阶级斗争，对贪污盗窃要追查清楚，酌情处理；（4）做好防寒防冻，预防疾病工作。各团对民兵住的营房，要进行一次检查修理；（5）搞好安全卫生工作，防止房屋倒塌，消除事故隐患。

各团负责同志一致表示："向先进单位学习，遵照毛主席'关心群众生活'的教导，以高度的政治责任感把生活搞好，保证民兵身体健康，为高速、优质、提前建成焦枝铁路，作出更大贡献。"

各团还将组织炊事后勤人员到先进单位参观学习。

## 为毛主席争光　为社会主义祖国争光
### 枝城团西湖营提前十天完成试验段

东风劲吹，凯歌阵阵。正当广大指战员乘中央铁道部参观团来工地参观检查和四〇六三工程"积代会"胜利召开的东风，大战十二月的时刻，枝城团西湖营提前10天于12月25日完成了123米的试验段，并向师部报了喜。

他们自接受师部交给的试验段任务以后，高举毛泽东思想伟大红旗，突出无产阶级政治，发扬了"一不怕苦，二不怕死"的彻底革命精神，胸有朝阳在，战士智无穷，冒寒冷，顶风霜，下河摸沙，赤手灌浆，"精心设计，精心施工"，苦干、巧干、日夜奋战，终于出色地完成了试验段任务，为全师作出了很大贡献。

他们表示："再接再厉，擂战鼓，精益求精，更上一层楼。"

## 毛主席挥手我前进
——记女民兵廖敏远同志先进事迹

### 国家利益放在先，自己的困难放一边

廖敏远同志21岁，出身于中农家庭里，是青林大队第六生产队的记工员。曾多次评为活学活用毛主席著作的积极分子。

今年7月，由于连降暴雨，山洪暴发，青林大队遭受百年罕见的水灾，廖敏远同志家的房子被冲塌了，重建家园的重担落在她的肩上。正在这个时候，我们伟大领袖毛主席亲自批准修建四〇六三工程的喜讯传来，当小廖同志听到这个特大喜讯后，很高兴，在高兴之中思想上又产生了矛盾：是留在家里继续做屋，还是积极报名争取参加三线建设呢？……这个问题摆在廖敏远同志的面前，她就带着这个问题在毛主席著作中找答案，她学习了"老三篇"《纪念白求恩》。她想："我们应该学习白求恩同志毫不利己，专门利人，毫无自私自利之心的精神，这条铁路是我们伟大领袖毛主席亲自批准修建的，把这个既光荣又艰巨的任务交给我们，是对我们最大的信任，这条铁路是埋葬帝修反的革命路，有着深远的政治意义。如果我们这次能够参加这场战斗，是我们最大的光荣，最大的幸福。"毛主席挥手我前进，于是，廖敏远同志决定把整修房屋抛一旁，积极报名，坚决要求上战场，大队革委会终于批准了她。她高兴极了，连夜整理了行李，次日凌晨她心怀朝阳冒着寒风，顶着毛毛细雨，挑着行李步行了15里赶到红花镇随船到了工地。

### 关心他人比关心自己为重

廖敏远同志是第一批到工地的一位女民兵，刚到驻地，放下行李，顾不上先安排好自己的住宿，就到伙食房帮助炊事员切菜、做饭、扫地整屋，直忙到同志们都吃了饭休息去了，她才回去安排了自己的住宿。

在第一阶段的准备工作中，她总是积极主动地为广大民兵同志们

打扫房屋，安排床铺，想方设法地给将要到来的第二批民兵战士把一切都安排好，为全面施工作好战前准备，她总是把革命同志当作自己的亲人，关心同志比关心自己为重。

### 毛主席挥巨手　战地立新功

在工地，廖敏远同志每天都要反复学习毛主席对三线建设的伟大指示，她想："毛主席他老人家为三线建设操心，连觉都睡不着，我们一定要好好干，早日建成这条铁路，搞好三线建设，让毛主席他老人家早日放心，让他老人家睡好觉，毛主席为三线建设操心，我们要为三线建设出力，为毛主席争光。"

在工地上，同志们关心她是一个女同志，总是想照顾她，但她总是严格地要求自己，从不迁就自己，每次挑砖、挑煤她总是同男同志一样干，抢着干。有一天，炊事房砌灶，没人给师傅递砖、和泥巴，这是一项又累又脏的活，她想到毛主席"越是困难的地方，越是要去……"的伟大教导，就立即主动地要求接受完成这个艰巨的任务。她还牺牲自己的休息时间，经常主动地帮助住户打扫卫生、洗衣、淘菜。当地贫下中农一看见她就说："这个姑娘真不错，与我们像一家人，真是毛主席的好民兵。"廖敏远同志就是这样经常用毛主席的指示指导自己的行动，鼓舞自己前进的。

小廖同志参加工地战斗，干劲特别大，每次挑土她总是拣满担挑，挑得满，跑得快。战斗开始的第一天，因下过大雨，泥烂路滑，挑土拔鞋，同志们叫她不挑了，参加上土，她坚决地说："毛主席教导我们要'一不怕苦，二不怕死'，这算什么，为了早日建成这条铁路，累一点算得了什么，出点力是应该的。"说着她就脱下鞋子，不顾清晨的寒冷，不顾稀泥的浸骨，打着赤脚，挑起大担大担的土，飞快地奔向大坝。为了高速优质地早日把铁路建成，她还下决心要学会推独轮车。推车子，人密路窄，车子又多，这对一个学推车的人来讲是有一些威胁的，但她并不胆怯，每推一车土，脸涨得通红，热汗直流，她不在意，她一心想着快点把推车学会，多装快跑，早日把这条铁路建成，让毛主席他老人家放心，使他老人家睡好觉。在她的刻苦努力下，她不仅学会了推车，而且能推得满跑得快了。

　　战斗在大坝上一天又一天是够辛苦了，但廖敏远同志她总是忘掉了自己的劳累，她想的总是别人。在 11 月 17 日的夜晚 3 点多钟，同志们都睡得很甜，廖敏远和另一个女民兵悄悄地起了床，将全排 30 名战士换下的脏衣服都清洗了。当她俩洗完了两大篮衣服，同志们才起床。她就是这样，根本不顾自己白天的劳累，总是抽休息时间给同志们洗衣服、补衣服，洗了补了还叠好放在同志们的床头。在她的带动下，不少女同志都以小廖同志为榜样，做到了互相关心、互相爱护，吃苦在前，享乐在后。

　　廖敏远同志自来工地以后，认真学习，深刻领会毛主席对三线建设的指示，牢记毛主席的谆谆教导"三线建设要抓紧，就是同帝国主义争时间，同修正主义争时间""三线建设要抢在战争的前面……即使是提前一个小时也是好的"。她怀着对伟大领袖毛主席无限忠诚、无限热爱的无产阶级感情，用完全彻底为人民服务的光辉思想指导自己的行动，取得了很大的成绩，被评为出席分指活学活用毛泽东思想积极分子。广大民兵指战员说："廖敏远同志是我们学习的好榜样，是毛主席的好民兵。"廖敏远同志说："我的成长，是毛泽东思想哺育的结果，我做得还很不够。"

### 大借东风　大鼓干劲　大战十二月
### 借东风　鼓干劲　功效大提高

　　兴山团三阳营全体指战员，在中央铁道部参观团亲临工地视察之际，立即在工地召开了紧急动员大会，层层动员，表决心，订措施，鼓干劲。四连战士肖宗知患急性肠胃炎，团、营医生三次抢救治疗，才止痛好转。当他听到参观团来到的喜讯，感动得热泪盈眶，他说："我是贫农的儿子，父亲在万恶的旧社会受苦受难，病倒了无人管，惨死在外。而我病了领导上十分关怀，同志们都为我操心，毛主席派来了参观团，我一定要以实际行动感谢党的关怀。"他病情刚有好转，便同大家一起出工，干部劝他休息一两天，怎么说他也不干。

该营二连因工程需要，被调回江南后，战斗在江北的三个连为保证施工正常进行，提出"一人顶两人，减人不减工，革命加拼命，庆祝'分指积代会'"的响亮口号。很多战士都是肩挑两担土，功效大提高，一天比原来多填一层土，相当于全营半日功效。在江北战斗的二连干劲更大，劈山梁，战填方，高全之、鲁光辉三人打炮眼小组苦干加巧干，创造打炮眼日进功效 3.1 丈的新纪录。近两天，二连战士收工后，不休息，突击运石，苦战两个夜晚，抢运 50 多方石头到江边，他们说："我们就是加油干，多流汗，立新功，以更大的成绩向毛主席献忠心。"

（兴山团三阳营）

### 英雄激战罗家湾
长江南北红旗飘，
四赛运动掀高潮。

毛泽东思想来指导，
立下愚公移山志。
铁兵夜战逞英豪，
一浪更比一浪高。

铁兵英雄驱虎豹，
战天斗地志气高。

英雄会战罗家湾，
脏活重活抢着干。
三九寒冷何所惧，
赢来春色满人间。

苦干巧干拼命干，

满装快跑干得欢。
灯火辉煌金光闪，
罗家湾上在夜战。

乘风大战是好汉，
一夜拿下一踩半。
为了党和毛主席，
粉身碎骨心也甘。

## 高举红旗　突出政治
### 翠峰营食堂搞得好

姚店团翠峰营遵照毛主席"关心群众生活"的伟大教导，在炊事工作上，注意了加强领导，突出政治，狠抓炊事人员的思想革命化，有力地促进了食堂工作。在最近师部组织的生活、安全、卫生大检查中，受到了好评。

### 突出政治，狠抓思想革命化

这个营共两个连，分设两个食堂，各配事务长1人，炊事员4人。为了加强领导，两个连还确定副连长管理食堂工作。他们按照毛主席"政治工作是一切经济工作的生命线"的教导，建立了毛主席著作学习小组，制定了学习制度。并且在炊事房办起了毛泽东思想学习班、革命大批判栏和活学活用毛主席著作好人好事登记簿。由于他们坚持活学活用毛泽东思想，好人好事层出不穷。一连炊事班长蔡启炳同志爱人病重，三次晕倒在地，他回去安排了一下，未等爱人痊愈，又连忙赶到工地，当别人问他为什么不等爱人病好了再来，他说："我多耽误几天，厨房就得另外抽人，当前要和帝修反抢时间，爱人不好是个人的事，是小事，四〇六三工程是国家的事，是7亿人民的大事。"一连炊事员刘寿传同志，出差回去挑菜，只回家拿了一件衣服，就当天赶回工地。二连炊事班长唐远富同志每天坚持一个人半夜两点起床，他说："我一个人辛苦一点,是为了让更多的人按时上工地。"由于他们毛主席著作学得好、用得活,在第一战役初评中,有9人被评为活学活用毛泽东思想积极分子,其中有5人出席了团部代表大会,1人出席了师部代表大会。

### 精打细算　吃饱吃好

炊事人员的思想革命化,带来了食堂革命化。他们本着既要吃饱吃好,又要精打细算的原则,在用煤上,一是提高烧煤技术,把没烧尽的煤泡拣出来掺到好煤里面再烧;二是取消烧开水的瓮子,用开饭后的半点钟烧开水,其他用水,用瓮缸甑底锅的水来洗用,并且将萝卜等蔬菜先放甑内蒸熟再炒,这样大大节约了用煤。一连食堂每人每天平均用煤1.4斤,二连食堂每人每天平均1.8斤。在蔬菜上,做到了多样化,每天早晚两个菜,中午3个菜。有时还多到7个菜。在改善生活的同时,他们也时刻注意了节约开支,把财务交给群众,做到财务民主、账目日清月结。先后4次向民兵口头公布,两次张榜公布。到12月8日止,一、二连每人每天生活开支均在5角左右。存菜还可分别吃25天、15天。在用粮上,他们强调,既要吃饱吃好,又要节约用粮、计划用粮。粮食账目和财务账目同时日清月结,张榜、口头公布。从11月2日到12月8日,共37天,光一连就节省粮食1700多斤。

### 全心全意为人民服务

毛主席教导我们:"我们应该深刻地注意群众生活,从工地劳动问题,到柴米油盐问题。……一切这些群众生活上的问题,都应该把它提到自己的议事日程上。"

这个营的伙食服务人员牢记毛主席这一教导,处处为全体民兵着想。为了搞好四防(防火、防特、防盗、防毒)和清洁卫生工作,他们采取水缸放鱼或管冲,分设"淘洗槽"和"吃水井";拣弃霉烂蔬菜,防止食物中毒;每天晚上将水缸挑满,备沙包,不点无罩灯和乱丢烟头,认真清理灶门等等,防止火灾发生;就寝时民兵值班人员上班巡哨，食堂服务人员下半夜上班时民兵停止巡哨两对口。他们由于措施得力，从未发生事故。

对伤病员，他们也做到关怀备至，为病人煮稀饭，下面条，送姜糖水……病人想吃什么，就尽量弄，从不嫌麻烦。民兵同志因公回来迟了，错过了吃饭的时间，炊事员同志就主动地架起火炉，为他们热饭、热菜。

这个营的两个食堂，正在借师部检查的东风，进一步改进自己的工作，争取更上一层楼。

（姚店团翠峰营供稿）

# 九　第 9 期

## 战　地　小　报

四〇六三工程宜都民兵师编
1969 年 12 月 30 日　第 9 期

### 县革委会、人武部贺进祥、姬玉山负责同志到工地并作了指示

县革委会主任、人武部部长贺进祥同志，县常委、人武部副部长姬玉山同志，专程来枝城迎接中央铁道部参观团，在参观团未到之前，亲临工地慰问了全体指战员，并根据工地情况，贺进祥同志作了以下几点指示：

一、要进一步高举毛泽东思想伟大红旗，活学活用毛主席著作，要把工地办成红彤彤的毛泽东思想大学校。要认真贯彻中央"九·二七"指示，结合宜都和工地具体情况，深入开展革命大批判。

二、百年大计，质量第一，在施工中，要特别注意安全，确保工程质量。贫下中农把子女送到工地来，都是身强力壮的，我们要保证他们身强力壮地回去。我们工地是车站的大填方，搞这样的工程要特

别注意质量，要把质量问题提到忠于毛主席的高度来认识。

三、要关心群众生活，搞好劳逸结合。天冷了，要注意工棚住房的安全和卫生，要在规定的标准内办好伙食，让民兵吃好、住好，睡足 8 小时。

四、要搞好工地文娱活动（电影、民兵自编自演等），加强民兵思想教育，不仅要管好 8 小时生产，还要管好 8 小时的睡眠和 8 小时休息，防止歪风邪气。

五、要特别注意"三大纪律，八项注意"，民兵师的全体民兵，要在当地群众中起个好的影响作用。

六、要搞好民兵"三落实"的组建工作，武装部长都上了工地，要利用工地有利条件，进行练兵活动。

贺部长的指示，对我们是亲切的关怀、巨大的鼓舞，我们一定要加快施工速度，注意安全，确保工程质量，借东风，鼓干劲，革命加拼命，苦干加巧干，日夜奋战，夺取新的更大胜利，为毛主席争光，为社会主义祖国争光，迎接光辉灿烂的七〇（1970）年。

## 我师出席分指挥部
## "积代会"全体代表光荣归来

我师出席分指挥部活学活用毛泽东思想积极分子代表大会全体代表，于 12 月 29 日光荣归来。

师长彭兆榜、政委廖亚远、副师长彭先铭和各团领导同志及战士代表共 200 多人，满怀战斗友谊和革命豪情，抬着毛主席的画像，敲锣打鼓前往大桥码头迎接。师领导还到江北黄梅工段等候迎接。当代表到来时，码头上一片欢腾，高呼："向代表同志们学习！向代表同志们致敬！"代表高呼："毛主席万岁！毛主席万万岁！"

回到工地后，师部在工地举行了欢迎会，在欢迎会上，师政委廖亚远同志讲了话，他首先代表全师指战员向代表表示热烈欢迎。他说："你们这次出席分指挥部活学活用毛泽东思想积极分子代表大会，这是你们的光荣和幸福，也是我们全师的光荣和幸福。你们带回了大会的精神和兄弟单位的宝贵经验，这对我师活学活用毛泽东思想群众运动是极大的推动。"他希望全体代表，更高地举起毛泽东思想伟大红旗，保持光荣，发扬光荣，用毛主席在无产阶级专政条件下继续革命的理论武装思想，再接再厉，处处带头，夺取更大胜利，为毛主席争光，为社会主义祖国争光。

出席分指挥部"积代会"代表刘祖尧同志，代表全体代表在会上表示："要永远高举毛泽东思想伟大红旗，突出无产阶级政治，更加刻苦地活学活用毛泽东思想，进一步发扬'一不怕苦，二不怕死'的彻底革命精神，加速思想革命化，再接再厉，戒骄戒躁，为人民再立新功，永远跟着毛主席干革命。"接着全体代表向师部献了决心书。

大会结束后，代表们在锣鼓声中，回到了各自的战斗岗位，并将把代表大会的精神和兄弟单位的宝贵经验迅速传达到广大指战员中去。

## 慰问信

全体指战员同志们：

更加光辉灿烂的1970年在胜利的凯歌声中到来了！值此新年到来之际，首先让我们满怀深厚的无产阶级感情，敬祝我们伟大领袖毛主席万寿无疆！万寿无疆！

同志们：你们辛苦了！我们怀着胜利的喜悦，向你们致以节日的祝贺！亲切的问候和战斗的敬礼！

同志们：你们怀着无限忠于伟大领袖毛主席的红心，从11月10日来到毛主席亲自批准修建的四〇〇一工程参加大会战，到现在共经历了三个战役，英勇奋战了整整50天。50天来，你们高举毛泽东思想伟大红旗，突出无产阶级政治，以毛主席的三线建设指示为指针，以"老三篇"为座右铭，自觉地活学活用毛泽东思想，通过在斗争中学，在斗争中用，进一步锤炼了无限忠于毛主席的红心，进一步加深了对毛主席的深厚无产阶级感情，大大提高了阶级觉悟、路线觉悟和毛泽东思想觉悟，促进了思想革命化；50天来，你们坚持毛主席政治建路的方针，按照毛主席"千万不要忘记阶级斗争"的教导，认真贯彻了中央指示和上级一系列的指示、要求，积极投入了革命大批判，以战无不胜的毛泽东思想，大立了毛泽东思想，提高了继续革命的觉悟，促进了工程进展；50天来，你们心怀朝阳，日夜奋战，接受任务不考虑大和小，不计较难和易，服从安排，听从指挥，不叫苦，不叫难，以战天斗地的英雄气概，战胜了前进中一个又一个困难，在短暂的50天内完成了路基土石方总任务的70%，完成和基本完成了涵洞建筑，还完成了运输和后勤工作等大量任务。你们为人民作出了很大的成绩，为人民贡献了自己的力量。这是毛泽东思想的伟大胜利！是毛主席无产阶级革命路线的伟大胜利！是无产阶级"文化大革命"的伟大胜利！也是上级正确领导、后方革命人民的大力支援和同志们活学活用毛泽东思想的结果。

同志们：当前形势大好，而且越来越好。我们伟大祖国的大地，到处都呈现了一派热火朝天的抓革命、促生产、促工作、促战备的壮丽景象，社会主义革命和社会主义建设的新高潮，正在全国蓬勃发展。我们工地和全国各地一样，形势大好，捷报频传。当我们以跃进的步伐、战斗的姿态跨入光辉的70年代，迎接新的一年的时候，我们希望全体指战员：

更高地举起毛泽东思想伟大红旗，突出无产阶级政治，乘大好形势东风，乘分指活学活用毛泽东思想积极分子代表大会的东风，进一步掀起活学活用毛泽东思想群众运动的新高潮和社会主义革命竞赛的新高潮，进一步用毛主席的三线建设指示、"老三篇"、关于在无产阶级专政下继续革命的伟大理论来武装我们的头脑，不断"斗私批修"，破私立公，提高继续革命的自觉性，加速思想革命化。

牢记毛主席"千万不要忘记阶级斗争"的教导，百倍提高革命警惕，认清帝、修、反的侵略本质，从思想上、行动上作好反侵略战争的准备，用战备的观点来观察一切，检查一切，落实一切，以临战的姿态做好当前工作，以实际行动，实现毛主席"三线建设要抢在战争的前面"的教导。

继续学习人民解放军,坚持"四个第一",大兴"三八作风",更深入地开展"四好""五好"运动,搞好民兵"三落实",把广大指战员培养成为思想过硬、作风过硬、不断革命、继续革命,永远忠于毛主席的坚强战士。

同志们:让我们更高地举起毛泽东思想伟大红旗,突出无产阶级政治,坚定不移地走政治建路的道路,坚持独立自主、自力更生的方针,放手发动群众,大打人民战争,以更大的革命干劲、更高的革命斗志,再接再厉,继续完成伟大领袖毛主席交给我们的光荣战斗任务,力争元月半全部完成路基土石方,完成部分附属工程,以最优异的成绩,迎接20世纪70年代第一春,为伟大领袖毛主席争光,为社会主义祖国争光!

团结起来,争取更大的胜利!

共同敬祝

毛主席万寿无疆!

四〇六三工程宜都民兵师<br>1969年12月29日

## 慰 问 信

各区(镇)、社、队革委会、工人、贫下中农、革命干部和革命同志们:

值此更加光辉的1970年胜利到来之际,我们参加四〇〇一工程大会战的全体指战员,满怀革命激情,向你们致以最热烈的祝贺、最亲切的问候!

我们遵照伟大领袖毛主席"三线建设要抓紧""三线建设要抢在战争的前面"的教导,从11月10日上工地以来,在毛主席的三线建设指示、"老三篇"和一系列教导的光辉照耀下,在上级的正确领导下,在你们的亲切关怀和大力支援下,经历了50天的战斗,现在已经胜利地完成了上级分配的路基土石方总任务的70%以上,并基本完成了涵洞工程。这是毛泽东思想的光辉胜利,也是后方工人阶级、贫下中农、革命干部和广大革命人民大力支援的结果。在此,我们表示最衷心的感谢，并致以革命的战斗敬礼！

前段虽然取得了一定成绩，但是只是"万里长征走完了第一步"，更艰巨、更光荣的任务正等待着我们去完成。展望未来，前程似锦，形势大好，越来越好。在毛泽东思想光辉照耀下，我们有坚定的信心，有革命的胆略，敢于战胜前进道路上的任何困难，胜利地完成毛主席交给我们的光荣战斗任务。我们保证：一定更高地举起毛泽东思想伟大红旗，突出无产阶级政治，狠抓阶级斗争，坚持毛主席政治建路的方向，自觉地活学活用毛泽东思想，实现人的思想革命化。发扬"一不怕苦，二不怕死"的彻底革命精神，革命加拼命，苦干加巧干，多快好省地完成工程任务，以实际行动落实毛主席"要准备打仗"的伟大号召，为伟大领袖毛主席争光！为社会主义祖国争光！

在此，我们全体指战员向你们保证："下定决心，不怕牺牲，排除万难，去争取胜利。"用实际行动夺取更优异的成绩，来向你们汇报，向全县35万人民汇报。

让我们高举"九大"团结胜利的旗帜，紧跟毛主席的伟大战略部署，为全面落实毛主席和党中央的最新战斗任务而共同奋斗！

共同敬祝毛主席万寿无疆！

宜都民兵师全体指战员
1969年12月29日

## 用优异的成绩迎接光辉的七十年代
## 古镇直属连再次提前完成工程任务

红花团古镇直属连，在毛主席"备战、备荒、为人民"的伟大战略方针指引下，高举毛泽东思想伟大红旗，发扬革命加拼命，苦干加巧干的革命精神，任务一再提前完成，工效记录不断刷新。他们于12月20日提前完成分配工程任务之后，又于12月28日提前3天完成了新分配工程任务。

这个连队共66人，是由21个单位组成。他们当中有建筑工人、理发工人，有饮食服务公司的服务员、蔬菜队的社员，也有街道居民。参加工程建设绝大部分人还是第一次。他们来到工地以后，大办了毛泽东思想学习班，在毛主席"备战、备荒、为人民"的伟大战略方针和三线建设指示的鼓舞下，胸怀朝阳，战天斗地，迎着困难上，条件自己创，大搞车子化，搞出了新水平。15部独轮车充分发挥了效能。在70米运距内，平均每人每天功效达到2.5方。

　　大搞车子化的过程，也是他们不断克服困难的过程。起初，这个连队只有一个人会推独轮车，绝大部分人都不会。在党中央"速度要再加快"的战斗号令下达以后，连长周永忠和青年民兵、共青团员邓发生首先带头学推独轮车。邓发生在家是个建筑工人，从来未推过独轮车，推了几天以后，两条腿都肿了，别人劝他休息几天再推，他说："毛主席教导我们'一不怕苦，二不怕死'，就要体现在节骨眼上，现在要和帝国主义、修正主义抢时间，我不能休息。"他用绑带将脚绑了一下，又坚持战斗，现在他已成为连里推车能手了。男同志学推车，女同志也不示弱，新党员、蔬菜队社员周道凤同志也抢着学起来了，稻场上、土坑边、月光下，有空她就学，很快也掌握了推车技术。为了做到人人会推车，个个能用车，他们大打人民战争，开展了一帮一，一对红，互教互学。棉织社女工人小张，过去和独轮车从未沾过边，开始学推独轮车，由于掌握不住重心，一推就倒，后来有些丧失信心，泄气地说："等我学会了，路也修好了。"想打退堂鼓。这时邓发生同志和她谈心："毛主席教导我们'要和帝修反争时间，即使是提前一个小时也是好的'，我们要为毛主席争光。现在我们参加工程建设，工地就是战场，工具就是刀枪，如果我们不会使用，怎么能打敌人？"在同志们的鼓励下，小张又练起来，现在已经能够很熟练地掌握推车技术了。通过群众性的互教互学，勤学苦练，全连人人学会了推车。装土数量也不断上升，由原来的1担、2担，上升到14担。他们为了多装土，还在簸筐上加了一道簸围，每天可多装600担土。由于推车技术的提高，装土数量的增加，工效也由原来平均每人每天0.5方提高到2.5方。

他们兴奋地说:"土石最怕车子转,一筐能装一座山,多装快跑拼命干,彻底埋葬帝修反。"

现在,他们遵照毛主席"要认真总结经验"的教导,总结经验,查找差距,决心再接再厉,争取在光辉的新的一年里,作出更优异的成绩。

**蔡冲营的一对红**

焦枝铁路大会战社会主义革命大竞赛高潮掀起以来,蔡冲营一连山金排,二连营泽排全体战士向党表决心,人人奋战,个个顽强,展开了一场振奋人心的对手赛,并提出了赛革命、赛团结、赛质量、赛速度的条件,第一战役战斗结束,云泽排平均土方2.23方,标工21.17个;山金排平均土方2.2方,标工1.37个。山金排暂时在前。第二战役即将开始的前夕,各排认真总结经验,找出差距,他们共同认识到,千差万差就是狠抓根本差,通过进一步学习毛主席对三线建设的伟大指示,和修建焦枝铁路的伟大意义,端正了对修建焦枝铁路的态度,以革命加拼命,苦干加巧干的革命精神,在第二战役中,云泽排平均每人每天土方2.81方,标工1.88个;山金排平均2.9方,标工2.06个。山金排继续在前,占全营第一位,云泽排虽然落后,也居全营第二位。决战的第三战役,他们向营部表示:"决心红旗不倒,两个排各自派出代表双方互相交流经验",大讲特讲在战斗中学习毛主席著作的心得体会,更加激起了战士的斗争意志,大战特战。云泽排4点钟起床,山金排也不示弱,黎明上工;云泽排飞车向前,山金排也跃马扬鞭,满载而推;云泽排休息整路,山金排也清基挖土,双方你追我赶,谁也不愿落后。结果,云泽排完成土方143.8方,平均2.48方,标工平均2个;山金排完成土方138.7方,平均3方,标工是2.5个。各自在第一战役的基础上提高了40%。他们正在再接再厉,乘胜前进,营部发出了学山金,赶云泽的战斗口号,全营战士个个斗志昂,学先进,赶先进,组织了天明排对长红排,蔡冲排对建强排,联合排对云星排的对手赛,高潮一个接着一个,一浪高过一浪。在社会主义革命大竞赛的洪流中，全营提出了力争10天，提前5天完成第三战役的战斗任务，向毛主席献忠心。

## 人人称赞的好指导员

三阳营一连指战员万能弟同志，遵照毛主席"既当'官'，又当老百姓"的伟大教导，坚持跟班劳动，事事带头，勇挑重担，个个民兵称赞老万是"五多"干部，即：比民兵汗流得多，活干得多，夜熬得多，路走得多，心操得多。

一天，老万突然病倒了，上吐下泻，两天没有吃饭，经医生诊断，是患细菌性痢疾，尽管病情严重，他躺在床上，还坚持学习毛主席著作。民兵看到这种情况，有的主动要留在家里照顾他，他再三谢绝了，并说："不要管我，搞建设要紧，我这两天不能和大家一块儿出工，心里就够难受了，怎么能再耽误一个人专门照顾我！"老万不仅不要人照顾，而且带着重病在家里做了几块毛主席语录牌。老万人在家里，心在工地，为了加快运土的速度，他还做了三块推土用的抱板，给民兵带到工地，大大提高了功效。

经过5天的治疗，老万的病好转了些，但仍吃不下饭，睡不好觉，脸上浮肿，干部、民兵和医生都劝他继续在家休息，可是，老万想到毛主席"三线建设要抓紧"的伟大教导，15日，就和民兵一起出工了，到工地后，不能挑土，他就用手提。老万同志的这种"一不怕苦，二不怕死"的革命精神，全体民兵战士深受感动，异口同声地说："老万同志真是一心为公的好带头人，是我们学习的好榜样。"

（三阳营《战地快报》）

## 我 们 闯

笑寒风，吹不干我身上的汗水，喜冷霜，送给我舒畅的清凉。我长青儿女个个都是铁打硬汉，改天换地的壮志，凝聚胸膛。移高山，我们披荆斩恶棘，填山谷，我们夜战迎朝阳。困难再大，我们视之等闲，担子再重，我们勇扛肩上。为了给毛主席争光，为了祖国的富强，纵有刀山剑树，我们闯！闯！闯！

(长青政宣组)

## 十 第10期

### 战 地 小 报

四〇六三工程宜都民兵师编
1970年1月8日 第10期

毛主席在"九大"期间一再指出："一定要抓好典型。""面上的工作要先抓好三分之一。"

毛主席最近指出："全世界人民团结起来，反对任何帝国主义、社会帝国主义发动的侵略战争，特别要反对以原子弹为武器的侵略战争！如果这种战争发生，全世界人民就应以革命战争消灭侵略战争，从现在起就要有所准备！"

**在毛主席最新指示照耀下胜利前进**

师部于1月7日召开了各民兵团团长、政委和师部各组组长会议。认真学习了伟大领袖毛主席最新指示和元旦社论；传达贯彻了四〇六三工程指挥部党委1月1日扩大会议精神。

在学习讨论中，大家一致认为：伟大领袖毛主席最新指示，是照耀我们胜利前进、继续革命的灯塔。社论遵循毛主席指示，回顾了60年代，展望了70年代，指出了我国革命和世界革命的光辉前景，向我们发出了新的战斗号令，提出更加光荣、更加艰巨的任务，是我们今后和新的一年里的行动纲领。大家一致表示："坚决拥护，认真学习领会，坚决落实。"

通过学习，到会的所有同志都受到极大鼓舞。大摆国内外大好形势，大赞大颂了毛泽东思想的伟大，毛主席的英明伟大，精神更加振奋，增添了革命干劲。到会同志深有体会地说："毛泽东思想是一切工作的指导方针，按毛主席指示办事就是胜利。"大家表示："今后一定更高地举起毛泽东思想伟大红旗，把毛泽东思想真正学到手，读毛主席的书，听毛主席的话，照毛主席的指示办事。"

通过学习，对照检查总结了前段工作，一致认为：对照社论要求，比起先进单位来说，差距很大，必须认真学习伟大领袖毛主席最新指示和元旦社论，进一步落实毛主席三线建设一系列指示，狠抓根本，深入开展"四好""五好"运动，加强政治思想工作，坚持政治建路，大打"人民战争"，一定遵循伟大领袖毛主席教导："下定决心，不怕牺牲，排除万难，去争取胜利。"尽最大力量，以最快速度、最好质量、最低造价完成四〇〇一工程，来迎接伟大的70年代，迎接"一个没有帝国主义，没有资本主义，没有剥削的新世界"。

在学习伟大领袖毛主席最新指示和元旦社论的同时，结合前段施工情况，遵循毛主席最新指示和三线建设的指示，元旦社论精神，"分指"党委扩大会议所提出的要求，经过充分讨论，大家一致表示："春节以前，一定完成路基土石方、小桥涵、开挖天沟、侧沟，力争完成一部分道底渣。"同时大家还表示："遵循伟大领袖毛主席'为人民服务'的教导，以'完全''彻底'精神，搞好护坡草皮，平整好土地，修复水利，植树造林。"

最后，大家认为要完成上述任务，还必须进一步实现各级领导班子的思想上、作风上革命化，要遵循毛主席关于"一定要抓好典型""面上的工作要先抓好三分之一"的教导，做过细的工作，加强革命纪律性，严防阶级敌人的捣乱。

**热烈欢呼毛主席最新指示和中央"两报一刊"元旦社论的发表**
**我师掀起学习宣传落实毛主席最新指示和元旦社论热潮**

红日照寰宇，喜讯震长空。中央"两报一刊"元旦社论传达了毛主席的最新指示。我师广大指战员，满怀战斗的豪情和胜利的喜悦，热烈欢呼毛主席最新指示的发表，热烈欢呼元旦社论的发表。毛主席的最新指示和元旦社论的发表，给正以战斗姿态向着光辉灿烂的70年代胜利进军的我师广大指战员，指明了前进的方向，增添了无穷的力量，极大地激发了战天斗地的革命精神，全师立即掀起了大学习、大宣传、大落实的热潮，毛泽东思想学习班像灿烂的春花开遍了整个工地营房，广大指战员热血沸腾，心潮澎湃，群情激昂，衷心祝愿伟大领袖毛主席万寿无疆！

**王畈团**

毛主席的最新指示和中央"两报一刊"元旦社论，从红色电波传到王畈团以后，全团到处呈现出一片欢乐景象，各营、连立即举办了毛泽东思想学习班，他们说："毛主席最新指示和元旦社论是照耀我们胜利前进的灯塔，是继续革命的进军号，是全世界人民70年代埋葬帝修反的动员令，我们坚决拥护，坚决照办。"团部当晚收听了广播后，举行了座谈会，并通宵达旦地记录刻印了毛主席最新指示和社论全文，分送到各营、连，组织了23个宣传组利用土广播、大字报送上门等形式，深入到生产队、集镇、要道口进行宣传。

出席"分指""积代会"的先进集体，战斗在三板湖上的松华营广大指战员，听到广播以后，当晚就和大桥工人一起开了庆祝会，举办了"学习班"，他们兴奋地回顾了来工地后的战斗历程，个个心潮澎湃，他们表示："身在工地望北京，继续革命志不移。"立即组织了宣传队，以最高的政治热情，深入工厂、农村、营房利用土广播、送上门的方法，热情宣传毛主席最新指示和元旦社论。18岁的女民兵杨会兰，把最新指示登门送到西湖公社一个87岁的老婆婆王开英家里，并同老婆婆一道忆苦思甜，感到生活在这样伟大的时代无比幸福和光荣。全团在"社论"精神的鼓舞下，总结经验，对照先进，找差距，订措施，人人更加斗志昂扬，意气风发，决心夺取七〇（1970）年的开门红。

**枝城团**

红日东升，四海欢腾。在毛主席最新指示和元旦社论发表以后，立即举办了营长以上干部学习班。他们说:"毛主席的最新指示和元旦社论,给我们指出了斗争的方向,提出了伟大的战斗任务,是我们行动的纲领。"他们表示:"要认真学习,深刻领会,坚决照办。在毛泽东思想哺育下,成为先进战斗集体。"出席了"分指""积代会"的先锋营指战员,更是欢腾起舞,热血沸腾,当晚抬着毛主席画像,打着红旗,敲锣打鼓,迎着寒风,列队游行,热烈欢呼毛主席最新指示和元旦社论的发表,办起了学习班,把最新指示抄在自己本子上。没有灯,就一个人用手电照着领读,其他跟着读。他们说:"毛主席的最新指示是照耀我们胜利前进的灯塔,是照亮五洲四海的明灯。"他们表示:"在新的一年里,更加刻苦学习毛泽东思想,把思想炼得更红,把作风炼得更硬,争分夺秒,排除万难,提前完成铁路修建任务。"

### 姚店团

东风万里传喜报,铁道民兵志更高。团部听到元旦社论传达了毛主席最新指示以后,立即召开了座谈会,热烈欢呼毛主席最新指示的发表,热烈欢呼照耀70年代胜利前进的灯塔——元旦社论喜讯的传来,受到了极大的鼓舞,他们说:"毛主席最新指示是新的动员令,是我们行动的指南,又给我们指出了马克思主义工作方法。"他们表示:"一定认真学习,坚决照办,并作出决定,在全团掀起大学习、大宣传、大落实的热潮",团部人员立即分头带着最新指示深入到各营、连队,宣传贯彻。出席"分指""积代会"的先进单位、团部卫生队全体医务人员反复学习了元旦社论,学习了外地医务人员的先进经验,订出了五条新的革命措施,表示:"走乐园的道路,走赤脚医生的道路,全心全意为人民服务。"

### 红花团

群山起舞,万众欢笑。红花民兵团一片欢腾,奔走相告,热烈欢呼中央"两报一刊"社论传达毛主席的最新指示,团部立即召开了营以上干部座谈会,全团普遍迅速办起了学习班,各连、排利用雪天,反复学习了毛主席最新指示和元旦社论,他们边学习、边总结、边落实措施,大大激发了广大指战员战天斗地的旺盛的革命斗志,抓紧时间，整修工具，派人到外地买竹扫帚，准备下雪一停，立即扫掉工地积雪，誓与雪天争时间，因而保证了及时进行施工。古镇直属连，更是壮志满怀，在毛主席最新指示和元旦社论的巨大鼓舞下，群情激昂，他们兴奋地回顾了来工地后的光荣战斗历程，深深感到：干革命靠毛泽东思想。他们一致表示，"真金不怕火炼，忠于毛主席的古镇战士不怕天寒地冻，决心靠毛泽东思想夺取第四战役更大胜利。"

**聂河团**

最新指示传下来，聂河民兵喜开怀。聂河广大指战员激情满怀，热烈欢呼元旦社论传达了毛主席的最新指示。团部举办了排长以上干部学习班、党员学习班，掀起了大学习、大宣传、大落实的热潮。红山、红阳两个营普遍举办了学习班，他们在元旦社论精神鼓舞下，总结经验，找差距，订措施。他们表示："天寒有红太阳暖心，地冻有红宝书开路，决心与雪天争时间，加快施工速度，以优异的成绩迎接更加光辉的70年代。"

**兴山团**

万里东风传喜报，心潮澎湃逐浪高。红色电讯划破万里长空，传来了毛主席的最新指示和元旦社论的特大喜讯。兴山民兵团热浪滚滚，欢呼跳跃，当天晚上全团举行了集会庆祝和游行，热烈欢呼毛主席最新指示和元旦社论的发表。三阳营广大指战员闻风而动，连夜赶抄最新指示，送到战士驻地，各连、排立即组织学习。三合连还遵照"一定要抓好典型"的最新指示，组织各排、班干部到八班开现场会，推广他们认真学习，热情宣传，迅速落实最新指示的经验。推动了全连大学习、大宣传、大落实的热潮，全连110人第二天就有70多人能背诵最新指示。

**潘湾团**

红色电波传来了毛主席最新指示和元旦社论的特大喜讯，潘湾民兵团驻地一片欢腾，他们怀着深厚的无产阶级感情，全团召开了声势浩大的庆祝大会，立即办起了排长以上的全团干部学习班，采取边学习边议论的办法，找差距，订措施，认真落实元旦社论，各连队也举办了学习班。他们表示："以毛主席最新指示和元旦社论的精神作为推动施工的巨大动力,与严寒做斗争,与帝修反争时间,加快施工速度。"

### 活着就要拼命干

王畈团洲阳营二连一排民兵郑定宜正患黄疸性肝炎,他听到毛主席最新指示后,忘记了疾病,激动地说:"毛主席的最新指示,是夺取更大胜利的指路明灯,我是贫下中农,一定要忠于毛主席,听毛主席的话。"他在病中趁元旦休假机会,修好50多担粪筐。营里干部劝他休息,他说:"我能为加快施工速度出一点力,夺取新年的开门红,就是响应元旦社论的战斗号召,活着就要拼命干,要为伟大领袖毛主席争光!"

(王畈团)

### 学习最新指示不过夜

兴山团三阳营三合连在中央人民广播电台播送毛主席最新指示和中央"两报一刊"元旦社论的当晚,就组织了广大指战员认真进行了学习。

八班8名战士怀着对毛主席深厚的无产阶级感情,刻苦学习到深夜两点,灯不够用打着电筒学,不会写,请人抄,不识字,班长一遍一遍地领读,将最新指示全部背熟,并作出了落实最新指示的战斗计划。连队干部抓住这个典型,立即组织各班、排干部到八班开现场会,推广了他们学习、落实毛主席最新指示的经验。现场会后,全连110名战士都积极投入了学习运动,当夜就有70多人能全部背熟。通过学习,大家一致表示,要坚决把毛主席最新指示和元旦社论精神落实到实际行动中去,提前完成工程任务,让毛主席他老人家早放心。他们利用元旦休假整修好了工具,同时还帮助当地生产队搞了生产。

(三阳营通讯组)

## 第二章 《战地小报》

### 战斗在风雪中的纸坊营

"漫不皆白,雪里行军情更迫。"在毛主席最新指示和元旦社论的巨大鼓舞和指引下,纸坊营指战员满怀为毛主席争光,为社会主义祖国争光的革命激情,清晨6点打着红旗,冒着严寒,赶到工地。一到工地,高丰排长郑必发挖了第一锄,寂静的工地顿时热气腾腾,冰冻千尺何所惧,22岁的女战士杨泽珍飒爽英姿紧握车把大步向前。硬骨头王祖春连长在凛冽寒风中打起单褂干。车路又硬又滑,他想到行车安全和推车速度,休息时从200米远的地方运来煤灰铺路。为了把冰雪耽误的两天抢回来,战士们不怕疲劳,连续作战,高丰排19名战士3点钟在150米的冻土道上平均每人运土1方多。全营指战员以毛主席指示为伟大动力,以高昂的战斗意志,从清晨7点一直战斗到下午5点,在20世纪70年代第一个春天用他们无限忠于毛主席的一颗红心,谱出了第一支动人心弦的凯歌,真是元旦社论鼓人心,立足备战炼本领。

### 紧跟毛主席从胜利走向更大胜利
### 松华营掀起学习宣传落实毛主席最新指示和元旦社论热潮

*红色电讯传喜报,最新指示发表了。*
*山在欢呼水在笑,心潮澎湃逐浪高。*

正当我营广大指战员,以战斗的姿态向着光辉的70年代胜利进军的时候,12月31日,红色电讯划破万里长空,传来了毛主席的最新指示和元旦社论,我营呈现出一片欢腾景象,迅速掀起了大学习、大宣传、大落实的热潮,各连办起了学习班,大家豪迈地说:"最新指示和元旦社论是照耀我们前进的灯塔,是我们的指路明灯,是号召我们继续革命的号召书,是埋葬帝修反的宣言书、进军号,我们坚决拥护,坚决照办。"

## 连夜宣传　迅速贯彻

31日深夜8点,中央广播电台广播了最新指示和元旦社论,我营留下来的90多名民兵和大桥工人一起开了1000多人的庆祝大会,他们激情荡漾,度过了幸福的一夜。

次日凌晨组成了1个宣传队,11个宣传组,64人奔赴城镇、机关、工厂、西湖、清江等3个大队宣传毛主席最新指示和元旦社论,他们激情满怀,从早晨到晚上,宣传达1050人次。宣传员杨会兰同志在清江大队一位老太婆家里宣传,老太婆王开英,今年87岁,当她听到毛主席的最新指示后,激动地说:"毛主席这样大的年纪还在为全世界人民操心,我今年87岁,是享的毛主席的福,如果不是毛主席,我今年87岁,儿子有60多岁,又无别人,早就死了,毛主席是我的救命恩人。"接着回忆了她苦难的过去,日本人来的时候,把她的一个小儿子搞跑了,东西被日本人抢光了,一讲就哭,并说:"我要永远不忘本,跟着毛主席。"小杨宣传了最新指示和元旦社论,又受到一次忆苦思甜的阶级教育。

他们在大桥宣传时,大桥军代表听了后,给他们送来了学习文件——《张体学同志的讲话》,并鼓励他们更好地学习宣传。

## 办起学习班　雪天炼红心

为了迅速贯彻落实毛主席最新指示和元旦社论精神,我们办起了"学习班",总结成绩,找出差距。他们说:"前段有了几部机器,思想上就信洋不信土了,崇洋的思想又冒出来了,粪筐坏了也不整了。"抓住这个活思想在学习班上开展了对"洋教条""洋奴哲学"的批判。二连二排当天就在街上买了40担粪筐,坏了的粪筐也把它整好了。通过两天的学习,全营298人有265名都能背诵最新指示。通过学习,大家体会到:一天不学心难过,晚上不学睡不着。干部体会:两天不学就歪舵。各连、排、班和个人在提高认识的基础上,纷纷表决心,决心用最大的革命干劲来完成修建铁路的任务,上级不叫走不走,任务不完成不走,毛主席不放心不走。

## 第二章 《战地小报》

**再接再厉　乘胜前进**

毛主席教导记心间，继续革命永向前。在总结经验找差距的基础上，连、排、班、营都订出了战斗规划，1月份完成混凝土1400方、土方5300方基本完成3号墩任务，1号墩、2号墩完成基础任务，还修一条塔式吊机的轨道线（1400方土）、一条混凝土运输线（400方），任务分到各连。全体指战员信心百倍，斗志昂扬，决心提前再提前。第一连通过学习讨论决心1月的任务，25天完成，提前5天。明知征途有艰险，越是艰险越向前。各连都争着抢挑最艰苦的任务，我们决心高举"九大"团结胜利的旗帜，早日建成钢铁运输线，为毛主席争光，为社会主义祖国争光。

（松华营）

**过一个有意义的节日**

元旦这天休假，在兴山团高岚连二排老排长胡春华、班长王国成等人带动下，每人帮生产队挑6担大粪追青苗。他们表示，要和帝修反争时间，过一个有意义的节日。

（三阳营）

**自己困难放一边**

红花团蔡冲营长红排民兵裴正林爱人于去年12月29日才生小孩，一家6口人，4个小孩，家庭很困难。老裴元旦休假回家后，队里为了照顾他，安排他在家照料，换一人来工地，可是老裴坚持不让，克服困难，准时来到工地。

（红花团）

## 十一　第11期

### 战　地　小　报

四〇六三工程宜都民兵师编
1970年1月11日　第11期

**认真学习、落实毛主席最新指示**
**以战斗的姿态夺取新的更大胜利**

　　广大指战员在毛主席最新指示和元旦社论鼓舞下，进一步掀起活学活用毛泽东思想群众运动新高潮，深入开展"四好""五好"运动，满怀革命豪情，迎接"省指"和地区革委会活学活用毛泽东思想积极分子代表大会召开；迎接师部第二届活学活用毛泽东思想积极分子代表大会召开；迎接中央铁道部第二批参观团和湖南参观团来工地参观指导；并将组织汇报团到后方汇报。

　　毛主席的重要指示和中央"两报一刊"元旦社论，极大地鼓舞了奋战在四〇六三工程的宜都民兵师全体指战员，迅速掀起了大学习、大宣传、大落实的热潮，决心紧跟伟大领袖毛主席，用毛主席关于"提高警惕，保证祖国""备战、备荒、为人民"的伟大战略思想，推动思想革命化建设，猛促工程施工，为社会主义革命和社会主义建设作出更大贡献。在伟大的70年代起点上，夺取了一个又一个胜利。
　　战鼓声声催春早，喜讯连连振人心。"省指"和地区革委会将于元月中旬召开活学活用毛泽东思想积极分子代表大会、中央铁道部第二批参观团和湖南参观团将到工地参观指导、师部将在1月20日左右召开第二届活学活用毛泽东思想积极分子代表大会、全师最近将组织汇报团向后方人民汇报这四个喜讯，陆续传到了工地，使工程建设大好形势增添了新的色彩。广大指战员以毛主席重要指示为武器，以元旦社论为动力，拿实际行动，作好"四个迎接"，在一片"胸怀朝阳抗严寒,破冰除雪修三线"的雄伟口号声中,工地革命竞赛运动更加波澜壮阔,施工加速推进,全部路基土石方任务将可多快好省地尽早完成。

在70年代的第一个春天,工地创"四好"、争"五好"运动也进入了新的高潮。各级领导为了把"四好""五好"运动搞得更深入,提到新水平,正在组织广大指战员对前段"四好""五好"运动认真进行总结评比。各团已在进行总评试点,摸索经验,大量的连队正在学习毛主席重要指示和元旦社论的同时,学习讨论"省指""分指"有关总评指示和师部有关意见,作好总评准备,在大学习、大讲用、大总结的基础上,将制订出创"四好"、争"五好"的新计划和措施,加速思想革命化,建设一支非常无产阶级化、非常战斗化的队伍。

在学习、宣传、落实毛主席重要指示和元旦社论,作好"四个迎接"的过程中,工地加强了政治鼓动工作。许多单位根据毛主席重要指示和元旦社论精神,编排节目,组成宣传队宣传演出,互相鼓励,互相推动,工地政治空气出现了前所未有的浓烈气氛。

为了发展大好形势,师部于近日召开政工会议,交流了情况和经验,要求各级领导要加强工作,乘胜前进,把学习、落实毛主席重要指示和元旦社论,以实际行动作好"四个迎接"准备推向更新的高潮,把活学活用毛泽东思想的群众运动推向新的阶段,提高到新的水平,作好"四好""五好"总评,更深入地开展好"四好""五好"运动,用新的优异成绩,向毛主席汇报,为毛主席争光,为社会主义祖国争光。

## 四〇六三工程宜都民兵师
## 关于召开第二届活学活用毛泽东思想
## 积极分子和先进单位代表大会的通知
## (不另行文)

从大会战以来,我师全体指战员遵循毛主席"三线建设要抢在战争的前面"的伟大教导,发扬"一不怕苦,二不怕死"的革命精神,坚持政治建路，大打人民战争，为高速、优质、低造价地完成建路任务而艰苦奋战，取得了很大的成绩。涌现出大批闪耀着毛泽东思想光辉的英雄人物和先进集体单位。特别是继分指"积代会"和师首届"积代会"之后，更有所发展，有所创新。为多快好省地修建铁路积累了很多宝贵经验。为了系统地总结、交流活学活用毛泽东思想的先进经验，进一步掀起活学活用毛泽东思想的群众运动，师部决定在第一期工程结束之前，开展一次全面评比。在评比的基础上召开第二届活学活用毛泽东思想积极分子和先进单位代表大会，现将有关事项通知如下：

一、评比必须高举毛泽东思想伟大红旗，加强领导，广泛宣传，认真学习省指关于开展"四好""五好"运动的意见（见《政工简报》第3期）、"关于认真做好总评和总结工作的通知"和师部"关于当前政治思想工作的几点意见"。层层召开讲用会，按照规定的条件认真选拔代表，要求通过评比和代表的选拔，进一步掀起创"四好"、争"五好"的高潮，以实际行动，作出优异的成绩，向大会献礼。

二、代表名额分配为：兴山团210人，姚店团170人，红花团120人，潘湾团70人，聂河团100人，王畈团100人，枝城团160人；师直后勤组5人（包括驻宜都、宜昌、白洋和二八八库），办事组2人（包括炊事和邮局），政工组4人（包括电影、广播、保卫），施工组5人（包括406队1人，武铁1人，沈铁1人），机电组3人，医院3人，工地服务站（包括粮食、供销、煤炭）2人，共954人。406队、武铁、沈铁由施工组组织评选，服务站由后勤组负责评选。

三、要求每团在代表中选择2—3个典型，整成书面材料于15日前报师部。师团各组突出典型，也要上报书面材料。

四、在出席的代表中要求具有广泛性，有集体、有个人、有妇女、有知识青年、有工人、贫下中农、有干部，团、营两级机关也要一起参加评选，女代表一般不少于15%。

五、会议时间暂定1月20日左右，具体日期另行通知。代表的

## 第二章 《战地小报》

食宿同首届"积代会"。

### 胜利的起点
### 王畈民兵团的两个小故事

在毛主席重要指示的巨大鼓舞下,王畈民兵团指战员意气风发,斗志高昂,他们立足工地,胸怀全局,以战斗的行动,踏上了光辉的70年代的伟大征途。

### 破冰雪打响新战斗

雨雪纷飞,北风呼啸,施工段面和通道一片冰冻。古水营指战员不畏严寒连续战斗,不断扫除工段和从营房到工地8华里长的层层积雪,但是早冰凝,晚泥泞,施工和行走十分吃劲。二连民兵张永旺和一连民兵宋家全等6名战士,带着两张车辆往返,更加不便。怎么办?他们反复学习毛主席"提高警惕,保卫祖国"的重要指示和"两报一刊"元旦社论,精神抖擞地说:"修建三线是准备打仗的重要措施,为了与帝、修、反争时间,千难万险也要战胜。"于是他们施工时勤除轮上土,收工时索性凭肩托着车辆回营房,干劲冲天,效率很高,在70年代的起点上夺取了开门红。

### 既是战斗队,又是宣传队

民兵团驻地大堰公社青坪一队,从1969年8月份以来生产队长杨家富就不干了,队里革命生产受到一些损失。团里干部学习了毛主席关于"中国应当对于人类有较大的贡献"的重要指示和"两报一刊"元旦社论,主动担起了宣传、组织、武装群众的工作,派出一支5人组成的毛泽东思想宣传队,挤出时间与队里干部、贫下中农一起办学习班,开展谈心活动,经过七八天耐心细致的工作,共产党员杨家富同志又挑起了工作重担,情况大有好转。贫下中农满意地称赞民兵团既是战斗队,又是宣传队。

## 十二　第12期

### 战 地 小 报

四〇六三工程宜都民兵师编
1970年1月17日　第12期

#### 为毛主席争光　为社会主义祖国争光
#### 红花民兵团完成第一期工程土石方任务

　　三线建设红旗飘，革命生产传喜报。

　　在全国亿万军民高举毛泽东思想伟大红旗，认真贯彻落实毛主席重要指示和"两报一刊"元旦社论的高潮中，在伟大70年代的第一个春天，从四〇六三工程宜都民兵师工地传出了战斗捷报：红花民兵团广大指战员，奋战53天，完成了第一期工程全部土石方任务。这是毛泽东思想的伟大胜利！这是毛主席无产阶级革命路线的伟大胜利！

　　大会战以来，红花团广大指战员认真活学活用毛泽东思想和毛主席关于三线建设的指示，坚持走政治建路的道路，大力开展创"四好"、争"五好"的群众运动，革命加拼命，苦干加巧干，涌现了成批的"四好"连队和"五好"战士，实现了全团车子化，工效高，质量好，在多快好省地完成工程任务上创造了优异成绩。

　　1月15日，红花民兵团指战员满怀豪情壮志，向师部报了喜，发出了请战决心书，师部也向红花团发出了贺信，希望他们再接再厉，进一步学习毛主席最新指示和元旦社论，创造更优异的成绩，向毛主席报喜。

#### 贺　信

红花民兵团全体指战员：

　　在全国亿万军民高举毛泽东思想伟大红旗，落实毛主席最新

## 第二章 《战地小报》

指示和元旦社论精神,以跃进步伐跨入更加光辉灿烂的 70 年代的大好形势下,战斗在四〇〇一工程的红花民兵团全体指战员,怀着对伟大领袖毛主席的无限忠心,战胜了前进中一个又一个困难,经过 53 天英雄战斗,胜利完成了师部分配的第一期工程土石方任务,这是战无不胜的毛泽东思想的伟大胜利!这是毛主席无产阶级革命路线的伟大胜利!是全团指战员无限忠于伟大领袖毛主席,活学活用毛泽东思想的成果!我们谨向全团指战员致以热烈的祝贺!

同志们,你们在前段大会战中,始终高举毛泽东思想伟大红旗,突出无产阶级政治,坚持活学活用毛泽东思想,坚持政治建路的方针,深入、持久地开展创"四好"、争"五好"的社会主义革命竞赛运动,革命加拼命,苦干加巧干,以人的思想革命化促进技术革新,带头在全师最早实现了全团车子化,你们的车子推得多,推得稳,推得好,推出了新水平,推出了高功效,在全师起了很好的带头作用,作出了很好的榜样。

希望你们更高地举起毛泽东思想伟大红旗,更好地学习、落实毛主席最新指示和元旦社论,掀起活学活用毛泽东思想群众运动的新高潮,学出新水平,用出新水平,进一步加强革命团结,加强革命纪律,巩固无产阶级专政,进一步提高广大指战员的阶级觉悟和两条路线斗争觉悟,进一步促进人的思想革命化。在新的战斗中,再接再厉,夺取更大更新的胜利,为毛主席争光!为社会主义祖国争光!团结起来,争取更大的胜利!

四〇六三工程宜都民兵师<br>1970. 1. 15

用实际行动落实毛主席最新指示和元旦社论精神!
用实际行动迎接中央铁道部第二批参观团到工地检查指导!
用实际行动迎接师第二届活学活用毛泽东思想积极分子代表大会的召开!

用实际行动向地区活学活用毛泽东思想积极分子代表大会献礼！
用实际行动和优异成绩向后方人民汇报！

## 喜　报

"春风杨柳万千条，六亿神州尽舜尧。"在国际国内一片大好形势鼓舞下，在四〇六三工程建设大好形势鼓舞下，我们红花民兵团全体指战员认真落实毛主席一系列最新指示，在大会战的战场上掀起了活学活用毛泽东思想群众运动新高潮，掀起了抓革命，促生产，促工作，促战备，开展社会主义革命大竞赛的新高潮，全团民兵发扬冲天的革命干劲，奋战53天，于1月15日提前超额完成了上级交给的第一期工程全部土石方任务。我们全团指战员怀着无限喜悦的心情，向师首长、向全体同志报喜。

提前超额完成第一期工程土石方任务，这是毛泽东思想的伟大胜利！是毛主席无产阶级革命路线的伟大胜利！是由于上级的正确领导、后方人民和驻地贫下中农的大力支援、全团民兵努力奋战的结果。

我们决心进一步高举毛泽东思想伟大红旗，乘胜前进，争取更大的胜利。

四〇六三工程宜都民兵师红花团全体指战员
1970年1月15日

## 决　心　书

在伟大领袖毛主席亲自批准修建的四〇〇一工程大会战的战场上，我们红花团1700多名指战员怀着对毛主席无限深厚的无产阶级感情，为毛主席争光，为社会主义祖国争光的赤胆忠心，发扬"一不怕苦，二不怕死"的彻底革命精神，坚决走政治建路的道路，英勇奋战53天，提前超额完成上级交给我们的第一期工程全部土、石方任务。这是战无不胜的毛泽东思想的伟大胜利！是上级正确领导和后方人民、驻地贫下中农大力支援的结果。

"雄关漫道真如铁,而今迈步从头越。"第一期工程任务的完成,只是万里长征走完第一步,离毛主席对我们的要求和希望还相差很远。我们决心进一步高举毛泽东思想伟大红旗,活学活用毛主席著作,学出新水平,用出新水平,谦虚谨慎,戒骄戒躁,认真总结前段经验教训,纠正错误,以利再战。决心奋战15天,完成师部新分配的150米长段面全部土石方任务,为早日修建好四○○一工程,让毛主席早放心,贡献我们最大的力量。我们决心进一步深入学习毛主席最新指示和元旦社论,狠抓一个"用"字,认真落实在行动上,我们决心进一步以临战的姿态,坚持政治建路的方针,在完成新的任务中,高速、优质、低造价,发扬"一不怕苦,二不怕死"的彻底革命精神,锤炼出无限忠于毛主席的红心,建路又建人,树立全心全意为全中国人民和全世界人民服务的共产主义世界观,肩负起世界革命的重任。我们决心用战备的观点,观察一切,检查一切,落实一切,加快再加快工程进展,把三线建设抢在战争的前面。

立下愚公移山志,敢教日月换新天,千难万险何所惧,一片丹心为人民,在伟大的70年代,为人民立新功。

红花民兵团全体指战员<br>1970年1月15日

**红花团指战员　豪言壮语**

苦干加巧干,
革命加拼命,
实干加硬干,
高速优质修三线,
为毛主席争光。
横下一条心,
拼起一条命,
天寒地冻算什么?

高速优质永向前。
千难万险何所惧，
一片丹心为人民，
豪情壮志贯长虹，
铁锤起落天地惊。
苦干巧干拼命干，
决战决胜元月份，
夺取七十年代开门红，
加速人的思想革命化，
保持光荣发扬光荣，
夺取更大的胜利，
让毛主席早放心。

# 十三 第13期

## 战 地 小 报

四〇六三工程宜都民兵师编
1970年1月18日 第13期

### 我师出席地区首届活学活用毛泽东思想
### 积极分子代表大会代表胜利启程
### 师部负责同志和指战员代表热烈欢送

"大海航行靠舵手，干革命靠毛泽东思想。"

在全国亿万军民认真贯彻、落实毛主席最新指示和元旦社论的高潮中，在工地掀起夺取决战全胜社会主义革命大竞赛的大好形势下，我师出席宜昌地区首届活学活用毛泽东思想积极分子代表大会代表于1月14日启程，前往宜昌出席代表会议。

1月14日上午，锣鼓震天，热烈地欢送郑崇松、刘祖尧等7位代表启程。师部负责人廖亚远、彭先铭、贺砚堂，兴山民兵团负责人刘家瑞、王畈民兵团负责人李传发等同志和指战员代表送行直至江边，江岸河畔，一片"毛主席万岁！万万岁！""敬祝毛主席万寿无疆！"的欢呼声。

出席地区首届活学活用毛泽东思想积极分子代表大会代表启程前，师部邀请他们举行了座谈。7 名代表同志一致表示："到会后要虚心学习外地活学活用毛泽东思想的先进经验，把经验带回来传达好，在伟大的 70 年代，把活学活用毛泽东思想的群众运动推向新高潮。"代表们表示在出席大会期间，把大会盛况、首长指示及时转告工地。代表们希望广大指战员认真学好、落实毛主席最新指示和元旦社论精神，掀起创"四好"、争"五好"的社会主义革命竞赛新高潮，促进思想革命化，高速、优质完成工程任务，用夺取决战全胜的实际行动，迎接中央铁道部第二批参观团的到来和全师第二届活学活用毛泽东思想积极分子代表大会的召开，向地区首届"积代会"献礼，向毛主席敬献忠心。

## 四〇六三工程宜都民兵师出席
## 宜昌地区首届活学活用毛泽东思想
## 积极分子代表大会代表名单

| | |
|---|---|
| 枝城团先锋营代表 | 郑崇松 |
| 兴山团古夫营长水连代表 | 刘祖尧 |
| 王畈团松华营代表 | 王朝林 |
| 潘湾团群峰营代表 | 刘维芳（女） |
| 红花团古背直属连代表 | 周永忠 |
| 聂河团红山营一连代表 | 任文成 |
| 姚店团团卫生队代表 | 陈官焱 |

## 落实毛主席最新指示夺取决战胜利
## 师部召开连以上干部战地现场会

为了更好地落实毛主席最新指示和元旦社论精神，总结交流先进经验，鼓足更大革命干劲，夺取决战胜利，师部于 1 月 15 日召开了战地现场会。参加会议连以上干部一百余人。

　　会议首先参观了红花团大搞车子化的动人场面。这个团 1700 多人，有车子 736 张。各级干部、全体民兵包括后勤人员，人人学会了推车，车子装得满，推得稳，工效高，最多一车可装 14 担土。会战 50 多天，每人平均工效 1.8 方。他们的主要经验是：狠抓活学活用毛泽东思想，用毛泽东思想统帅一切，大办各种类型学习班，促进人的思想革命化，坚持政治建路，依靠群众，大打人民战争；学先进，树典型，抓平衡，干部带头。总之，人的思想革命化，带动了车子化，出现了高工效。红花团负责人在会上介绍了他们大搞车子化的情况。

　　到会干部参观后，一致赞扬红花团车子化搞得好，推出了高工效，推出了新水平。决心学习红花团的经验，回去开花结果。

　　师长彭兆榜同志在会上讲了话，他说："会战以来，广大指战员在毛主席'老三篇'和三线建设指示的指引下，在省指、分指的具体领导下，在后方广大革命人民的支援下，高举毛泽东思想伟大红旗，突出无产阶级政治，坚持政治建路的道路，发扬了'一不怕苦，二不怕死'的革命精神，革命加拼命，苦干加巧干，工程进展是快的，工效是高的。到 1 月 14 日止，已完成路基土石方任务的 82%。三板湖大桥、渡槽也完成部分工程。在这段战斗中涌现了大批的先进单位和个人，炼了思想，炼了作风，炼了人。"

　　彭兆榜同志高度赞扬了红花团大搞车子化所取得的成就。他说："红花团的车子化在全师是起了带头作用的，他们由于狠抓了思想革命化，带动了车子化，创造了高工效，50 多天会战，每人平均工效划 1.8 方，这是很可贵的。要看到车子化的意义很大，不仅工程建设需要，农业生产也同样需要。农业生产要向'四化'迈进，农业机械化、半机械化里面很重要的一点是运输问题，因此，对车子化要总结、提高，把经验带回去，不断革命，乘胜前进。"

　　彭兆榜同志接着对 1 月底以前的工作，提出了四点要求：（一）完成整个路基土石方任务；（二）整好路面，开挖好天沟、侧沟、吊沟，底渣有条件的备好、铺好，条件差的备好、铺好一部分，护坡、植树、造田尽量争取多干一些；（三）完成三板湖大桥所需10000方沙石料的运输任务；（四）帮助沿线搬迁及爆破损伤房屋的群众整修好房屋。同时组织两个会战，一是罗家湾会战，二是三板湖大桥沙石料会战。为了完成上述任务，要认真贯彻、落实毛主席最新指示和元旦社论，坚持政治挂帅、政治建路，大借中央铁道部第二批参观团到来和师部准备召开"积代会"的东风，再接再厉，创造出更优异的成绩。

会议中还参观了枝城团西湖营、枝城镇直属连试验段、三板湖大桥、姚店团牵引机及全师整个工段。

### 突出无产阶级政治　认真搞好评比
#### 王畈团崭新营三连发动群众开展评比工作

崭新营三连，遵照伟大领袖毛主席"全国要学习解放军"的教导，坚持"四个第一"，大兴"三八作风"，开展创"四好"、争"五好"的群众运动，最近又一次进行了评比。他们的作法是：

（一）学习文件，突出政治，提高认识，端正态度。

这个连队前段通过几次评比，推动了创"四好"、争"五好"群众运动的开展，促进了人的思想革命化，好人好事不断涌现。但也反映出了一些错误思想。为了发动群众搞好评比，他们首先组织全连指战员，学习了毛主席有关突出政治的指示，学习了"省指"关于评比的条件和方法、元旦社论、解放军报社论《一定要抓住"四好"不放》等文件，分班进行座谈讨论，通过学习和讨论，解决了三个问题：一、提高了全连指战员对创"四好"、争"五好"重要性的认识，端正对评比的态度；二、熟悉了评比的条件和方法；三、正确认识了"一好"和"三好"的关系是统帅与被统帅的关系。他们认为：这一环很重要，是基础，这一环抓好了，评比才能搞好，才能通过评比，评出干劲、评出风格、评出人的思想革命化。

（二）发动群众人人讲用，一人总结大家补充。

在提高认识、端正态度的基础上，以班为单位人人讲用。先个人后集体，先群众后干部，一人讲用大家补充（补充优点），自己和自己比，现在和过去比，总结成绩，摆变化，看提高。战士彭传美在讲用时说："开始来时有轻省一点，多挣一点钱的思想，学习毛主席三线建设指示，通过回忆对比，解放前在松木坪修路，是皮鞭加稀饭，修的压迫路；现在是为我们自己修路，为革命修路，修的幸福路。受到了阶级教育，提高了阶级觉悟，从为挣钱来修路，变成为毛主席争光而修路。"战士李一宽说："过去群众称我'四同'，即同观点（闹派性）、同吃喝、同打牌、同捣蛋，来工地以后，通过活学活用毛主席著作，我现在变成了和广大民兵一起，同出工、同学习、同劳动、同为毛主席争光修铁路。"人人讲用、生动活泼，既有活学活用，又有"斗私批修"，忆苦思甜，一人总结，大家补充，充分地总结和肯定了每一个人的成绩和进步。

（三）逐级选拔，层层讲用，一个中心，全面衡量。

在分班人人讲用的基础上，各班选拔出2—3名到排里讲用，在排里讲用的基础上，各排选拔2—3名到连里讲用。一个中心，全面衡量。即以政治思想好为中心，全面衡量其他几好。采取逐级选拔，逐级讲用。他们在个人总结的基础上，总结出了连队的五大变化：活学活用毛泽东思想，促进了思想革命化，人的精神面貌发生了变化，过去是"修路公私兼顾"，现在是为毛主席争光，准备打仗。革命干劲更大，克服了靠干部安排才动，变成了自觉、主动地找事干。共产主义大协作精神大发扬，过去只局限在本营内，现在到聂河、潘湾团搞协作，行动更加军事化，克服了过去认为"民兵"就是一半兵、一半民，何必那么紧张的思想，严格了纪律，加强了军训。全连更加团结，克服了互相埋怨，开展了谈心活动。通过评比，全连指战员精神更加振奋，斗志更加昂扬，他们说："通过评比，学习有了榜样，前进有了方向。"目前他们还在对照先进找差距，互相学习，取长补短，用一分为二的观点对待自己，既看到自己的成绩，又看到自己的不足，用毛主席继续革命的理论武装头脑，制订继续创"四好"、争"五好"的行动计划。

## 第二章 《战地小报》

**出席地区首届"积代会"代表的来信**

敬爱的师首长及全体指战员：

您们好！辛苦了！

我们于1月14日带着光荣而喜悦的心情，带着首长和全师指战员的期望，高兴地来到了宜昌地区首届活学活用毛泽东思想积极分子代表大会会场，一来到这里，就受到了地区革委会和宜昌市广大人民群众的热烈欢迎。我们高举毛主席的雄伟画像，打着"为毛主席争光，为社会主义祖国争光"的鲜艳红旗，手捧红彤彤的《毛主席语录》，豪情满怀地进入了会场，我们的心情多么激动！同时，我们也感到很惭愧，因为我们学得不好，用得不活，没有做出大的成绩来，不能很好地、全面地把四〇六三工程铁道民兵活学活用毛泽东思想的英雄事迹，一一向首长和代表们汇报。这次大会是对我们全师参加地区"积代会"代表的最大鞭策和鼓励，我们一定更高地举起毛泽东思想伟大红旗，把这次会议当作我们活学活用毛泽东思想的好课堂。

敬爱的首长和同志们：我们决不辜负你们的关怀，决心把别人的先进经验带回来，让大会精神在我们全师开花结果。大会将在本月26日结束。

出席地区"积代会"全体代表

**高速优质抓得紧　安全生产不放松**
**山河营依靠群众持久地作好安全施工**

姚店团山河营300多名指战员，遵照毛主席"你们千万要注意安全"的伟大教导，突出政治，在狠抓高速、优质、低造价施工的同时，依靠群众，大打安全生产的人民战争。两个月来，施工段面和条件不断变化，由于经常抓安全，全营未出重大工伤事故，士气高昂，有力地促进了施工速度。

安全生产是保证高速度、高质量施工的必要条件和重要措施。会战以来，山河营根据毛主席"办学习班，是个好办法，很多问题可以在学习班得到解决"的教导，抓住工程进展和施工条件变化，针对施工中出现和可能出现的问题，适时、经常地举办各种类型的毛泽东思想学习班，用毛泽东思想统帅安全工作。在爆破、取土、车运等学习班中，广大指战员认真学习毛主席关于安全生产的指示，总结检查安全生产情况，认识到抓不抓安全，是对毛主席的态度问题，是对人民群众生命财产负不负责的问题，放松安全，就是失职，搞好安全，是多快好省地修建铁路的重要组成部分。随着认识不断提高，他们把安全列为创"四好"、争"五好"的重要条件，不断落实安全措施，堵塞漏洞，加强薄弱环节。出现了人人讲安全，人人管安全，安全模范人人夸，不安全苗头人人抓的兴旺局面。

遵照毛主席关于"我们需要的是热烈而镇定的情绪，紧张而有秩序的工作"的教导，山河营依靠群众，根据实战经验，不断建立、健全和发展了安全生产的各项有效制度。取土杜绝了深挖陡劈；爆破制定了选择炮位、打眼、灌炮、点火放炮等一整套规矩；车运严格执行人让车，空让满，人车分开，空满各走和上坡无人拉、下坡无人护不开车。布置任务必交代安全，总结工作必检查安全，工地鼓动工作必宣传安全，使各项安全制度执行得既自觉，又持久。

山河营各级干部，时刻牢记毛主席教导，讲究认真，做过细的工作，把安全施工落在实处。除了勤教育、勤部署、勤总结、勤检查安全以外，他们特别注意了搞好典型，抓好两头，对于严格执行安全制度的单位和战士，及时表扬，推广他们的经验。对于忽略安全的单位和战士，抓紧思想教育，开展谈心活动，进行必要的批评教育，严格堵死漏洞。同时，各级干部身体力行，既做勇敢善战的模范，又做安全施工的模范。在工地上，哪里有危险，哪里就有干部，哪项任务艰巨，哪里就有干部带班，事事带了好头。

在毛主席重要指示和元旦社论精神鼓舞下，山河营指战员决心发扬成绩，克服缺点，在决战阶段，抓好高速优质，要把安全施工一抓到底，善始善终，多快好省地完成第一期工程任务。用把速度、质量、安全抓得更好的实际行动，完成毛主席交给的"三线建设要抢在

第二章 《战地小报》

战争的前面"的伟大战略任务。

### 工地新风篇
#### 感谢兴山民兵团的无私援助

潘湾民兵团为解决罗家湾工段填方土源和运土急需,从1月9日起突击架设天桥,指战员们用实际行动落实毛主席最新指示,不畏疲劳,日夜奋战,而在战斗行列中,常常可以看到兴山民兵团很多指战员利用休息和深夜的睡眠时间,推着小车,挑着土筐参加架桥的紧张战斗,发扬了高尚的共产主义风格。1月10日深夜,全福营战斗开始不久,兴山民兵团古夫营长水连一名战士敏捷地进入工地,迅速干了起来,潘湾团团营负责人劝他休息,询问他的姓名,这位同志边战斗边回答:"我就叫为人民服务。"当潘湾团指战员感谢他无私支援时,他激动地说:"同志们,我没做什么,你们要谢,就感谢伟大领袖毛主席他老人家。"顿时,工地上响起了一片"毛主席万岁!万万岁!"的欢呼声。兴山民兵团这种无私无畏的英雄战士还很多,他们的风格使潘湾团指战员深受感动,一致表示:"向兴山民兵团学习!向兴山民兵团致敬!以加快战斗步伐,夺取决战全胜的实际行动,落实毛主席重要指示,感谢兴山民兵团指战员的无私援助。"

(潘湾民兵团供稿)

#### 高尚的风格　协作的凯歌

枝城团直属连担任原段面边沟施工的一个班,1月11日上午正战斗紧张时,忽然水泥接应不上了。指挥战斗的副连长和战士们议论,只有请借白水营部分搬运工具突击运输。这个消息传到白水营,指战员们当即决定大力支援。营负责人主动对直属连同志们说:"你们的工作就是我们的工作,我们都要为毛主席争光!你们人少,我们立即把水泥送来。"遵照毛主席"关心他人比关心自己为重"的教导,白水营及时安排6名民兵给直属连送到3包水泥,保证了直属连边沟施工的需要。白水营发扬高尚的风格,谱写了一曲协作的凯歌。直属连指战员深有感触地说:"白水营这种完全、彻底为人民服务的革命精神,毫不利己,专门利人的模范行动,共产主义大协作的高尚风格,真是我们学习的好榜样!"

(枝城团直属连)

## 河深海深不如阶级友爱深

宜都民兵师松华营和我团长水连是"邻居",都是出席分指"积代会"的先进单位。长水连的民兵来自大山区,衣服比较单薄,又都是男同志,衣被破了不会缝补,但是他们全不把这些放在心上,冒着严寒,日夜奋战。这些事,松华营的同志看在眼里,记在心上。1月6日,雪后初晴。松华营女连长刘学敏同志带着十多个女民兵,唱着"我们都是来自五湖四海,为了一个共同的革命目标,走到一起来了……"来到长水连民兵驻地,把阶级兄弟的破衣、破被一件一件地"搜"出来,帮助缝补。她们把自己半新的垫单,撕成一块又一块,脱下自己完整的夹衣,剪成一片又一片,补在长水连民兵的衣被上。她们说:"只要阶级兄弟穿得暖和,这点东西算得了什么!"天气冷,手冻僵了呵呵热气暖暖手,又继续战斗,缝好一件又一件,补好一床又一床。一针针,一线线,把深厚的阶级友谊缝在一起来了。这天,共补衣服17件,被单11床,鞋子2双,袜子2双。长水连的同志问她们名字,她们说:"姓勤,叫勤务员。"这种毫不利己、专门利人的共产主义精神,使长水连的民兵深受感动。民兵张国柱满眶热泪地说:"爹亲娘亲不如毛主席亲,河深海深不如阶级友爱深!我要更加鼓劲,修好四〇〇一工程,感谢松华营的同志。"全体民兵表示:"一定向松华营同志们学习!活学活用毛泽东思想,以实际行动落实毛主席最新指示,夺取新的更大胜利!"

(转自兴山民兵团《工地战报》)

## 十四　第14期

**战　地　小　报**

四〇六三工程宜都民兵师编
1970年1月21日　第14期

**师团负责人会议研究决定**
**鼓足更大干劲　夺取决战全胜**

1月19日，师部召开各团负责人会议，传达、讨论了"分指"师长会议精神，分析了工地革命、生产大好形势，进一步研究了夺取第一期工程决战全胜的措施。

会议认为，在毛主席最新指示和中央"两报一刊"元旦社论精神的巨大鼓舞下，广大指战员豪情壮志满怀，革命干劲冲天，活学活用毛泽东思想群众运动掀起了新高潮，创"四好"、争"五好"的群众运动和以赛革命、赛团结、赛进步为内容的社会主义革命竞赛运动出现了新局面，工地革命、生产热浪滚滚，形势一派大好。

会议对第一期工程决战阶段的工程任务进一步进行了合理安排。一致认为，决战阶段时间紧，任务大，工程艰巨，全师指战员必须更高地举起毛泽东思想伟大红旗，认真落实毛主席关于三线建设的一系列指示，发扬勇敢战斗、连续作战的作风和敢于斗争、敢于胜利的革命英雄主义气概，充分利用会战以来摸索、创造的各项先进经验，革命加拼命，苦干加巧干，加快速度，讲究质量，确保安全，高速、优质、低造价地完成第一期工程任务。

会议讨论、研究了工地思想政治工作，要求各级领导坚持用毛泽东思想统帅一切，突出无产阶级政治，普遍作好总结评比，把活学活用毛泽东思想和创"四好"、争"五好"的群众运动推向新的阶段。

会议要求全师指战员鼓足更大的革命干劲，以落实毛主席最新指示、夺取决战全胜的实际行动和优异的成绩，向伟大领袖毛主席敬献忠心，迎接中央铁道部参观团亲临我师工地进行检查指导。

## 战鼓声声催心潮　凯歌阵阵传喜讯
## 全师指战员满怀革命豪情迎接中央铁道部参观团莅临工地检查指导

正当全师指战员认真学习、落实毛主席最新指示，迈开跃进步伐跨入伟大的70年代，以实际行动夺取四〇六三工程第一期工程决战全胜的关键时刻，中央铁道部参观团今日莅临工地检查指导。喜讯传来，工地、营房一片欢腾，指战员们兴高采烈，干劲倍增。中央铁道部参观团莅临工程前线检查指导，这是毛主席和党中央对我们铁道民兵的最大爱护、最大关怀、最大鼓舞、最大鞭策，是工地政治生活中的一件大喜事，指战员们一遍又一遍地高呼："伟大领袖毛主席万岁！万万岁！敬祝毛主席万寿无疆！万寿无疆！"

自从中央铁道部参观团将来工地检查指导的消息传出后，全师10000多名指战员就认真地讨论了迎接参观团的准备，大家作计划，订措施，发出豪迈的战斗誓言："用实际行动迎接参观团的到来，以优异成绩向参观团汇报，让参观团的同志们把铁道民兵执行毛主席的指示，走政治建路的道路，建路先建人，高速、优质、低造价完成工程任务的喜报，敬献给我们最最敬爱的伟大领袖毛主席，让毛主席他老人家睡好觉、早放心。"潘湾团铁道民兵，在"以实际行动迎接参观团，用最新成绩向毛主席汇报"的战斗口号鼓舞下，不畏艰险，战胜严寒冰冻，日夜突击架设天桥，终于在1月15日胜利竣工，打开了隔山取土的通道，大大提高了施工效率，解决了罗家湾大填方的土源。已于1月15日完成第一期工程土石方任务的红花团，决心争取更大胜利，在新的段面上，充分发挥车子化的威力，不断创新生产纪录。王畈团为了再加快施工速度，连夜抢修旧车、赶制新车，还增加力量打歼灭战。聂河团朝阳营为迎接参观团，勇挑重担，以顽强毅力拌砂浆，速度赛机械。兴山、姚店、枝城团广大指战员，都开展了用实际行动迎接参观团的活动。

现在，广大民兵正以落实毛主席最新指示、夺取决战胜利的实际行动，迎接参观团莅临工地检查指导。

热烈欢迎中央铁道部参观团！
向中央铁道部参观团全体同志学习！致敬！
热烈欢迎中央铁道部参观团亲临指导！
欢迎中央铁道部参观团对我们工作批评指导！
以加快速度，提高质量的实际行动欢迎中央铁道部参观团！
以大战元月，拿下土石方的实际行动欢迎中央铁道部参观团！

### 奋战罗家湾　迎接参观团

中央铁道部参观团将临工程前线检查指导的喜讯传到潘湾民兵团，立即引起了广大指战员的热烈讨论，大家精神振奋，你一言，我一语，坚决表示要以元月底完成第一期工程任务的实际行动，向参观团汇报。但是，他们团施工的罗家湾工程段面填方高达20米，坡度逐步增陡，车运艰难，加之现有土场窄狭，土源不足，日进工效仅平均0.5方，不采取得力措施，计划就会落空。经过举办各种类型的毛泽东思想学习班，指战员一致主张在罗家湾与对山之间的洼地上空，架设一座天桥，打通取土的通道，既解决土源，又提高效率。

架设天桥的任务交给了全福营。团部要求4天架成，全福营指战员遵循毛主席关于"提前一个小时也是好的"的伟大教导，决定3天拿下任务，让天桥早日投入生产，向参观团汇报。他们合理摆布工序和人力，夜以继日进行紧张战斗。架桥组20名战士，在一连副连长、出席分指"积代会"代表冉永金同志带领下，发扬"一不怕苦，二不怕死"的彻底革命精神，连续几天高空作业，除吃饭在地上蹲一下外，日夜战斗在高空。战士刘才美腿脚都站肿了，仍顽强战斗。冉永金同志小孩在家严重烧伤，生命危在旦夕，家里来信，营里叫他回去，他坚决表示不离开工地一时一刻，还带领战士战斗通宵，表现了公而忘私的优良品德。经过全营指战员昼夜奋战，终于在1月15日架成一座长46米、高8米、宽5.7米、载重5万斤的天桥，打开了隔山取土的通道，加上发展车运，全团工效迅速升到平均1方，加快了施工速度。

### 用实际行动向参观团表心意

聂河团朝阳营全体指战员，听到中央铁道部参观团即将到工地检查指导工作的喜讯，受到了极大的鼓舞，鼓足了更大的革命干劲，都表示要用实际行动，向参观团表示心意。三板湖运输量大，大家争先恐后报名，赶到工地后装车满，拖车快，往返90多里，没一人叫苦叫累，要求一天拖1000包水泥，只半天就超额完成了29包任务。随后到三板湖拌砂浆，指战员们以顽强毅力快速操作，75分钟就拌好合格砂浆24盘，效率赛机械。广大指战员们只有一个心愿：高速优质完成工程任务，让参观团把喜讯带回去向毛主席汇报，让毛主席他老人家睡好觉，早放心，就是我们铁道民兵最大的幸福。

### 争取更大胜利　向参观团汇报

红花团广大指战员说："中央铁道部参观团亲临工地检查指导，这是伟大领袖毛主席和党中央对我们铁道民兵的最大关怀、最大鞭策。"决心在1月中旬完成第一期工程土石方任务的基础上，打一个更大的漂亮仗，夺取新胜利，向参观团汇报。云池营一连汪家元、石德秀等5名共产党员，为了加快施工速度，利用休息时间，抢修车道。云池营二连和青林营三连，都抓住夜间修车，保证施工满勤。全团充分发挥了车子化的高工效作用。蔡冲营新担负石方任务，没手套空着手、没胶鞋穿着草鞋干，营长曾宪富掌钎时被锤撞了头坚持不下火线。指战员们就是用这种争分夺秒战斗的革命精神，迎接参观团，向毛主席敬献忠心。

### 铁道民兵欢迎您！

晴空万里飞彩霞，金色阳光照大地。
工程遍地红旗舞，铁道民兵鏖战急。
手中铁锤高高举，炮声隆隆帝修泣。

战士脚下踩冰霜,天大困难一脚踢。
参观团的同志啊,铁道民兵欢迎您。

(云池营一连)

### 请参观团把我们的心愿
### 捎回北京去

铁道民兵战天斗地,
为革命修路抢分夺秒争朝夕。
不为钱,不为粮,不为(土)方,
只有为毛主席争光的赤诚心意。
高速优质建成战备路,
忠心献给毛主席。
参观团的同志们啊!
请把我们的心愿捎回北京去,
让毛主席他老人家睡好觉,早放心。

## 十五 第15期

## 战 地 小 报

四〇六三工程宜都民兵师编
1970年1月26日 第15期

### 以临战姿态过革命化战斗化的春节

王畈团根据伟大领袖毛主席的最新指示和元旦社论精神,抓住活思想,结合"四好""五好"总评,最近在全体指战员中开展了"怎样过一个革命化、战斗化的春节"的活动。通过这项活动的开展,进一步提高了广大指战员对当前形势的认识,提高了阶级觉悟,进一步树立了战备观点，促进了人的思想革命化，工地上呈现出一片热气腾腾、紧张战斗的局面。

广大指战员反复学习了毛主席的三线建设指示，学习了解放军新年连队讲话材料，对照毛主席的教导，通过反复讨论，大家一致认识到今年春节应该百倍提高革命警惕，随时作好反侵略战争的准备，防止苏修美帝的突然袭击，大家坚定地表示："要以革命的实际行动落实毛主席'两争''两抢'和'要准备打仗'的教导，加速工程建设。"松华营全体指战员纷纷表决心，写请战书，要求在工地过革命化春节，以实际行动为毛主席争光。全营指战员学习后，进一步加强了军事训练，利用休息和收工时间，开展防空、歼敌等演习，从思想上和行动上，适应战备形势需要。

各连队还结合"四好""五好"总评，普遍开展了新、旧春节回忆对比，使广大指战员再次受到了一次深刻的阶级教育。松华营、古水营、崭新营的指战员同志们讨论了"旧社会什么人望过年？什么人怕过年？现在我们要怎样才不辜负幸福年，怎样过革命化春节？"许多同志回忆旧社会过年的悲惨情景，阶级仇、民族恨，一齐涌上心头。大家说："旧社会我们贫下中农没有年，年关就是'鬼门关'，地主逼租逼债，我们不敢在家安身。"古水营二连民兵李学森说："旧社会地主望过年，穷人怕过年，有年腊月三十，我们全家人一年辛苦弄了一个小猪头，保甲长硬要拿走，千求万求，留了一半，到了初三，又来把剩下的全部抢走，初五又把我父亲拉去当壮丁，直到现在无下落……解放后，我家生活一年比一年好，现在我能参加修路，这是我最大的幸福，我要求留在工地为毛主席争光，过革命化春节。"

各级干部通过学习，一致表示："带头在工地过革命化春节，带头坚守工作岗位，并搞好工作，搞好春节保卫和开展春节活动。"崭新营三连副连长张文美说："旧社会，我被拉去修公路，跪石渣，现在毛主席领导我们为自己修幸福路，政治上、生活上无微不至地关怀我们，我要求留在工地继续干，提前完成建路任务，埋葬帝、修、反，为毛主席争光！为社会主义祖国争光！"

## 姚店民兵团发出向毛大文、颜三元两同志学习的决定

姚店民兵团,遵照伟大领袖毛主席"一定要抓好典型"的教导,于本月25日,发出向向阳营四连施工员毛大文同志,翠峰营一连知识青年颜三元同志学习的决定。决定说:"毛大文同志对毛主席有深厚的无产阶级感情,对帝修反有深仇大恨,在这次大会战决战中,为了落实毛主席'两争''两抢''一打'的伟大指示,在家庭困难大、爱人重病、小孩病死的情况下,仍然坚守工作岗位,不下战场,表示了高度克己奉公的共产主义风格和一心为革命的无产阶级精神。颜三元同志是武汉下乡知识青年,在夺取决战全胜的关键时刻,得到父亲病逝的消息,他以革命为重,坚定地表示:'爹亲娘亲不如毛主席亲,为毛主席争光,就要想毛主席之所想,急毛主席之所急,不修好战备路决不回去。'表现了一个革命青年无限忠于伟大领袖毛主席的赤胆忠心。"

决定号召全体民兵,以他们为榜样,认真落实毛主席三线建设指示,学习他们无限忠于毛主席,活学活用毛泽东思想,促进思想革命化,克己奉公,以革命利益为第一生命的高贵品质,加快施工速度,夺取决战的全面胜利。

## 提高警惕　保卫祖国　要准备打仗
### 在战斗的工地上过革命化的春节

潘湾团全福营广大指战员,遵照毛主席"三线建设要抓紧,就是同帝国主义争时间,同修正主义争时间""要准备打仗"的伟大教导,借各级参观团来工地参观的强劲东风,在营里召开了誓师大会以后,向团部表示:"决心破旧立新,在战斗的工地上过一个战备的春节,过一个革命化的春节。"一连一排战士谭从新,亲自到营部求战说:"我坚决不回家过春节,回家过春节是旧习惯,决心在工地上过一个革命化的春节,我是一个铁道民兵,要一心为革命,春节不回家。"副连长冉永金同志,在誓师大会上表示决心说:"我们要时时、处处用毛主席三线建设指示对照,为了早日建成战备路,让毛主席早

放心，我决心在工地上过一个战备春节、过一个革命化的春节，保证做到'四不走'：任务不完成不走、质量不合要求不走、上级不叫走不走、不拿完工证不走，服从安排听指挥。"全营指战员，以战天斗地的革命精神，日夜奋战罗家湾，日进方量由原来0.7方提高到1.16方。他们说："我们心中只有毛主席，一心只想早日建成战备路，让毛主席早放心。"

## 倡 议 书

全体女民兵同志们：

"中华儿女多奇志，不爱红装爱武装"。战斗在四〇六三工程的姚店翠峰营70名女战士，为了更进一步落实毛主席"两争""两抢""一打"的伟大指示，以战斗的姿态，夺取决战全胜，拿下全部路基土石方，在1970年春节即将到来之际，我们特向你们倡议：

一、高举毛泽东思想伟大红旗，认清形势，准备打仗，从思想上落实毛主席"两争""两抢""一打"的战备措施。

二、坚守战斗岗位，一心为革命，春节不回家，在工地过一个革命化、战斗化的春节。

三、活学活用毛泽东思想，认真搞好总结和总评，学先进、找差距、订措施，进一步开展社会主义革命竞赛。

四、破旧立新、移风易俗，大立勤俭节约的新风尚。开展革命文娱活动。

五、提高警惕，搞好"四防"，严防阶级敌人造谣破坏。

姚店团翠峰营全体女民兵<br>1970年1月22日

## 松华营全体指战员决心
## 坚守战斗岗位　春节不下战场

"风雨送春归，飞雪迎春到。"1970年春节即将到来，日夜奋战在三板湖大桥的王畈松华营全体指战员，以元旦社论和毛主席三线建设指示为指针，遵照毛主席"要准备打仗"的伟大教导，用战备的观点观察一切，检查一切，落实一切，认真分析了形势，为了把工程建设抢在战争的前面，作好反侵略战争的准备，全连88人，怀着对伟大领袖毛主席一片丹心，一致向领导表示决心：高举毛泽东思想伟大红旗，突出无产阶级政治过春节；胸怀朝阳，坚守战斗岗位，落实战备，春节不下战场，提高革命警惕，作好战斗准备；他们说："我们是铁道民兵，要以解放军为榜样，以革命为重，带头移风易俗，破旧立新，春节不回家、不拜年、不浪费、不搞封建迷信活动，大立勤俭节约的新风尚，开展革命文艺活动，以战斗的姿态，在工地上过一个革命化、战斗化的春节，过一个向毛主席献忠心的春节。"

### 身在工地　眼观全球
### 完全彻底为人民服务

"四海翻腾云水怒，五洲震荡风雷激。"我组全体同志豪情满怀，壮志凌云，在春节即将到来之际，为了进一步贯彻、落实毛主席"要准备打仗"和三线建设的伟大指示，落实"省指"政治工作会议精神，我们决心：

高举毛泽东思想伟大红旗，用毛主席继续革命的理论武装头脑，深刻领会毛主席"提高警惕，保卫祖国，要准备打仗"的指示，身在工地，眼观全球，树立全局观点、战备观点、完全彻底为人民服务的观点，不完成毛主席交给我们的战斗任务决不下火线，决心以"老三篇"为武器，无限忠于毛主席，在关键时刻，锤炼一心为革命、处处为人民、一切为了毛主席的红心。加强革命团结，努力搞好革命工作，服从分配，破旧立新，在会战战场上过一个革命化的春节，向毛主席敬献忠心。

师部政工组全体同志

## 十六 第16期

## 战 地 小 报

四○六三工程宜都民兵师编
1970年1月29日 第16期

用战备的观点观察一切 检查一切 落实一切
加快施工速度 过革命化的春节

伟大70年代第一个春节即将到来了,战斗在四○六三工地的我师广大指战员,在元旦社论精神的巨大鼓舞下,满怀革命豪情,进一步用战备的观点,落实毛主席三线建设指示,遵照毛主席"提高警惕,保卫祖国、要准备打仗"和"备战、备荒、为人民"的教导,大借各级参观团、慰问团的东风,通过"四好""五好"总评,吹响了决战全胜的进军号,广大指战员日夜奋战,加快施工速度,把铁路建成在战争的前面,过一个革命化、战斗化的春节。枝城团广大指战员,一颗红心为革命,顶寒风、冒小雨,日夜奋战,他们表示:"就是拼上一条命,也要拿下冬风岭。雨再大只能淋湿我们的衣服,淋不了我们为毛主席战斗的决心。"全团会战冬风岭。潘湾团指战员,为了突出一个"抢"字,落实一个"快"字,千难万险脚下踩,把天桥再升高,经过一天一夜的奋战,天桥又向天空升高了3公尺,隔山变通途,车子跑下坡,大大提高了工效。红花团指战员,大借东风,大鼓干劲,进一步落实毛主席三线建设指示,通过总结和总评,加强了战备观点,焕发出了冲天的革命干劲,各营、连纷纷向团部递交决心书、请战书。云池营指战员表示:"忠心献给毛主席,坚持战斗'六不走',向师团领导请战。"王畈、姚店、聂河等团;遵照毛主席"掌握思想教育,是团结全党进行伟大政治斗争的中心环节"的教导,抓住活思想,开展了以临战姿态过"革命化战斗化春节"的思想教育。提高了广大指战员两个阶级、两条路线的觉悟，热情提高了，干劲更大了，决心会战罗家湾，加快施工速度，以实际行动为毛主席争光，广大指战员纷纷请战，要求留在工地过一个革命化、战斗化的春节，坚守工作岗位，春节不下战场。

## 忠心献给毛主席
## 坚持战斗"六不走"

70年代第一个春节即将到来了，无限忠于伟大领袖毛主席的红花团云池营广大指战员，高举毛泽东思想伟大红旗，在毛主席三线建设指示的光辉照耀下，再接再厉，保持着旺盛的革命干劲，遵照毛主席"备战、备荒、为人民"和"全心全意为人民服务"的教导，发出了坚持战斗，"六不走"的誓言，即："毛主席交给的三线建设任务不完成不走，全线不通车不走，各种手续不清不走，不为当地贫下中农做几件好事不走，上级领导不叫走不走，坚持战斗春节不走。"

为了进一步落实毛主席三线建设指示，提高警惕，保卫祖国，作好一切反对侵略战争的准备，加快施工速度，把工程建设抢在战争的前面，云池营全体指战员，请战！请战！我们向师团领导请战！战斗！战斗！我们坚持战斗到最后胜利，早日建成战备路，彻底埋葬帝修反。为毛主席争光，为社会主义祖国争光。

（红花团云池营）

## 为革命节约一钉一木

王畈松华营担任的是三板湖大桥施工任务，工地上经常零散着很多铁钉、机械零件、木板，前一段时间有的被新挖起来的泥土埋到下面了，他们想到毛主席"要节约闹革命"和"要多快好省地修建铁路"的伟大教导，在全营开展了"为革命节约一钉一木"的活动，每天在工地施工中，看到一个螺丝、一颗钉子、一块木板都拾起来放到一起，18天来共拾铁钉400多斤，机械零件800多件，废铁100多斤，木材 12200 多斤。目前，"为革命节约一钉一木"的活动还在持续向前发展。

（王畈政工组）

## 一心一意为革命的炊事班长——曹光青同志

　　聂河团联合营一连曹光青同志，怀着对毛主席的赤胆忠心，来到四〇六三工程，开始战斗在工地上，后来根据工作需要领导上决定调他到炊事班工作，他虽然舍不得离开战斗的工地，但仍然愉快地接受了新的任务。他来到炊事班后，工作主动，极端负责。为了改善食堂环境，他起早睡晚，有空就打扫环境卫生，处处以身作则，不怕苦、不怕累，广大民兵称他是闲不住、累不垮的贴心人。

　　在毛主席三线建设指示的光辉照耀下，广大指战员争分夺秒，加快施工速度，在转战罗家湾大会战中，由于工程的需要，开始了夜战，他立即组织全体炊事员，进一步学习了毛主席"两争""两抢""一打"和"全心全意为人民服务"的指示，决定用实际行动为夜战服务，每天夜晚把热菜热饭热开水送到工地，放下扁担就去推车运土。在他的带动下，全体炊事员每天送饭到工地后，都趁民兵吃饭时捡起车子去推土，个个累得满头大汗，民兵要他休息，他说："多推几车忠字土，早日建成战备路。"

　　由于日夜奋战，每天要开四次饭，炊事员只好分成两班轮流休息，但曹光青同志却不休息，一直坚持顶班工作。有一次他坚持战斗两天两夜，连续40多小时不休息，由于疲劳过度，晕倒在工地上，经过医生抢救，休息了一个晚上，第二天他又上班坚持工作，同志们要他休息，他说："为了埋葬帝修反，我不能休息。"

　　前不久，家里来信说小孩病了，要曹光青同志回去看一看。他想到毛主席三线建设要抓紧的教导，同志们日夜奋战，我怎么能在这决战时刻回家呢？他写信给家里，要家里及时请医生治疗，曹光青同志仍然在这里坚持工作。过了几天家里来信说小孩因病医治无效已经死了，他听到后心里很难受，连长知道后要他回去一趟，安慰一下家里人。曹光青同志想了一下说："小孩已经死了，我回去还要耽误三线建设，小孩死了在我家里来说是一个大事，但与国家大事、革命的大事相比还是小事。"老曹同志始终坚守工作岗位，全心全意为民兵同志服务，对毛主席赤胆忠心，一心一意为革命的崇高精神，为广大指战员树立了光辉榜样。

### 忆苦思甜过革命化的春节

回忆万恶的旧社会，年是鬼门关，穷人怕过年。记得我还只有8岁的那年，母亲为了还债，忍饥挨冻，起五更睡半夜喂了一个猪，到过年杀猪还债，最后只剩下一个猪头，可是腊月三十那天，甲长闯进我家，要我们交纳"保办公处"的肉食，我母亲说："全家过年只一个猪头。"与甲长请求缓到第二年加倍交，狗甲长把脸一横说："不行，猪头也要交一半。"我妈无可奈何，流着泪望着狗甲长提走了半边猪头。大年正月初三，大雪纷纷，甲长又带着狗腿子闯进我家逼我家交"抗日款"，我父亲说："连吃的都没有，哪有钱交款。"狗甲长听后，满脸凶恶地说："上面说了，抗日救国，有钱出钱，无钱出力，把姓李的给我带走！"狗腿子一拥而上，将我爹绑走了。我母亲哭着追上去，却被狼心狗肺的狗腿子一脚踢倒在地，晕了过去……

树高千丈总有根，水流万里也有源，是党和毛主席把我们贫下中农从火坑里救了出来，我们贫下中农才过着今天的幸福生活。但是被推翻的阶级敌人，决不甘心他们的失败，妄图推翻我们无产阶级专政，美帝、苏修妄图对我国发动侵略战争，我们一定要遵照毛主席"提高警惕，保卫祖国，要准备打仗"和"备战、备荒、为人民"的教导，加速修好战备路，把工程建设抢在战争前。我们完成的是土石方，打的是政治仗，多挑一担忠字土，就是为埋葬帝修反贡献一分力量，我决心坚守战斗岗位，春节不下战场。

(根据李学森同志发言王畈团整理)

革命到底志不移

请战！请战！
再请战！
全线不通车，
决不下火线。

加速！加速！
再加速！
提前建成战备路，
彻底埋葬帝修反！
迎来世界一片红，
忠心献给毛主席，
革命到底志不移。

## 十七 第17期

### 战 地 小 报

四〇六三工程宜都民兵师编
1970年2月17日　第17期

**在毛主席"提高警惕，保卫祖国""备战、
备荒、为人民"的伟大思想指引下
以战备为纲　鼓足更大革命干劲　夺取新胜利**

师部于近日召开各团团长、政委会议，传达、学习省农村政治工作会议和"分指"召开的师负责人会议精神，分析了工地革命、生产形势，研究、部署了夺取第一期工程全胜的战斗任务和工地政治工作。

会议认为，在毛主席"提高警惕，保卫祖国""备战、备荒、为

人民"的伟大战略思想和毛主席最新指示以及三线建设指示的光辉指引下，全师指战员以战备为纲，欢度了70年代第一个革命化的春节，迅速掀起了用战备观点检查一切、推动一切、落实一切，用夺取三线建设新胜利的实际行动，为毛主席争光、为社会主义祖国争光的热潮，工地形势一派大好。

会议认真学习了毛主席、党中央最新战斗号令，一致认为，在国际国内大好形势下，国内外的阶级敌人决不会甘心于他们的失败。美帝、苏修正在加紧勾结，阴谋对我国发动侵略战争。国内的反革命分子与国际上帝、修、反遥相呼应，妄图依附帝、修、反的武装侵略，里应外合，实行资本主义复辟。他们大造反革命舆论，恶毒攻击党和社会主义；刺探军情，盗窃机密；反攻倒算，猖獗进行翻案活动；秘密串联阴谋暴乱；纵火放毒，杀人行凶；贪污盗窃，投机倒把；大刮反革命经济主义妖风，破坏社会主义经济。对于当前这个阶级斗争新动向，我们必须百倍提高警惕，绝不可掉以轻心。

会议要求全师指战员更加紧密地团结在毛主席为首的党中央周围，紧跟毛主席伟大战略部署，坚决执行、认真落实毛主席、党中央战斗号令，进一步用战备观点推动一切，以临战姿态投入新战斗，思想上要准备打，作风上要适应打，工作上要落实打，生活上要服务于打，一切都要适应打仗。要把战备空气搞得浓浓的，把革命干劲鼓得足足的，争分夺秒建设好三线，以实际行动，狠狠打击帝修反的侵略阴谋，狠狠打击充当帝修反的"别动队"的国内反革命分子。

会议研究、部署了夺取第一期工程全胜的战斗任务和工地政治工作，要求全师指战员进一步学习、落实毛主席"两争""两抢""一打"的指示，掀起活学活用毛泽东思想群众运动的新高潮，发扬"一不怕苦，二不怕死"的彻底革命精神，鼓足更大革命干劲，进一步深入开展"四好""五好"运动和赛革命、赛团结、赛进步、赛战备的社会主义革命竞赛，大战十天半月全部完成第一期工程任务，为毛主席争光，为社会主义祖国争光。

### 我师出席省指"积代会"代表将于今日启程

出席省指活学活用毛泽东思想积极分子代表大会的我师指战员代表,将于17日启程。这些代表是:王畈团松华营刘兴贵,枝城团先锋营张光清,红花团蔡冲营丁万相,姚店团景桥营一连龙祖俊,潘湾团全福营一连冉永金,聂河团邓畈营一连谢家贵。师部与各团将热烈欢送。

### 长阳公路民兵师参观团今日到工地参观指导

正当全师指战员在毛主席最新指示光辉指引下,以战备为纲,以临战姿态投入新的紧张战斗的时刻,长火公路长阳民兵师参观团一行140多人将于今日前来参观指导,这对我们是很大的鼓舞和鞭策,也是很大的推动。全体指战员决心大鼓干劲,创造优异成绩,盛情欢迎参观团,向参观团汇报。

### 用战备观点推动一切

王畈团松华营指战员,为在新形势下进一步落实毛主席"两争""两抢""一打"的指示,2月11日就投入了修建三板湖大桥的紧张战斗。指战员们决心以战备为纲,鼓足更大的干劲,创造新成绩,作出新贡献,苦战7天,完成3个桥墩的清基任务。

红花团指战员认真学习了毛主席和党中央最新战斗号令,决心遵照毛主席"要准备打仗"的伟大教导,以战备为纲,转思想,转作风,一切立足于一个"打"字,克服一切不适应战备的错误思想,发扬"一不怕苦,二不怕死"的彻底革命精神,革命加拼命,苦干加巧干,横扫畏难情绪,工作勇挑重担,高速优质完成三线建设任务,为毛主席争光,让毛主席他老人家睡好觉、早放心。

## 十八　第18期

### 战　地　小　报

四〇六三工程宜都民兵师编
1970年2月22日　第18期

**紧跟毛主席伟大战略部署**
**坚决执行党中央战斗号令**
**王畈团以战备为纲　狠抓阶级斗争　掀起了抓革命、促生产的新高潮**

　　王畈团广大指战员，在毛主席"提高警惕，保卫祖国""备战、备荒、为人民"的伟大战略思想指引下，在以毛主席为首的党中央新的战斗号令鼓舞下，以战备为纲，狠抓阶级斗争，深入开展革命大批判，革命洪流汹涌澎湃，赛革命、赛团结、赛战备、赛社会主义建设的社会主义革命竞赛运动出现了新高潮。

　　近来，王畈团广大指战员在工地、营房举办各种不同类型的毛泽东思想学习班，反复学习、深刻领会、认真落实党中央新的战斗号令。认识到：在我国无产阶级专政越来越巩固的大好形势下，国内外阶级敌人不甘心于他们的失败。美帝、苏修正疯狂扩军备战，密谋对我国发动侵略战争。国内反革命分子趁机蠢动，妄图与帝修反里应外合，实行反革命复辟。永安、洲阳、崭新营指战员联系实际，揭发出有的攻击党和社会主义，大搞翻案活动，进行反攻倒算，有的行凶打人，有的破坏社会治安，有的贪污盗窃，投机倒把。因此，从政治和经济领域里打击阶级敌人破坏社会主义经济基础、破坏战备、破坏无产阶级专政的罪恶活动，是一场严肃的保卫社会主义和无产阶级专政的斗争。广大指战员纷纷表示："我们不仅要给予阶级敌人的破坏活动以迎头痛击，而且要以加速三线建设，把工程抢在战争的前面，作好反侵略战争准备的实际行动，狠狠打击帝修反的侵略阴谋，打击充当帝修反的'别动队'的国内反革命分子。"

革命洪流有力地推动了工程建设的社会主义革命竞赛高潮。广大指战员以战备为纲，立足于一个"打"字，用战备观点，检查、推动一切，提出"工地当战场，把土石方当帝修蒋"的口号。连日来，顶风冒雨，披星戴月，发扬不怕苦、不怕累的战斗作风和革命加拼命的冲天干劲，取得了一个又一个胜利。2月18日，洲阳营有两个排坚持通宵战斗。2月19日，全团指战员顶风冒雨坚持战斗，很多指战员雨淋汗浸，内外透湿，也不下火线。洲阳营宣传员、19岁的贫农女青年曹必珍同志，边战斗边宣传，不畏疲劳，坚持双班。二连战士杨辉秀，汗雨交加，全身湿透，高呼"为毛主席争光"的口号，战斗在前列。全团指战员精神振奋，工地竞赛运动热浪滚滚。

在革命、生产高潮中，又传来新的喜讯，从伟大领袖毛主席身边转送到四〇〇一工程的最珍贵礼品——苹果，经过许多兄弟民兵师，于2月16日转送到了我们宜都民兵师工地。珍贵礼品给全团指战员增添了新的力量。广大指战员决心用更优异的成绩，向毛主席敬献忠心，不辜负全国工人阶级、人民解放军指战员和兄弟民兵师指战员对我们的殷切期望。

王畈团各级领导干部，在新的形势下，为适应打仗的需要，迅速地、更进一步地转了思想，转了作风。团长李传发同志，带头战斗在工地，身体力行，风雨面前不退却，昼夜战斗不停歇，有时废寝忘食，团里同志给他带饭到工地，放下筷碗又战斗起来，他带班战斗的洲阳营二连和三连，指战员干劲很大，顶风冒雨，战斗在前。团政委周绍先同志，为保证安全质量，坚持带班爆破，起早睡晚，有时摸夜路回营房吃饭。团领导这种硬干实干的作风，受到指战员的赞扬，成为大家学习的榜样。最近，团里还准备设工地指挥所，解决营房和工地相距太远，指挥不便的困难，加强工地领导，住到工地，保持与指战员的密切联系，及时总结、推广工地先进经验，把赛革命、赛团结、赛战备、赛社会主义建设的竞赛运动搞得更深入、更扎实。用实际行动，落实毛主席"两争""两抢""一打"的指示，把工地革命、生产推向更新的高潮。

### 增强战备观点　适应战备需要
### 潘湾团指战员争分夺秒加速工程建设

潘湾团全体指战员，遵循毛主席"三线建设要抢在战争的前面"的伟大教导，用战备的观点，观察一切、检查一切、落实一切，争分夺秒战斗，以"四赛"为内容的革命竞赛运动热浪滚滚。特别是接到从毛主席身边转送来的最珍贵礼品——苹果的受礼大会后，增添了新的力量，广大指战员精神焕发，斗志昂扬，干劲鼓得足足的。全福营全体战士，为了争时间，加快速度，受礼大会后连夜赶修好 9 部独轮车，缺乏滚珠，得到驻地生产队的支援，保证了全营 25 部车子全部上工地。三溪营、群峰营为适应战备形势的需要，对缺乏领导的连、排迅速进行了充实，各营根据工段变化，合理调整了劳动组合，保证了一切适应"两争""两抢""一打"的需要。

为了适应战备，加快施工速度，广大指战员鼓足了更大干劲。全福营在战斗中提出：开满车，开稳车，推车、上土、挖土"三不等"，还做到了快挖、快卸、快装。在洪亮的战斗口号声中，这个营指战员干得满头大汗，人人不叫劳累，到了休息时间，有的还在战斗，三溪营、群峰营不约而同地向全福营学习，与全福营赛干劲。三溪营为了争时间，自动将原来每车配备 3 人调成 2 人，余下的人没有车子就用扁担挑，19 日早晨 6 点就上了工。群峰营也不示弱，施工效率直线上升。

在毛主席、党中央新的战斗号令鼓舞下，全团指战员革命热情更加高涨。目前，全团社会主义革命竞赛正趋向新的高潮。

### 鼓足干劲战"三板"　早日建好战备线
### 醒狮营指战员向师团领导表决心　高速优质完成三板湖建桥战斗任务

在毛主席"提高警惕，保卫祖国""要准备打仗"的伟大战斗号令鼓舞下，在工地创"四好"、争"五好"和赛革命、赛团结、赛战备、赛社会主义建设的社会主义竞赛新高潮中，接受转战三板湖大桥战斗任务的姚店团醒狮营近 300 名指战员斗志高昂，意气风发，一致表示不折不扣地、多快好省地完成建桥任务，为毛主席争光，为社会主义祖国争光。

2月20日，全营指战员怀着万分喜悦的心情，向师团领导呈送了决心书。决心书说："在夺取第一期工程决战全胜的战鼓声中，我们奋战在罗家湾的醒狮营接受了转战三板湖建桥的战斗任务，这是师团首长对我们全营指战员的信任，给我们以极大的鼓励。过去奋战罗家湾，我们是斗土石、爬陡坡的硬汉，而今转战三板湖，我们誓作淘淤泥、筑桥墩的英雄。在新的光荣而又艰巨的战斗岗位上，我们一定更高举起毛泽东思想伟大红旗，活学活用毛泽东思想，认真落实毛主席'两争''两抢''一打'的指示，紧跟毛主席伟大战略部署，坚决执行党中央最新战斗号令，以战备为纲，一切立足于一个'打'字，一切保证适应打仗的需要，革命加拼命，把三板湖工程任务抢在战争的前面。我们一定高举革命批判旗帜，坚持政治建路方向，为革命建桥，多快好省地建桥。淤泥深，没有我们忠于毛主席的阶级感情深，土石硬，没有我们的骨头硬。我们决心提前完成建桥工程，向毛主席敬献忠心。"

师负责人廖亚远同志讲了话，希望醒狮营指战员更好地活学活用毛泽东思想，与建桥兄弟营团结战斗，在新的战斗岗位上，争取更大胜利，为毛主席争光，为社会主义祖国争光。

### 公而忘私的共产党员——陈天顺同志

掏尽红心为革命，愿洒热血修三线。

聂河团朝阳营二连三排排长，共产党员、复员军人陈天顺同志，上工地以来，活学活用毛泽东思想，保持着共产党员旺盛的革命干劲，吃苦在前，享乐在后，公而忘私，受到大家的称赞。

陈天顺同志家里困难大，为了加速三线建设，从不挂记家庭，他只有一个心愿：把三线建设抢在战争的前面，让毛主席他老人家早放心。春节期间，他主动坚持留守工地，作春节后战斗准备，在战斗中度过了革命化的春节。春节后，立即约几个同志，挑泥挑砖砌新灶。平时他不怕苦和累，休息很少闲着，凡是工地的事，他都抢着干。

他上工在前，收工在后，常打着赤膊干。他带领的排，干劲大，几次被评为"四好"单位。同志们赞扬说："老陈和他的排，思想、作风都过得硬，真是我们学习的榜样。"

# 十九　第 19 期

## 战　地　小　报

四〇六三工程宜都民兵师编
1970 年 2 月 23 日　第 19 期

**认真落实毛主席、党中央最新战斗号令**
**大造革命舆论　大打人民战争**
**打击阶级敌人在经济领域的进攻**

广大指战员闻风而动，雷厉风行，迅速掀起了大检举、大揭发、大批判、大清理的高潮，在经济领域里向阶级敌人发起了全面的进攻。

在以毛主席为首的党中央最新战斗号令指引下，全师广大指战员在狠抓政治思想领域中的阶级斗争的同时，狠抓经济领域的阶级斗争，一场反对贪污盗窃、投机倒把，反对铺张浪费的人民战争，在工地全面打响了。

广大铁道民兵从参加各种不同类型的毛泽东思想学习班，学习毛主席、党中央新的战斗号令中，深刻认识到，在我国无产阶级文化大革命取得伟大胜利、无产阶级专政越来越巩固的大好形势下，一小撮阶级敌人不甘心于他们的失败，不仅在政治上伺机反扑，而且在经济领域里也发动了猖狂进攻。这一小撮阶级敌人，煽动反革命经济主义妖风，浑水摸鱼，大搞贪污盗窃、投机倒把、贩买贩卖、行贿受贿等罪恶活动，破坏社会主义经济基础，破坏战备，破坏无产阶级专政。狠狠打击阶级敌人在经济领域的进攻，是战备的需要，是一场严肃的保卫社会主义、保卫无产阶级专政的斗争。

遵照伟大领袖毛主席关于"为了保证社会主义建设和防止资本主义复辟，必须在政治战线、经济战线、思想和文化战线上，把社会主义革命进行到底"的伟大教导，工地在开展经济领域的阶级斗争中，广大指战员高举革命大批判的旗帜，进一步提高了阶级斗争和两条路线斗争的觉悟。指战员们坚定表示："我们坚决走毛主席指引的政治建路的道路，不为钱，不为粮，不为方（量），只有一个心愿，为伟大领袖毛主席争光。决心用实际行动，狠狠打击资产阶级在经济领域的进攻。"

在各级领导带领下，广大铁道民兵积极投入了反对贪污盗窃、投机倒把，反对铺张浪费的战斗，工地迅速掀起了大检举、大揭发、大批判、大清理的高潮。通过大摆经济领域里阶级斗争的事实，大揭经济领域里阶级斗争的盖子，狠狠揭露了阶级敌人的破坏活动，揭露了贪污盗窃、侵吞公款公物、虚报冒领、损公肥私、以物易物、挪用私分等不良现象。同时在大揭发、大批判、大清理中严格区分两类不同性质的矛盾，认真注意政策，使一些在公私关系上摆得不正的人，主动地"斗私批修"，自觉地清除资产阶级思想对自己的影响和毒害，改正错误，彻底与资本主义思想决裂，放下包袱，轻装上阵，一致对敌。

通过开展经济领域里的阶级斗争，狠狠打击了阶级敌人在经济领域的猖狂进攻，发展了大好形势。广大指战员斗志高昂，意气风发，纷纷反映："工地开展的这一场经济领域的阶级斗争，大长了革命人民的志气，大灭了阶级敌人的威风，对革命和工程建设是个大推动。"决心遵照毛主席、党中央的伟大战斗号令，把经济领域的阶级斗争进行到底，彻底粉碎资产阶级在经济领域的进攻，巩固和发展社会主义经济基础，巩固无产阶级专政。向阶级敌人进攻，再进攻！不获全胜，誓不收兵！

### 红花团广大指战员继续革命不断前进

红花团广大指战员，遵照毛主席"三线建设要抢在战争的前面"的伟大教导，在接受新的战斗任务后，发扬"一不怕苦，二不怕死"

的彻底革命精神。蔡冲营指战员为了抢时间，每天提前半小时到工地，他们表示："山再高，没有我们铁道民兵为毛主席争光的志气高。"排长汪春才，连续战斗不休息，3人半天打炮眼6尺多深，还打"改炮"1个。鄢沱营"五好"战士邓朝芬，通宵照顾病人，第二天仍坚持战斗。双湖营三连发扬革命加拼命的精神，全连平均达到2.32方的工效。青林营一连干部转思想、转作风，及时改进劳动组合，使工效由270方提高到500方。全团指战员决心更高举起毛泽东思想伟大红旗，以战备为纲，进一步开展以"五好"为纲和以"四赛"为内容的革命竞赛运动，夺取更大胜利。

### 师部召开了灭疫防病紧急会议

近来，我师工地及驻地部分社队发生"流感""腮腺炎"等流行性传染疫病，师领导及时进行了研究，采取了有力措施。

22日，师负责人廖亚远同志主持了后勤及各团卫生队负责人紧急会议，检查灭疫防治情况。姚店团介绍了狠抓医务人员思想革命化、执行"预防为主"方针，开展爱国卫生运动、组织群众性防疫的经验，研究了灭疫紧急措施。

廖亚远同志就灭疫防病提出了意见，强调各级领导要高度重视，亲自动手抓，各级医务人员要搞好思想革命化，以高度政治责任感积极主动工作，要广泛开展爱国卫生运动，以团为单位来一次大检查，切实抓好灭疫防病工作。

### 三板桥六号基坑初传胜利捷报

在毛主席"备战、备荒、为人民"的伟大战略思想指引下，转战三板湖建桥工程的聂河团朝阳营200多名指战员，发扬勇敢战斗、连续作战的作风，掀起了用实际行动落实"两争""两抢""一打"指示的热潮，初战传捷报。

朝阳营担负着6号基坑施工。战斗刚开始，就遇到了问题：施工段面小，人力摆不开。带着这个问题，全营办起了毛泽东思想学习班，群策群力，研究克敌制胜的方法，共同作出了分两班作业的决定。首先当班的一连指战员，干劲冲天，施工员林家安，战斗员向永贵、李启美等同志，勇挑重担，迎难而上。全体指战员顾不上休息，顽强战斗，一个连就超过了全营分班作业前的日进效率，每人平均达到2.75方的工效。二连指战员接班时，进行了战前动员，一致表示要学习一连指战员的革命干劲。战斗一打响，个个斗志高昂，三排长、共产党员陈天顺同志，战士周成年索性打着赤膊干。女战士杨大英穿着单衣，汗水湿透衣衫，越干劲越大。连长高祖英、施工员李兆桂边指挥边带头战斗，冲锋在前。全连战斗结果，达到了每人平均日进3方的效率。

目前，广大指战员以临战的姿态，革命加拼命，力争提前拿下6号基坑，向毛主席汇报。

### 心怀朝阳战稀泥　涵洞清底炼红心

向阳营二连三排指战员，在毛主席三线建设指示指引下，战天斗地修三线，春节以后接受了涵洞清底新任务，全排战士一致表示："以战备为纲，发扬革命加拼命的精神，鼓足更大的干劲，提前完成任务。"施工条件很困难，涵洞很长，里面光线暗淡，淤泥、杂草、铁钉、石头、木棍甚多，雨后积水，变成了一条稀泥胡同，开始民兵穿着鞋子上工，刚投入战斗，鞋子就陷进稀泥里面。这时有人主张用干土在里面填一条路，排长廖德法同志想到：如果用干土填一条路，场面窄，既窝工，又增加了取土和清底时搬出的用工，不符合"两争""两抢""一打"。他组织全排战士，学习了毛主席三线建设，"即使是提前一个小时也是好的"的教导，首先脱掉鞋子，赤着脚跳进了一尺多深的稀泥里，战士汤家圣、女战士张本凤等一个个都跟着跳了下去，开始了战稀泥的紧张战斗，挖的挖、挑的挑，虽然每移动一步都要付出很大力气，但他们以苦为乐，迎难而上，一锹一锹、一担一担把稀泥挑到洞外。战士陈培根脚被坚石刺破了，鲜血直流，同志们劝他休息，他说："我们要把平时当战时，轻伤不能下火线。"包扎后，仍然坚持战斗。泥深水冷，寒气刺骨，时间一长，两条腿麻木，加之里面还夹有遗留下来的石灰、铁钉、木梢，很多战士脚、腿被划破了，没有人叫苦，他们说："雄鹰在暴风雨中炼硬翅膀，战士在艰苦斗争中炼红思想，我们要在涵洞清底战斗中炼一颗红心。"坚定表示在"两争""两抢""一打"的战斗中锤炼"一不怕苦，二不怕死"的彻底革命精神。

# 二十　第20期

## 战　地　小　报

四〇六三工程宜都民兵师编
1970年2月26日　第20期

**亲切的关怀　巨大的鼓舞**
**四〇〇一工程指挥部给宜都县革委会和民兵师发来了慰问信**

在我师广大指战员紧跟毛主席伟大战略部署，认真落实党中央最新战斗号令，掀起革命、生产新高潮的关键时刻，出席省指"积代会"的我师代表带回了四〇〇一工程总指挥部给宜都县革委会和民兵师的慰问信。这是毛主席、党中央和武汉军区党委、工程总指挥部对我们的巨大爱护、巨大关怀、巨大鼓舞、巨大鞭策。我们奋战在三线建设上的铁道民兵，誓以革命加拼命的战斗，修好钢铁运输线，为毛主席争光，为社会主义祖国争光！

慰问信全文如下：

宜都县革委会民兵师：

正当全国亿万军民高举"九大"团结、胜利的旗帜，满怀革命豪情，以跃进的步伐，跨进伟大的70年代的光辉时刻，让我们怀着无比深厚的无产阶级感情，衷心祝愿伟大领袖毛主席万寿无疆！

伟大领袖毛主席亲自批准修建的四〇〇一工程，在中央和武汉军区党委亲切关怀和正确领导下，在全国一片大好形势的鼓舞下，经过两省各级革命委员会和广大人民群众的艰苦奋战，已经取得了巨大的胜利。这是无产阶级"文化大革命"的丰硕成果，是战无不胜的毛泽东思想的伟大胜利！在欢庆胜利的日子里，谨向你们致以亲切的慰问,并致以崇高的革命敬礼!

几个月来,你们怀着无限忠于伟大领袖毛主席的一颗红心,高举毛泽东思想伟大红旗,突出无产阶级政治,坚决贯彻执行毛主席"备战、备荒、为人民"和关于三线建设的一系列光辉指示,大打人民战争;发扬了"一不怕苦,二不怕死"和"自力更生,艰苦奋斗,破除迷信,解放思想"的革命精神,克服了重重困难,为多快好省地修建四〇〇一工程贡献了自己最大的力量,谱写出了一曲曲毛泽东思想的胜利凯歌!

同志们,你们在胜利地完成伟大领袖毛主席交给的修建四〇〇一工程的光荣任务中,用自己的战斗实践,坚决捍卫了毛主席的无产阶级革命路线。在你们即将返回各自的战斗岗位之际,特赠送锦旗一面,以资鼓励。希望你们把四〇〇一工程上朝气蓬勃的革命精神,在工农业生产战线上发扬光大!

毛主席教导我们:"我们正在做我们前人从来没有做过的极其光荣伟大的事业。"让我们更高地举起毛泽东思想伟大红旗,在中央"两报一刊"元旦社论的指引下,更加紧密地团结在以毛主席为首的党中央周围,坚决贯彻"抓革命,促生产,促工作,促战备"的伟大方针,全面完成党的"九大"提出的各项战斗任务,夺取更大的胜利,为伟大的领袖毛主席争光!为伟大的社会主义祖国争光!

毛主席的无产阶级革命路线胜利万岁!

战无不胜的毛泽东思想万岁!

伟大的领袖毛主席万岁!万岁!万万岁!

四〇〇一工程总指挥部

1970 年 1 月

## 出席省指"积代会"代表胜利归来
### 带回了武汉军区党委、上级指挥部对广大
#### 指战员的亲切关怀

出席"省指"活学活用毛泽东思想积极分子代表大会的我师代

表刘兴贵、张光清、丁万相、谢家贵、冉永金、龙祖俊等6位同志，于2月24日光荣返回工程前线。师负责人廖亚远、彭先铭、贺砚堂等同志、各团负责同志和指战员代表共200多人到江边热烈欢迎。

代表们带回了"总指"赠送给宜都县革委会和民兵师、绣有"兵民是胜利之本"7个金光闪耀大字的锦旗一面和"总指"给宜都县革委会、民兵师的慰问信，带回了毛主席、党中央和武汉军区党委对奋战在四〇〇一工程的全体铁道民兵的亲切关怀。

欢迎会上，宣读了"总指"的慰问信，给胜利归来的代表和前往迎接的指战员以极大鼓舞。大家坚定表示："要把工地活学活用毛泽东思想的群众运动推向新的高潮，认真学习、全面落实毛主席最新指示和关于三线建设一系列指示，把工地办成红彤彤的毛泽东思想大学校。"

**大堰营指战员狠抓政治思想领域里的阶级斗争**
**狠狠打击阶级敌人在政治思想领域的猖狂进攻**

枝城团大堰营指战员，在党中央最新战斗号令鼓舞下，遵照毛主席"必须在政治战线、经济战线、思想和文化战线上，把社会主义革命进行到底"的伟大教导，狠抓政治思想领域的阶级斗争，深入开展革命大批判，狠狠打击阶级敌人的猖狂反扑，进一步提高了阶级觉悟，促进了思想革命化。

参加会战4个月来，全营指战员沿着毛主席指引的政治建路的方向阔步前进，建了路，炼了人，阶级觉悟和路线斗争觉悟有很大提高。在新的形势下，通过举办学习党中央最新战斗号令的毛泽东思想学习班，分析阶级斗争的新特点、新动向，使大家看到阶级敌人并不甘心于他们的失败，正采取新的伎俩，在政治思想领域向无产阶级猖狂反扑。有的大造"阶级斗争熄灭论"的反革命舆论，妄图瓦解铁道民兵的革命意志和革命警惕；有的散布腐朽的人生哲学，用黄色歌曲腐蚀毒害青年；有的鼓吹封资修黑货，制造和邀约意志不坚定的人玩花牌，腐蚀革命队伍。我们铁道民兵，一定要坚定不移地走毛主席指引的政治建路的道路，百倍提高革命警惕，加强战备观念，彻底粉碎阶级敌人的反扑，保卫社会主义，保卫无产阶级专政。大家团结一致，群策群力，毁掉了残存的黄色歌本和花牌，向阶级敌人发起了猛烈进攻。

革命推动了工程建设。通过开展政治思想领域的阶级斗争，进一步提高了阶级觉悟，工地上战备空气浓浓的，为了夺取更大胜利，向毛主席敬献忠心，连日来，广大指战员顶风雨坚持战斗，光2月24日一天，全营冒雨奋战日进400多方。他们决心把政治和经济领域的阶级斗争一抓到底，直至全胜。

## 革命路上不停步

出席"省指"活学活用毛泽东思想积极分子代表大会代表、姚店团景桥营一连连长、共产党员龙祖俊同志，怀着无限忠于伟大领袖毛主席的一颗红心，一返回工程前线，立即顶风雨投入了战斗。

细雨蒙蒙，泥泞路滑，老龙迎着艰难上，专拣重担挑。他推着装得满满的独轮车，飞奔在十分溜滑的行车道上。在紧张的战斗中，他注意到三排由于长期战石方的磨损，上土的粪筐坏了很多，工具不足，这是能不能保证"三线建设要抢在战争的前面"的大问题。在主动与营长商议后，下午4点老龙带着民兵景中柱两人到枝城、白水等地去购买粪筐，连续奔走几处，都购买不到需要的工具。这时，毛主席"两争""两抢""一打"的伟大教导，给了他无穷无尽的力量。他与景中柱商议后，立即至本公社两个供销社，还是没买到粪筐。晚9点，老龙路过自己家门，一下午行走50华里，还是上午吃过早饭，本可到家吃饭和歇息，但他心里只有加速三线建设，让毛主席早放心的赤诚心愿，又到邻近的八队找队长裴大春，终于购到整修工具的原料——109斤竹子。怀着胜利喜悦的龙祖俊，牢记毛主席"即使是提前一个小时也是好的"的伟大教导，挑着竹子，迅即踏上了征途。归途中，大雨倾盆，风寒夜冷，他们两人傲然挺进，摔倒了跃起继续向前，终于胜利返回了工程。

毛泽东思想哺育英雄，英雄立志为毛主席争光。25日清晨5

点，一连指战员喜悦地迎回了冒雨战斗通宵的龙祖俊同志，高度赞扬了他活学活用毛泽东思想，为革命乐于吃苦的高尚品质，纷纷表示要向龙祖俊同志学习，高速、优质修好战备路，为伟大领袖毛主席争光！

### 工地新风

联合营指战员认真落实毛主席三线建设指示，23日，迎着风雨坚持施工。

姚店团卫生队执行"预防为主"的方针，主动上山采药，组织爱国卫生和群众防疫运动，不断立新功。

姚店团"五好"民兵颜三元胸怀全局，利用休息时间整修工具，受到大家赞扬。

## 二十一 第21期

### 战 地 小 报

四〇六三工程宜都民兵师编
1970年3月3日 第21期

**大学习大宣传党中央战斗号令**
**放手发动群众 大打人民战争**
**向阶级敌人发起全面进攻**

在全师指战员紧跟毛主席伟大战略部署，执行党中央最新战斗号令，掀起革命、生产新高潮的大好形势下，师部于3月1日召开连队以上干部会议，贯彻分指临时党委扩大会议精神，进一步学习以毛主席为首的党中央最新战斗号令，大造革命舆论，大打人民战争，向阶级敌人发起更加猛烈的进攻。

会议认真学习了伟大领袖毛主席关于"千万不要忘记阶级斗争"的伟大教导。通过摆阶级斗争情况，分析阶级斗争新动向，认识到，

### 焦枝铁路宜都县民兵师报纸卷

在当前国际国内大好形势下，国内外经济敌人并没有睡觉，美帝、苏修正阴谋对我国发动侵略战争，国内一小撮阶级敌人趁机蠢动，在政治思想和经济领域向无产阶级发动了猖狂进攻。仅据初步揭发，有的恶毒攻击党和社会主义；有的大搞阶级报复，行凶打人；有的大搞翻案活动，进行反攻倒算；有的竟敢把矛头直指伟大领袖毛主席；有的在经济上大肆进行贪污盗窃、投机倒把活动。这一小撮阶级敌人的罪恶目的，就是破坏社会主义经济基础，破坏战备，破坏三线建设，破坏无产阶级专政，搞反革命复辟。

伟大领袖毛主席教导我们："阶级和阶级斗争的存在是一个事实；有些人否认这种事实，否认阶级斗争的存在，这是错误的。企图否认阶级斗争存在的理论是完全错误的理论。"阶级斗争的现实，使大家深刻地认识到，少数人什么"工程搞的时间不长，油水不大""工地人员经过挑选，不会有问题""工程任务紧，没有时间搞"的议论，是对阶级斗争新特点认识不清的表现，是深入开展对敌斗争的障碍。对待党中央最新战斗号令的态度，是对待伟大领袖毛主席的态度问题，是根本立场问题。我们要密切注意阶级斗争新动向，扫清障碍，提高革命警惕，排除一切干扰，迅速地行动起来，把这场围歼阶级敌人的斗争进行到底。

会议认为，开展这场政治思想和经济领域的阶级斗争，必须放手发动群众，大搞人民战争，要进一步掀起大宣传、大学习、大贯彻、大落实党中央最新战斗号令的高潮，做到家喻户晓，人人明白。要开展一场大检举、大揭发、大清查、大批判的群众运动，深入开展革命大批判，狠狠打击一小撮现行反革命分子，打击贪污盗窃、投机倒把活动，坚决反对铺张浪费。斗争中要认真注意政策，严格区分两类不同性质的矛盾，坚决执行"坦白从宽，抗拒从严"和"给出路"的政策，不管他们躲到哪里，也要发动群众彻底清算他们的罪行。不如此，就不能解决问题。

在这场两个阶级、两条道路、两条路线的剧烈搏斗中，各级干部要高举毛泽东思想伟大红旗，"敢"字当头，克服一切阻碍这场斗争的私心杂念，亲自动手，冲锋在前，带领广大铁道民兵向一小撮阶级敌人猛烈进攻。要提高无产阶级专政下继续革命的自觉性,批判资产阶级思想作风对自己的影响,犯错误的同志,要自觉"斗私批修",放下包袱,轻装上阵,团结对敌。只有这样,才能使一小撮阶级敌人无藏身之处,才能从思想上筑起反修、防修的长城。

姚店团五一营在会上介绍了干部主动"斗私批修",掀起学习党中央最新战斗号令热潮的情况和作法。

会议研究了工程安排问题。在新形势下,必须抓革命,促工程。只有狠抓阶级斗争,粉碎阶级敌人的猖狂进攻,才能推动工程建设任务的胜利完成,才能巩固政治建路的成果,才能加强战备和巩固无产阶级专政。

会议要求全师指战员认真学习、全面落实党中央最新战斗号令,积极行动起来,向一小撮阶级敌人猛烈开火,把这场政治、思想、经济领域的阶级斗争进行到底,夺取革命、生产的新胜利,为伟大领袖毛主席争光!为伟大的社会主义祖国争光!

### 丢掉"怕"字　树立"敢"字
### 五一营干部带头落实党中央最新战斗号令

在贯彻落实党中央最新战斗号令,反对贪污盗窃、投机倒把的人民战争中,五一营干部遵照伟大领袖毛主席"领导干部一定要走在运动的前面,不要落在它的后面"的教导,丢掉"怕"字,树立"敢"字,积极带领广大群众投入战斗最前线。

这个营的主要干部前段在经济上,多数都不同程度地存在挪用现象,党中央最新战斗号令传下来后,他们开始顾虑重重,犹豫不决,不敢放手发动群众,投入战斗,怕问题摊开后,影响集体荣誉和个人威信;怕领导不相信,群众不谅解。运动冷冷清清,群众很有意见。团领导干部发现这一问题后,和他们个别谈心,一起办学习班,使他们认识到认不认真贯彻落实党中央最新战斗号令,是忠不忠于伟大领袖毛主席,紧不紧跟毛主席的伟大战略部署的大问题。认识提高后,他们决心丢掉"怕"字,树立"敢"字,将自己摆进去,主动"斗私批修",检查问题。营长张爱民向全营广大民兵公开检查了个人和营部挪用公款的错误，积极偿还了公款。随后，营里主要干部背着背包，深入到各排，与民兵住在一起，战斗在一起，听取意见，指挥战斗。由于干部丢掉了"怕"字，树立了"敢"字，站到了斗争前线，迅速扭转了冷冷清清的局面，掀起了大学习、大宣传的热潮。一个大检举、大揭发、大批判、大清理的群众运动正在迅速形成。

## 先进卫生队在不断前进

出席地区和"分指"活学活用毛泽东思想积极分子代表大会的先进单位代表——姚店民兵团卫生队全体医务工作人员，怀着无限忠于伟大领袖毛主席的一颗红心，遵照毛主席"要立新功"的教导，不断革命，不断前进。入春以来，他们认真学习和落实毛主席关于"预防为主"的方针，在春季流行性疫病多的情况下，主动向疾病打进攻战，以高度的政治责任感和旺盛的革命热情，自采自制预防药品，组织爱国卫生运动，开展群众性防疫运动，作出了新成绩，受到全团指战员的赞扬。

遵照伟大领袖毛主席关于"应当对于人类有较大的贡献"的伟大教导，为了支援兄弟团和驻地贫下中农的防疫治病工作，他们11个同志手捧红宝书，肩背采药和装药的工具，迎着风雨和小雪，行至洋溪河边采摘鲜苇根，随后又转到洋溪背后山上挖葛根。在采药战斗中，全体医务人员把工作视为实战演习，把采挖到的药材看作射向疾病的子弹，把风雪天战斗当成锻炼自己的好机会，汗雨湿透了棉衣，仍奋勇向前，队长三番五次劝大家躲雨，也劝止不住，发扬了不怕苦、不怕累的彻底革命精神。出席地区"积代会"代表、复员军人、景桥营医务人员陈官焱同志，斗志高昂，女医生姚枚远同志，也不顾劳累，兴高采烈地坚持战斗。傍晚，大家背着采回的120多斤鲜苇根和葛根，想到这些药品即将支援到兄弟团和驻地贫下中农发挥防病和治病的作用，万分喜悦。他们表示要更好地活学活用毛泽东思想，不断提高无产阶级专政下继续革命的觉悟，坚持"独立自主，自力更生"的方针，在医务工作上不断创造新成绩，为毛主席争光！为社会主义祖国争光！

## 第二章 《战地小报》

### 铁道民兵怀壮志  战天斗地排万难

枝城团先锋营指战员,在党中央最新战斗号令鼓舞下,借省指"积代会"的强劲东风,在接受突击运输 200 多吨河沙的紧急战斗任务后,踊跃请战,快速奔赴战斗阵地。女战士张绍香在战斗中坚持挑沙,汗水湿透衣裳,高呼着"热血愿往三线洒,汗水要为三线流"的战斗誓言,奋勇当先。"五好"战士张绍春、杨先文、黄兴华等同志如离弦的箭,来往如飞。出席省指和地区"积代会"的营干部,始终在前沿边指挥战斗。晚 6 点,战斗告捷,在 3 个小时内,指战员 230 人运沙 230 吨。真是三线健儿英雄汉,苦干巧干创奇迹。

战斗在三板桥 6 号基坑的聂河团朝阳营指战员,战胜连绵阴雨给施工带来的各种困难,发扬"一不怕苦,二不怕死"的彻底革命精神,连日来坚持顶风冒雨战斗,从未间断过施工,雨越大,战士们干得越欢,风越猛,战士们干得越猛。由于泥泞路滑跌倒的人很多,这些同志奋然跃起,又乐呵呵地投入紧张战斗。一连三排战士李学庆同志,一个晚上摔倒 4 次,越干越欢。指战员们斩钉截铁地表示:"为革命勇挑重担,为革命乐于吃苦,一定要争分夺秒修好战备路,抢在战争的前面,让毛主席他老人家早放心。"

## 二十二  第 22 期

### 战  地  小  报

四〇六三工程宜都民兵师编
1970 年 3 月 9 日  第 22 期

**武汉军区刘丰政委和武汉军区副司令员**
**四〇〇一工程总指挥长孔庆德等首长**
**对四〇〇一工程建设作了重要指示**

3 月 6 日,四〇〇一工程总指挥部政工组电话传达了武汉军区刘丰政委和武汉军区司令员、四〇〇一工程总指挥长孔庆德等首长对四〇〇一工程建设所作的重要指示。

孔副司令员指示说："国家建委在襄樊召开全国基建现场会议后，国家建委将现场会情况向李先念、余秋里、纪登奎同志和国务院业务小组作了汇报。"

首先，国务院业务小组认为，四〇〇一工程大打人民战争，多快好省，确实做出了样板。

五一三三厂在没有老工人的情况下，建起了厂房。其次是二汽，二汽贯彻三线建设方针的指示好。四〇〇一工程去年11月开工，两个月完成了土石方95%，桥涵完成了一半。国务院业务小组在听汇报中，问到四〇〇一工程大打人民战争，一元化领导是怎么搞的？国家建委要求四〇〇一工程准备一下一元化领导的问题。

孔副司令员指示说："第一，要很好地总结一下，要认真总结，要下功夫，两省的全面总结，大打人民战争，一元化领导，其他如土洋结合、土法上马、植树造田、对工农业促进的情况等典型材料，写好后报总指挥部。其他方面的经验，也要总结，要早动手。"

第二，全国基建现场会议的纪要，经过9次修改，一个字一个字地推敲，写得很精练，纪要送给李副总理、余秋里同志批阅，周总理批示国家计划工作会议印发给会议，给了我们150份。周总理在会上讲了上海，再是讲了武汉，讲到了四〇〇一工程，号召大家要到四〇〇一工程去学习。

国防工办张副主任指示说："参观的人很多，初步有3000多人，我们要搞好接待工作，要当成政治任务，四〇〇一工程一定要保质保量，善始善终。对军区指示要认真落实。要鼓足最后的干劲，实现你们提出的'是通向毛主席身边的幸福路''是社会主义建设的跃进路''是支援世界革命的解放路''是埋葬帝、修、反的胜利路'。"

武汉军区刘丰政委指示："介绍经验时要谦虚，要实事求是。我们不要讲早了，讲过头了，质量要经得起考验。"

第三，国家建委要求将参观后的反应及时收集上报。

张副主任指示：我们做接待工作的同志，包括服务人员，都要当成政治任务，好的坏的都要集中起来，我们做得不够的，要研究马上改。我们现在要特别注意，多听缺点方面的意见，这很重要。会上讲，中央讲，都是讲好的多，缺点方面听到的少，我们要总结这方面的问题，要扎扎实实的，不要弄虚作假，有问题要如实反映。

第四，建委讲还有什么好的经验，也要报来。

第五，孔副司令员指示："九里山隧洞需要的工具，要抓紧解决，以争取施工时间。"

张副主任指示："现在要抓关键，抓影响'七·一'通车的主要关键工程，抓矛盾的主要方面，加以解决，保证'七·一'通车。"

第六，党中央最新战斗号令的贯彻要抓紧，一定要提高警惕，防止阶级敌人破坏。四〇〇一工程修得这样快，敌人是要破坏的。我们不但要修好路，而且要保护好，以防敌人破坏。

省指、分指分别就贯彻好中央首长和武汉军区首长的指示提出了意见。

中央和武汉军区首长的这些指示，是对全线百万指战员的巨大爱护、巨大关怀、巨大鼓舞、巨大鞭策。我师指战员连夜进行了传达讨论。万名指战员一致表示："要以党中央最新战斗号令为武器，以首长指示为动力，鼓足最后的干劲，善始善终，多快好省地完成工程任务，感谢中央和武汉军区首长的关怀和期望，迎接参观团检查指导，为毛主席争光！为社会主义祖国争光！"

**认真落实党中央最新战斗号令**
**狠狠打击阶级敌人的猖狂反扑**
**王畈团召开批斗大会　打击敌人现行破坏活动**

王畈团广大指战员，在党中央最新战斗号令鼓舞下，遵照毛主席关于"不管什么地方出现反革命分子捣乱，就应当坚决消灭他"的伟大教导，最近召开批斗大会，对一个明目张胆抗拒党中央最新战斗号令、公开行凶打人的坏家伙进行了斗争，并把这个反动家伙扭送县公安机关军管小组。

在毛主席"提高警惕，保卫祖国""备战、备荒、为人民"的伟大战略思想指引下，王畈团广大指战员紧跟毛主席伟大战略部署，认真落实党中央最新战斗号令，在政治思想和经济领域里开展大检举、大揭发、大清查、大批判，向阶级敌人发动了猛烈进攻，形势大好。在这场激烈的阶级斗争中，崭新营广大铁道民兵高举毛泽东思想伟大红旗，以党中央最新战斗号令为武器，狠揭狠批了这个混入民兵队伍中的坏家伙与一小撮阶级敌人勾结在一起，对贫下中农和革命干部大搞阶级报复，大肆抢劫他人财物，大刮翻案妖风，四处行凶打人，寻衅闹事，挑起武斗，严重破坏社会秩序，毁坏森林，大挖社会主义集体经济墙脚，妄图颠覆无产阶级专政，实行反革命复辟等一系列罪恶活动。这个反动的家伙，本性不改，竟疯狂进行反扑，对一个积极揭发他的罪行的"五好"民兵大打出手，实行阶级报复，把这个对敌斗争坚决的积极分子打伤。广大指战员对这个坏家伙公开对抗党中央最新战斗号令，公然行凶打人的现行破坏活动和反革命嚣张气焰无不气愤万分，强烈要求对这个坏家伙实行无产阶级专政。王畈团领导坚决支持广大指战员的革命要求，经呈报批准，召开千余人大会对这个坏家伙进行了批斗。

批斗大会充满了严肃的对敌斗争气氛。广大指战员精神振奋，斗志高昂，历数了这个坏家伙种种反革命罪行，揭穿了这个坏家伙破坏战备、破坏无产阶级专政的罪恶目的。挥动铁拳，不断高呼"千万不要忘记阶级斗争！""坚决落实党中央最新战斗号令！""打击现行反革命分子！""巩固无产阶级专政！"的口号，充分显示了无产阶级专政和革命群众运动的强大威力。参加批斗会的广大铁道民兵拍手称快，纷纷兴高采烈地说这次批斗大会大长了革命人民的志气，大灭了一小撮阶级敌人的威风。

王畈团指战员决心更高地举起毛泽东思想伟大红旗，全面落实党中央最新战斗号令，乘胜前进，把政治思想和经济领域的阶级斗争进行到底，不获全胜，决不收兵。

## 紧跟毛主席伟大战略部署
## 狠抓经济领域的阶级斗争
### 姚店团召开批判大会　打击贪污盗窃投机倒把活动

姚店团广大指战员，认真落实党中央最新战斗号令，牢记毛主席"千万不要忘记阶级斗争"的伟大教导，以高昂的革命斗志，对那些破坏社会主义经济基础、破坏战备和三线建设的贪污盗窃、投机倒把活动展开了大检举、大揭发、大清查、大批判。在这场两个阶级、两条道路、两条路线的激烈斗争中，广大指战员狠狠揭露了阶级敌人在经济领域的破坏活动，也揭发了贪污盗窃、投机倒把活动。最近，全团召开了代表会议，对一个一贯进行贪污盗窃，屡教不改的家伙进行了批判。这个家伙长期以来利用各种工作之便，涂改报表和账目，多次冒领和贪污国家资金和生产队集体资金，曾数次被查获和追回赃款赃物，受过多次处分。这次到工地后，恶习不改，又利用担任某营后勤工作之机，恣意制造混乱，通过重报开支、变卖公物、私吞后方支援物资付款和虚报支出等多种手段，贪污和动用国家三线建设资金250多元，直接破坏三线建设，影响战备。广大指战员极为愤慨，一致要求对其进行严肃批判，并追回全部赃款。

在批判会上，指战员代表列举确凿的证据，揭发了这个一贯贪污的家伙种种贪污盗窃手腕和事实。大家高呼："坚决落实党中央最新战斗号令！""坚决反对贪污盗窃、投机倒把！""巩固无产阶级专政！"充分显示了广大铁道民兵誓把经济领域的阶级斗争进行到底的决心。

### 潘湾团放手发动群众　大造革命舆论
### 反对贪污盗窃、投机倒把　反对铺张浪费
### 掀起落实党中央最新战斗号令的高潮

潘湾团广大指战员，遵循伟大领袖毛主席关于"必须在政治战线、经济战线、思想和文化战线上，把社会主义革命进行到底"的伟大教导，在大宣传、大学习、大贯彻、大落实党中央最新战斗号令中，既

狠抓政治思想领域的阶级斗争，又狠抓经济领域的阶级斗争，一场反对贪污盗窃、投机倒把，反对铺张浪费的人民战争在全团打响了。

在开展政治思想和经济领域的阶级斗争中，广大指战员牢记毛主席关于"贪污和浪费是极大的犯罪"的伟大教导，认真地揭发了物力、财力、粮食上的铺张浪费现象，在少数人"工程大浪费点不算什么，无关大局"的错误议论影响下，有个营到工地以来就丢损了400多个饭钵。有少数人浪费粮食和工具器材，甚至在雨天把推土车丢在雨里淋。在落实党中央最新战斗号令的群众运动中，全团通过举办阶级教育讲用会、写小评论、典型带头"斗私批修"和组织民兵反复讨论，使广大指战员深刻认识到，铺张浪费是资产阶级的作风，铺张浪费背后存在着两个阶级、两条道路、两条路线的激烈搏斗。搞铺张浪费是资产阶级向无产阶级进攻，破坏和瓦解社会主义经济基础的一种罪恶手段，是阶级敌人破坏战备的一种罪恶手段。浪费物力、财力，丢掉勤俭节约的原则，必然影响和破坏生产的发展，不能多快好省地建设社会主义，不能多快好省地修建铁路。搞铺张浪费，损害了国家利益，影响了战备，影响了革命大局。广大铁道民兵提高了阶级觉悟和路线斗争觉悟，对铺张浪费现象敢揭、敢管、敢批、敢斗，都表示要遵照毛主席"勤俭办工厂"和"财政的支出，应该根据节省的方针"的伟大教导，以国家主人翁的态度，掌好财权，用好财权，厉行节约，反对浪费。不爱惜车子的人，很快把车子放在干处妥善保管，并主动整修好，个别占用国家财物的人，自觉"斗私批修"，迅速将公物交还。在工地，进一步树立起勤俭节约为荣、铺张浪费为耻的社会主义新风尚。

革命有力地推动了工地社会主义竞赛高潮。广大指战员遵循毛主席"力求节省，用较少的钱办较多的事"和"独立自主，自力更生"的伟大教导，利用雨天，自己动手整修手车25部，新装车5部，自制和整修工具共210多件，许多营连还连续战胜连绵阴雨，冒雨施工，工地竞赛运动热气腾腾。大家表示要用"只争朝夕"的革命精神，全面落实党中央最新战斗号令，把工程建设抢在战争的前面，夺取革命和生产的更大胜利，为毛主席争光！为社会主义祖国争光！

## 小评论

### 破铺张浪费之旧　立勤俭节约之新

**解放军　洪涛**

在怎样对待公家的物品上，我们有时听到这样一种论调，叫作"旧的不去，新的就不来"，还美其名曰"破旧立新"。持这种论调的人，他们对公物毫不爱惜，还不到完全不能使用的时候就要"报废"，另换新的。这是一种要不得的坏思想和坏作风，是和当前热火朝天的增产节约运动背道而驰的。

"不破不立"。我们是主张破旧立新的，但我们所要破除的是整个旧世界，要建立起新世界；要破除几千年来剥削阶级的旧思想、旧文化、旧风俗、旧习惯，而代之以无产阶级的新思想、新文化、新风俗、新习惯。这才是我们所说的破旧立新，而那些对公家物品抱喜新厌旧态度的人所说的"破旧立新"，恰恰破的是劳动人民勤俭节约、艰苦奋斗的革命本色，他们所追求的则是剥削阶级铺张浪费的腐朽作风。

办事情是勤俭节约，还是铺张浪费，这是两个阶级、两条道路、两条路线斗争的一种反映。在无产阶级专政条件下，铺张浪费是资产阶级用来向无产阶级进攻的一种毒辣手段。它不仅破坏和瓦解社会主义经济，并且直接从思想上腐蚀我们的队伍，从政治上动摇无产阶级专政。那些在对待公家物品上抱着"旧的不去，新的不来"的错误态度的同志，恰恰忘记了这一点，也恰恰反映出他们的思想太旧了。

伟大领袖毛主席早在 21 年前就指出："中国的革命是伟大的，但革命以后的路程更长，工作更伟大、更艰苦，这一点现在就必须向党内讲明白，务必使同志们继续地保持谦虚、谨慎、不骄、不躁的作风，务必使同志们继续地保持艰苦奋斗的作风。"我们希望存在着那种所谓"旧的不去，新的不来"的错误思想的同志，来一个革命的"破旧立新"，破除资产阶级的旧思想，树立无产阶级的新风尚，在一切工作中，认真贯彻执行"自力更生""艰苦奋斗"的方针，执行勤俭的原则，为巩固社会主义经济基础，巩固无产阶级专政，多快好省地建设社会主义而斗争！

（转自《湖北日报》）

### 以实际行动欢度"三八"国际妇女节

姚店团召开妇女营长会议，学习毛主席关于三线建设指示，讨论总指首长指示精神。大家表示要带领女民兵为三线建设加劲战斗，报答党和毛主席的亲切关怀，以实际行动欢度节日。节日这天，全体女民兵不休息，继续投入紧张战斗。团部卫生队李素芳、姚枚远两位女同志，除坚持日常工作外，还挤出时间洗涤了一批鲜苇根，为驻地贫下中农进行第二次流感预防，让驻地贫下中农在"三八"节喝上了预防药。全团女民兵以高昂的战斗热情，度过了一个革命化、战斗化的节日。

### 过一个革命化的"三八"国际妇女节

在全国亿万军民满怀革命豪情，以战斗步伐跨进伟大的70年代，革命、生产取得节节胜利的凯歌声中，迎来了"三八"国际妇女节。在节日之际，战斗在四〇六三工程的宜都民兵师近2500名铁道女民兵，怀着无限忠于伟大领袖毛主席的赤胆忠心，在毛主席"提高警惕，保卫祖国""备战、备荒、为人民"的伟大战略思想指引下，用加速工程建设的战斗行动，过了一个革命化的"三八"国际妇女节。这一天，女民兵们干劲倍增，战歌声震天。她们表示要鼓足最后的干劲，一鼓作气，用实际行动，落实毛主席关于三线建设的指示，为毛主席争光！为社会主义祖国争光！

### 修好战备路 欢庆妇女节

伟大的70年代第一个"三八"国际妇女节来到了，战斗在四〇六三工程的红花团古背镇民兵连全体铁道女民兵，怀着无限忠于伟大领袖毛主席的深厚无产阶级感情，反复学习了毛主席关于"中国的妇女是一种伟大的人力资源"的伟大教导，决心鼓足更大的革命干劲，用实际行动，落实毛主席、党中央最新战斗号令，落实毛主席关于三线建设"两争""两抢""一打"的指示，在战斗中欢庆了妇女节，修好战备路，向毛主席敬献忠心，让毛主席他老人家睡好觉、早放心。

## 爹亲娘亲没有毛主席亲

在"三八"国际妇女节到来的前一天晚上，我们群峰营全体女民兵欢聚在一起，认真学习了毛主席关于三线建设指示和毛主席、党中央最新战斗号令。大家心潮澎湃，激情满怀，无限感激毛主席对我们铁道女民兵的巨大爱护、巨大关怀，异口同声地说："爹亲娘亲，没有毛主席亲，毛主席他老人家和我们永远心连心。"大家表示，决心把毛主席和党中央交给我们修建战备路的光荣任务早日高速、优质、低造价地完成好，不获全胜，决不下三线建设的战场。决心把以毛主席为首的党中央最新战斗号令落实好，提高警惕，保卫祖国，团结起来，准备打仗，随时准备歼灭入侵之敌。警惕阶级敌人的破坏，狠狠打击阶级敌人在政治思想和经济领域的猖狂进攻，打击现行反革命分子，反对贪污盗窃、投机倒把，反对铺张浪费，巩固社会主义经济基础，巩固政治建路的成果，巩固无产阶级专政。我们一定要用战备的观点观察一切，检查一切，落实一切，推动一切，认真执行毛主席关于三线建设的指示，认真落实中央和武汉军区首长最近对工程所作的指示，保质保量，善始善终，鼓足最大的革命干劲，发扬革命加拼命的顽强战斗精神，把战备路抢在战争的前面，让毛主席他老人家早放心。这一夜，全营17个女民兵都高兴得睡不着觉，一遍又一遍谈起了落实毛主席关于三线建设指示的计划。节日这一天，大家干劲冲天，投入了紧张战斗。

（刘维芳）

## 女民兵的心愿

　　战斗在三板湖建桥工程的王畈民兵团松华营的全体女民兵，遵照伟大领袖毛主席关于"时代不同了，男女都一样，男同志能办到的事，女同志也能办得到"的伟大教导，在紧张的施工战斗中，一直坚持与男同志同样战斗，不管风寒水冷，不怕冰天冻地，不怕战稀泥，不怕挑重担，发扬"一不怕苦，二不怕死"的彻底革命精神，排除万难，艰苦奋斗，敢于斗争，敢于胜利，是一支能打硬仗、能打大仗、能打恶仗的女民兵队伍。在"三八"国际妇女节到来之际，全营女民兵万分喜悦，进一步表示她们的心愿：早日建成战备路，让毛主席他老人家早放心。3月8日这天，她们不休息，劲头更大，用战斗的姿态，度过了战斗的节日。并决心遵照中央和武汉军区首长指示，鼓足最后干劲，夺取第一期工程决战全胜。

# 后　　记

本书的出版源于 2018 年我和宜都市档案馆开始合作整理与研究其馆藏的三线建设档案，亦为我们共同探索该批档案申报高级别档案文献遗产名录的阶段性成果。从最初的谋划，到如今书稿即将出版，耗时将近 5 年，历经曲折，颇为不易。

2018 年 9 月初，我为了完成刚获批的湖北省高校人文社会科学重点研究基地——三峡大学三峡文化与经济社会发展研究中心开放基金年度项目"焦柳铁路（宜昌段）三线建设工业遗产调查与保护研究[项目编号：SXKF201805]"，冒着炎热再次来到宜都市档案馆查阅焦枝铁路档案。我在大厅查阅档案时，该馆一位工作人员[①]主动上前询问我的工作单位和查阅档案的目的，了解到我正在做焦柳铁路研究时，遂跟我进行深入交流，提及当年 8 月下旬，湖北省档案局领导来检查工作时，提醒他们要高度重视该馆所藏的焦枝铁路档案，很值得进行系统整理和研究，并问我是否有兴趣与该馆合作。我当即表示愿意合作，随即拜访了该馆时任馆长谢家喜，就双方合作整理和研究该馆所藏的三线建设档案达成共识。随后，我在周长柏股长和工作人员阎桂兰的协助下，对宜都档案馆藏的三线建设档案进行初步梳理，共计 1060 卷，即焦柳铁路自身三线建设工业遗产档案 142 卷，焦柳铁路沿线三线建设工业遗产档案资料 918 卷，并发表了一篇论文《焦柳铁路（宜都段）沿线三线建设工业遗产档案整理与研究》（《档案记忆》2019 年第 3 期）。

---

① 时任宜都市档案馆编研股股长周长柏。

我在梳理学界研究成果时发现国内不少重要档案如《清代科举大金榜》《侨批档案——海外华侨银信》《南京大屠杀档案》等已入选世界记忆遗产，却少有人从记忆遗产角度来研究和利用三线建设档案，故决定探索整合以焦柳铁路为代表的若干重要的三线建设档案申报世界记忆遗产的路径。

2019年4月，我和葛政委副教授一起拜访了宜都档案馆新任馆长向光武，就继续推动该馆所藏三线建设档案搜集整理与研究，以及共同探索焦柳铁路三线建设档案申报世界记忆遗产达成共识。5月，我获批了宜昌市社科联课题"宜昌市三线建设档案申报世界记忆遗产路径研究——以焦柳铁路三线建设档案为例［项目编号：ysk19kt128］"（当年以优秀结题）。6月下旬，在《侨批档案——海外华侨银信》申报世界记忆遗产主要专家、五邑大学广东省侨乡文化研究院刘进教授指导下，我们推动宜都市档案馆向宜都市人民政府提交了《关于将焦柳铁路三线建设档案申报世界记忆遗产工作情况汇报》。8月12日，宜都市人民政府第39次常务会议讨论时，因故暂缓实施申遗工作，强调要加强对三线建设档案资料的搜集和整理。我们随即调整思路，分步实施，先申报湖北省档案文献遗产名录。

为了推动焦柳铁路三线建设档案早日申报湖北省档案文献遗产名录，三峡大学三峡文化与经济社会发展研究中心和三峡大学民族学院、湖北省三峡文化研究会、宜都市档案馆于2019年11月22日至24日在三峡大学联合举办了"记忆与遗产：三线建设研究高峰论坛"，并成立了湖北省首个三线建设研究机构——三峡大学三线建设研究中心。

为了更好地发挥自身专业所长推进宜昌三线建设研究，经过慎重考虑，我于2020年6月24日由三峡大学民族学院校内调动至马克思主义学院工作，使我的三线建设研究进入一个新的发展阶段。三峡大学马克思主义学院领导班子高度重视三线建设研究，从人员、平台、经费等方面予以大力支持。同年8月28日，三峡大学马克思主义学院与宜都市档案馆正式签订《战略合作协议》，双方共建"三峡大学宜都特色档案研究中心"，并将在科学研究与学术交流、共建研究生教学与研究基地、联合开展特色党建活动等领域开展广泛合作。

## 后　记

2020年9月初，宜都市档案馆时任馆长向光武提出与我们团队合作编纂其馆藏的三线建设档案，经过双方商议，拟分辑整理出版《三线建设史料选编》丛书。是年为焦枝铁路建成通车五十周年，故决定首辑编纂出版《焦枝铁路宜都县民兵师报纸卷》，并得到三峡大学马克思主义学院大力支持，拨出专项出版经费。为确保编纂工作的顺利进行，11月初，三峡大学马克思主义学院与宜都市档案馆联合举办"宜都三线建设档案搜集、整理与研究"座谈会，上海大学历史系徐有威教授应邀出席，为我们简要介绍学界档案编纂的成熟经验。

《焦枝铁路宜都县民兵师报纸卷》编辑过程却一波三折。起初我们为了向读者呈现档案的原貌，拟影印出版，做了一些基础性工作。2020年12月底，中国社会科学出版社编辑建议我们把原始档案录入整理后再出版。2021年元月初，在我和罗萍教授指导下，我院中国近现代史基本问题方向硕士研究生田蕊菡、王新亚、冯吉、董璇同学承担了原始档案录入工作，严格按照原文录入，至2月初完成。其后，根据编辑意见进行了修改，是年4月完成。最后，我又根据编辑意见对照原文多次进行校对和修改。2023年3月下旬，本辑书稿达到了出版标准，终于可以正式出版了。

我带领的三峡大学三线建设研究团队与宜都市档案馆积极合作，共同推动该馆所藏的"三线建设档案"于2023年3月上旬成功入选"第二批湖北省档案文献遗产"，这是全国首份三线建设档案入选省级档案文献遗产名录，标志着国内三线建设档案学术研究与保护利用实现新突破。《三线建设史料选编》丛书第一辑《焦枝铁路宜都县民兵师报纸卷》书稿即为这批"三线建设档案"的重要组成部分。双方将联合全国从事三线建设资源保护和研究的档案部门、学校、研究机构、企业、社会团体机构以及出版部门，共同推动全国三线建设档案早日入选"国家档案文献遗产名录"。

本辑是2015年度国家社科基金一般项目"基于遗产廊道理论的中国近代铁路遗产保护与利用研究［项目编号：15BGL216］"、2018年度教育部哲学社会科学研究重大课题攻关项目"三线建设历史资料搜集整理与研究［项目编号：18JZD027］"和2018年度湖北省高校

▶▶▶ 焦枝铁路宜都县民兵师报纸卷

人文社科重点研究基地——三峡大学三峡文化与经济社会发展研究中心开放基金项目"焦柳铁路（宜昌段）三线建设工业遗产调查与保护研究［项目编号：SXKF201805］"的阶段性成果。在整理、编辑和出版过程中，得到三峡大学马克思主义学院和宜都市档案馆领导的大力支持，并由三峡大学马克思主义学院资助出版，宜都市史志研究中心、三峡大学宜都特色档案研究中心、三峡大学宜昌地方史研究所、三峡大学三线建设研究中心、三峡大学三峡文化与经济社会发展研究中心等单位给予诸多支持。中华人民共和国史学会会长朱佳木研究员、中华人民共和国国史学会三线建设研究分会会长武力研究员应邀分别为《三线建设史料选编》丛书题词和本辑书稿作序。① 国内学界同人徐有威、李德英、周明长、段伟、张勇（四川外国语大学）、张志军、张杨、王灿等师友对本辑史料编撰提供了诸多宝贵建议。此外，周晓虹、陆远、范瑛、张勇（西南科技大学）、陈君锋、谭刚毅、徐利权、杨祖义、计毅波、黄永昌、王祖龙、柳作林、张林鹏、黄河、黄华、张晶晶、鲜伟等师友以及硕士研究生杨杰、刘红洁和王丙坤同学也给予了诸多帮助。中国社会科学出版社编辑亦为本书的顺利出版付出了大量心血。在此一并表示诚挚的谢意。

本辑是我们推出的《三线建设史料选编》的第一辑，我们还将与相关单位继续合作，陆续推出其他专辑，嘉惠学人，共同推进当代中国史研究。

本辑内容繁杂，虽经多次校对，但由于时间仓促，加之编者水平有限，仍不免有错失之处，敬请各位读者与专家学者批评指正。

冯　明
2023 年 6 月 26 日
于三峡乐培斋

---

① 遵照朱佳木会长和武力会长的个人意愿，冯明博士已将他们各自题词、作序的手稿先后于 2023 年 5 月 31 日、6 月 14 日捐赠给宜都市档案馆以永久收藏，诚挚感谢宜都市档案馆罗冬馆长的大力支持。